FORBOOK

弗布克人力资源管理精细化实操手册系列

人力资源管理精细化实操手册

刘仙梅　编著

界定40个人力资源管理业务范畴

梳理39个人力资源管理实施程序

汇总30个人力资源管理实用方法

给出38个人力资源管理执行工具

甄别28个HRM风险点进行控制

中国劳动社会保障出版社

图书在版编目(CIP)数据

人力资源管理精细化实操手册/刘仙梅编著. —北京：中国劳动社会保障出版社，2013
ISBN 978-7-5167-0483-7

Ⅰ.①人… Ⅱ.①刘… Ⅲ.①人力资源管理-手册 Ⅳ.①F241-62

中国版本图书馆 CIP 数据核字(2013)第 214599 号

本书在系统梳理人力资源管理业务的基础上，从精、准、细、严的角度，以“范畴界定＋实施程序＋方法选择＋执行工具＋风险控制”五大要点的模式，详细介绍了人力资源规划与计划、员工招聘与配置管理、薪酬福利与激励管理、绩效考核与反馈管理、员工培训与潜能开发、员工关系管理和人力资源事务管理七大人力资源管理业务的具体操作。力争在人力资源管理业务的每个关节点、关键点和环节做到务实、精细且有效，具有较强的指导性与实操性。

本书适合从事人力资源管理领域招聘工作的人员、教学工作者、企业管理人员，以及人力资源专业的在校学生使用。

中国劳动社会保障出版社出版发行

（北京市惠新东街 1 号　邮政编码：100029）

*

保定市中画美凯印刷有限公司印刷装订　　新华书店经销

787 毫米×1092 毫米　16 开本　14.25 印张　323 千字

2013 年 12 月第 1 版　　2013 年 12 月第 1 次印刷

定价：35.00 元

读者服务部电话：（010）64929211/64921644/84643933

发行部电话：（010）64961894

出版社网址：http://www.class.com.cn

前　言

人力资源管理的实践证明，企业的成功在很大程度上取决于其吸引与保留人才的能力。如果将所有的精力都放在人事事务性工作上将阻碍人力资源的长远发展。今天，人力资源部不应仍然只是处理事务性工作的机构，至少在一些公司，人力资源部已经成为管理人力资本的地方，人力资源管理的投资回报率日益受到关注。

那么，如何对人力资源管理的整个过程和环节进行全面梳理和衡量？如何界定关键业务范畴？如何理顺每项业务的实施程序？如何选择针对性的人力资源管理方法？如何设计人力资源管理执行工具？如何甄别并进行主要业务的风险点控制？同时，能否把梳理出的主要业务进行细分，并且形成规范化、流程化、内涵式的实操模式呢？本书将对此进行详细的剖析并提供实践性的指导。

本书从精、准、细、严的角度，详细介绍了人力资源规划与计划、员工招聘与配置管理、薪酬福利与激励管理、绩效考核与反馈管理、员工培训与潜能开发、员工关系管理和人力资源事务管理七大人力资源管理业务的具体操作。

本书作为企业实施精细化人力资源管理工作的工具书，主要有如下三大特点。

1. 体系梳理完整，业务细节突出

本书在系统梳理人力资源管理业务的基础上，选出人力资源管理的主要业务，围绕主要业务进行细节的划分和摘取，并且力拓任职资格体系设计、特色福利项目设计、股权激励、跨文化人力资源管理、信息化管理等较新的人力资源管理领域，确保精细执行坚持底线与交点原则的数据化和操作性。

2. 模式设计优先，对比转化有效

本书从实用性的角度出发，设计了“范畴界定＋实施程序＋实用方法＋执行工具＋风险控制”五大要点的模式，对企业整个人力资源管理的主要业务和较新的领域进行了流程化的介绍，确保五大要点模式的转化和落地，便于人力资源管理人员操作和运用。

3. 过程风险剖析，精细可读实用

节点就是交点，交点往往是盲点。本书把人力资源管理的每项业务按照事前打基础、事中精把控、事后有评估的流程交互呈现，达到可操作、可掌控，细而不繁、适度精准。提供的图表、模型、程序图、文书等高效务实。

本书适合从事人力资源管理领域招聘工作的人员、人力资源专业的在校学生、人力资源管理领域的教学工作者、企业管理人员使用。

在本书编写的过程中，刘伟、孙立宏、刘井学负责资料的收集和整理，王玉凤、廖应涵、王建霞负责数字图表的编排，王胜会、郭蓉参与编写了本书的第 1、2 章，王淑敏、王琴参与编写了本书的第 3 章，杨化狄、滕晓丽参与编写了本书的第 4 章，权锡哲、李健参与编写了本书的第 5 章，李作学参与编写了本书的第 6 章，田玲、姜东青参与编写了本书的第 7、8 章，全书由刘仙梅统撰定稿。

目 录

第 1 章

人力资源管理细化执行设计

1.1 划分人力资源管理主要业务

1.1.1 人力资源管理主要业务体系图

人力资源管理指的是组织在经济学和人本思想指导下，通过招聘、甄选、培训、薪酬等管理形式对组织内外相关人力资源进行有效运用，满足组织当前及未来发展的需要，保证组织目标的实现和成员发展的最优化。

企业人力资源部的主要职能是选拔、配置、考核、培养和开发企业所需的各类人才，制定并实施企业各项薪酬福利政策及员工职业生涯规划，通过物质激励或精神激励措施调动员工积极性，激发员工发展潜能，以适应企业发展战略的需求。

为规范人力资源管理工作，营造良好的企业氛围，提升企业核心竞争力，人力资源管理人员需要了解并掌握人力资源管理主要业务体系，具体内容如图 1—1 所示。

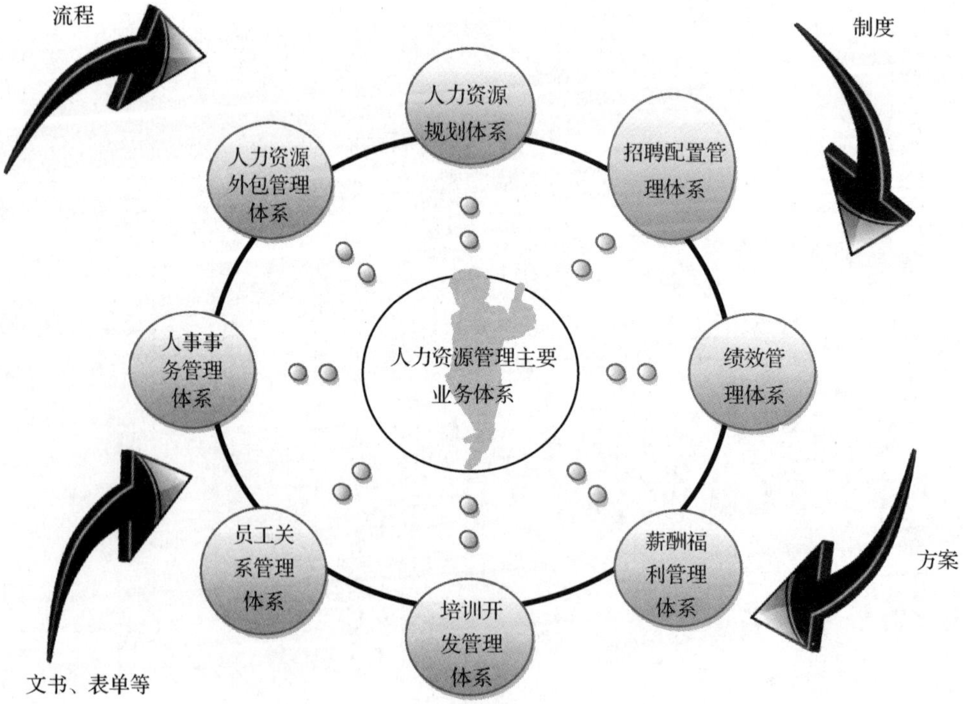

图 1—1 人力资源管理主要业务体系

1.1.2　人力资源管理主要业务明晰化

人力资源管理主要业务涵盖的内容见表 1—1。

表 1—1　　**人力资源管理主要业务涵盖的内容**

人力资源管理主要业务	业务涵盖的内容	成果文件体系
人力资源规划体系	企业组织信息采集与处理、人力资源管理环境分析、组织结构设计与变革、工作岗位分析与设计、定岗定编定员定额、人力资源管理制度规划、人力资源供需预测、人力资源费用预算与控制、企业人力资源战略规划（编制、实施、调整、反馈等）等	《人力资源战略规划管理制度》 《人力资源需求分析报告》 《企业内外部人力资源供给分析报告》 《企业战略与人才梯队规划》
招聘配置管理体系	员工素质测评标准体系的构建、岗位胜任特征模型的构建及应用、工作描述体系设计、人员招聘程序及信息发布、招聘渠道的选择和招聘活动的实施及评估、人才甄选方法（各方法的组织与实施）、员工录用管理、新员工试用期管理、人力资源的有效配置等	《企业各岗位胜任特征模型》 《面试问题与答案分析》 《笔试问题与答案分析》 《员工招聘管理制度》 《新员工试用与甄选管理制度》 《面试测评手册》
绩效管理体系	绩效管理系统的设计、运行与开发（绩效计划、绩效评估、绩效改善、考评结果应用等），绩效管理的考评方法（行为导向型主观考评法、行为导向型客观考评法、结果导向型考评法）及应用，绩效评估体系的构建（绩效考评指标和标准体系的设计，绩效考评操作流程设计等），关键绩效指标体系，绩效管理系统的诊断与维护等	《绩效考核管理制度》 《绩效考核推行办法》 “绩效考核计划表”
薪酬福利管理体系	岗位评价、薪酬调查及分析、薪酬福利制度的设计、人工成本核算、整体薪酬战略的制定与实施、薪酬外部竞争力、薪酬内部公平性、薪酬体系的设计流程、宽带型薪酬管理体系、职位薪酬体系、技能薪酬体系、能力薪酬体系、各种薪酬激励模式的选择与设计、福利类型及费用管理等	《各岗位评价标准》 《各岗位评价结果》 《薪酬福利管理制度》 “职位薪资标准与职位名称对照表” 《薪酬调整战略及实施方法》
培训开发管理体系	职业生涯管理、培训开发制度的建立与推行、培训开发系统的总体设计、培训开发规划的拟订、教学计划的拟订、培训课程的设计、企业培训资源的开发、培训方法的选择，培训经费的核算、培训的组织与实施、培训开发效果的评估、企业员工培训开发成果的转化等	《培训开发管理制度》 《培训费用预算与控制标准》 《各类培训管理实施细则》 《各类培训方法的操作说明》

续表

人力资源管理主要业务	业务涵盖的内容	成果文件体系
员工关系管理体系	劳动关系的调整，劳动合同的订立、履行、变更、解除、终止等，劳务派遣，工资集体协商，劳动安全卫生管理，企业劳动争议处理，和谐劳动关系的营造，工作压力管理与员工援助计划，跨文化人力资源管理，员工满意度管理等	《企业劳动合同管理细则》 《内部沟通管理制度》
人事事务管理体系	人力资源手续办理、员工档案管理、人力资源信息化管理、编制人力资源管理手册、编制员工手册、考勤管理、出差管理、出国管理、离职管理、员工晋升管理、岗位轮换管理、人力资源费用申请及报销管理等	《员工档案管理细则》 《人力资源手续办理相关流程》 “员工岗位调动申请表” “员工请假表” “离职交接单”
人力资源外包管理体系	人力资源管理外包模型、人力资源管理外包的内容、人力资源管理外包分类、人力资源外包程序、人力资源管理外包的影响因素、人力资源管理外包可行性分析（外部环境分析、企业内部条件分析）、人力资源管理外包风险管理、人力资源管理外包的战略性管理、人力资源管理外包信息系统设计、人力资源管理外包的实施策略等	《人力资源外包实施细则》 《人力资源外包可行性分析报告》 《人力资源外包风险控制方案》

1.2 甄别人力资源管理操作细节

1.2.1 人力资源管理细节点梳理

本书中人力资源精细化管理的主要内容如图 1—2 所示。

人力资源精细化管理主要内容的细节点描述如图 1—3 和图 1—4 所示，其中人力资源规划与计划是其他人力资源管理内容的前提。

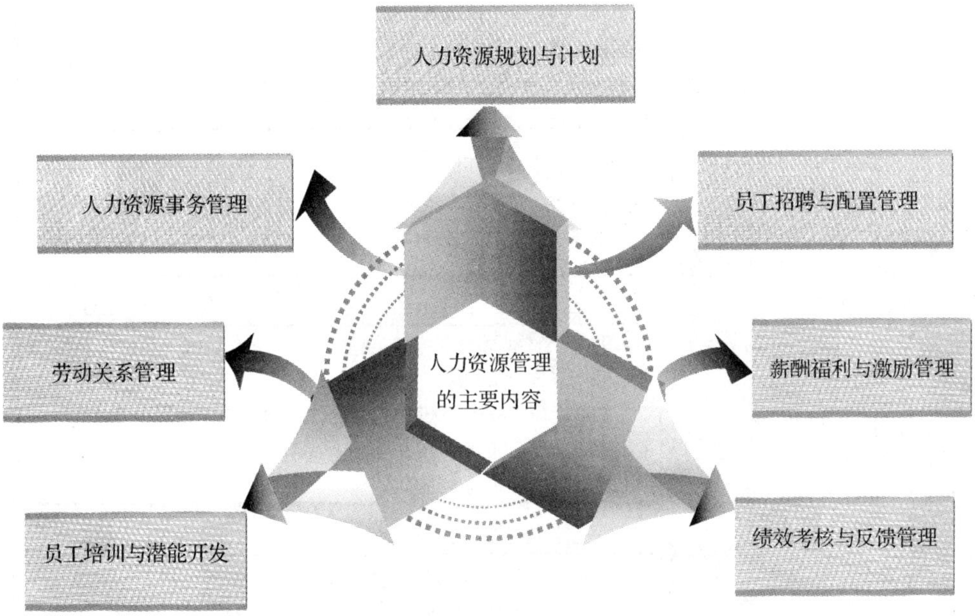

图 1—2　人力资源精细化管理的主要内容

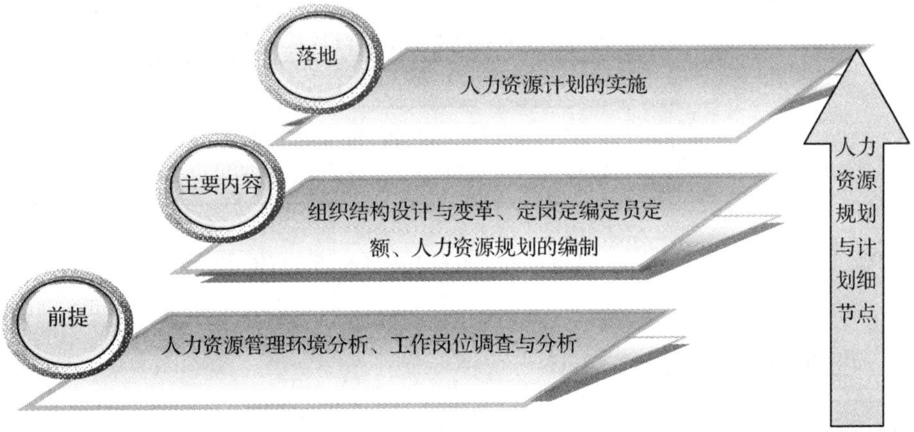

图 1—3　人力资源规划与计划的细节点描述

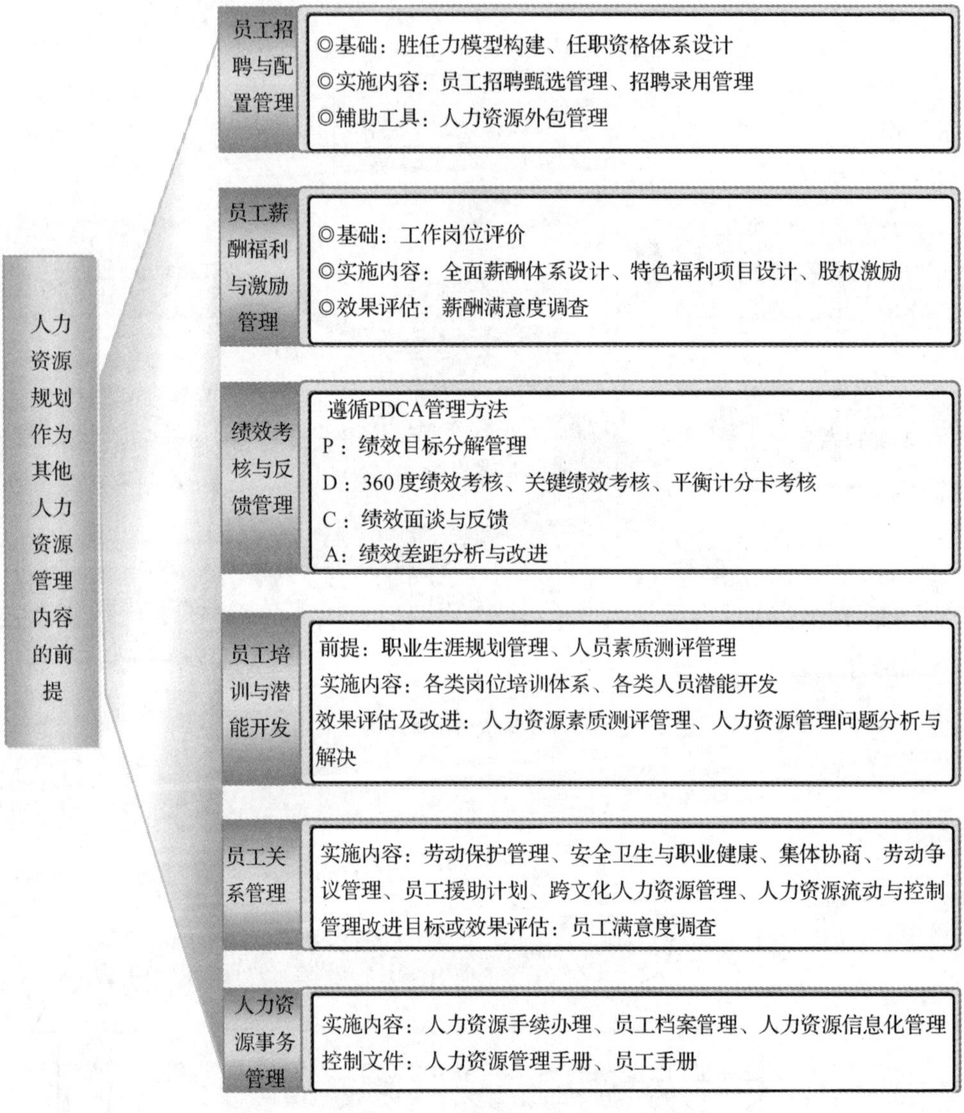

图 1—4　其他人力资源管理内容的细节点描述

1.2.2　管理细节点的流程化操作

人力资源管理工作烦琐、冗杂，企业必须把人力资源管理工作细分，明确职责分工和工作标准，将管理细节中一些常规的程序流程化，把人力资源部从事务性工作中解脱出来，因此人力资源管理细节点的流程化操作对企业非常重要。其中，人力资源管理流程设计工作要求如图 1—5 所示。

1 人力资源管理细节点流程设计成功的条件

◎获取企业核心人员对人力资源管理细节点流程的支持

◎设计人员对人力资源管理业务熟知、熟练操作，能有效地分析问题和解决问题

◎员工对人力资源管理细节点流程设计与实施充满热情，并能积极参与

◎积极在员工中宣传流程方案、流程操作和流程实施的意义

◎员工支持现行流程，并能积极提出改善流程的建议和意见

2 人力资源管理细节点流程设计工作要求

◎流程设计策略与企业经营目标、信息技术水平相符

◎明确说明新流程的优势和作用，取得领导和员工的支持

◎选择一个合适的人力资源管理细节点流程为起点，有效推进流程设计与调整

◎及时评估人力资源管理细节点流程成果，制定切实可行的评估计划和方案

◎制定措施，保持人力资源管理细节点流程设计与执行的成果并使之扩大化

图 1—5　人力资源管理流程设计工作要求及成功条件

流程化操作在实际工作中最重要的一个步骤是画出适合于业务的工作流程图或程序图，即按照工作发展顺序，简明地叙述流程中的每一事件。发生问题时，员工可以以此为依据对问题进行系统分析，流程图或程序图可以使每位与流程有关或无关的员工清晰地了解工作的每一步骤。

员工实施人力资源细节点流程的工作应遵循大处着想、小处着手、迅速行动、充分沟通和公开坦诚的原则。

1.2.3　管理细节点的规范化操作

人力资源管理细节点的规范化操作主要是运用科学的管理方法和分析方法，通过人力资源管理业务执行工具和风险控制工具的形式实现的。

人力资源管理业务执行工具和风险控制工具指的是完成或促进某项人力资源管理事务的手段，主要包括方法、模型、表单、文书、方案、制度等，用来帮助人力资源管理人员更好地开展工作，如图 1—6 所示。

企业在设计人力资源细节点规范化操作工具时，要注意把握以下 3 个要点，如图 1—7 所示。

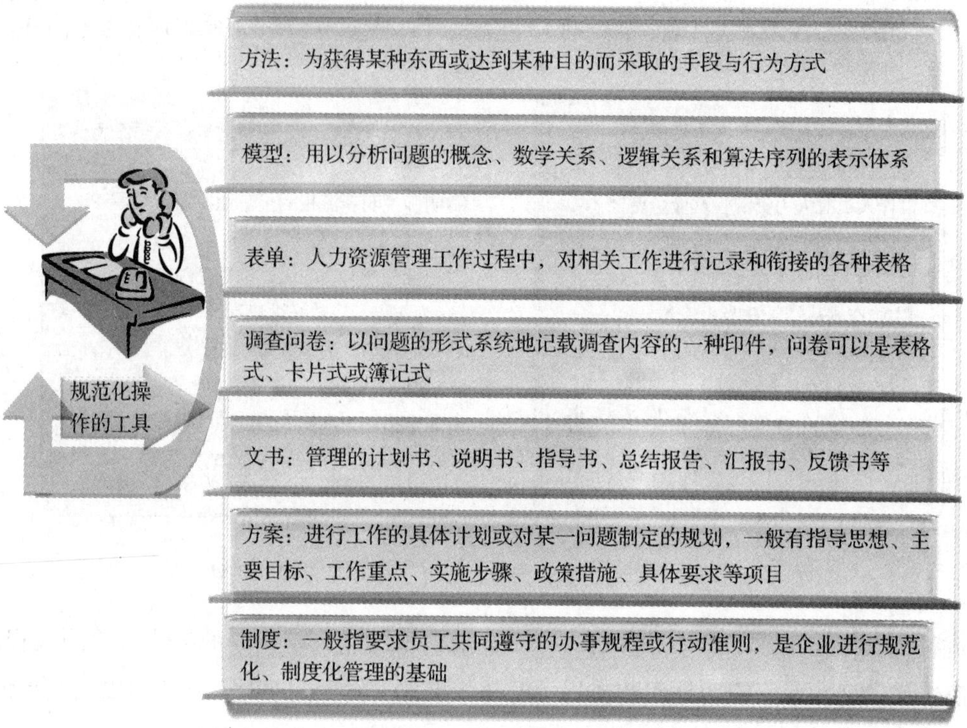

图 1—6　人力资源管理细节点规范化操作的工具

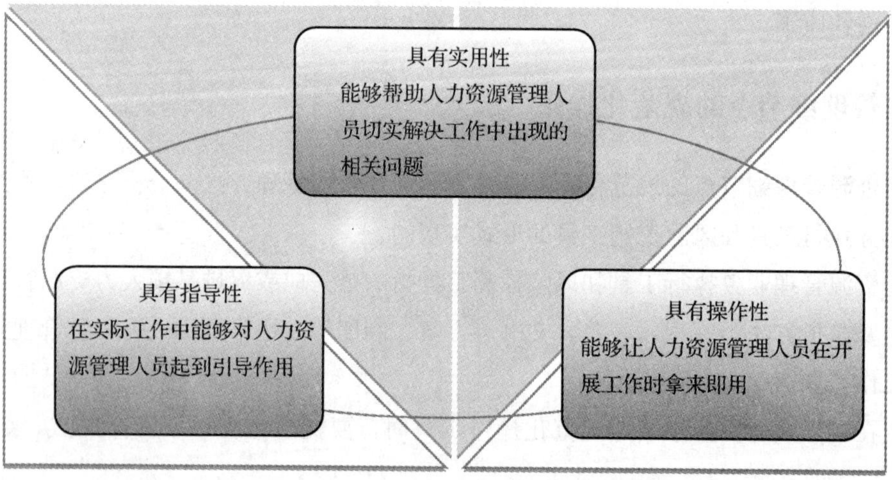

图 1—7　人力资源管理细节点规范化操作工具的设计要点

1.3　执行人力资源管理业务五大要点

1.3.1　人力资源管理业务范畴界定

人们在改造客观世界的实践活动中，认识不断深化，从感性认识上升到理性认识，逐步认识了事物的本质和规律，从而形成了概念和范畴。在分类学中，范畴是最高层次的类的统称。本书中人力资源管理业务范畴界定包含以下内容（见图 1—8）。

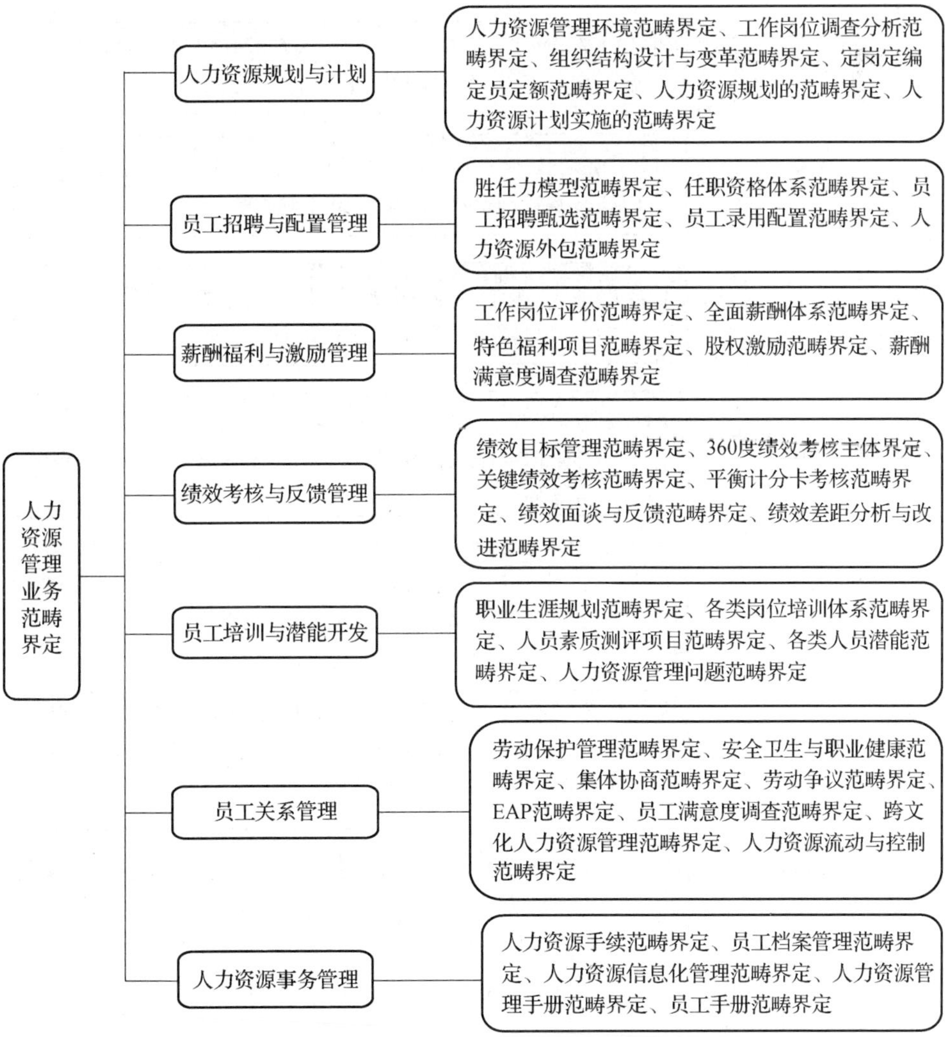

图 1—8　本书中包含的人力资源管理业务范畴界定

1.3.2　人力资源管理业务实施程序

在人力资源管理中，实施程序是人力资源管理活动中各项细化业务的方针和步骤。如果实施程序合理得当，就可以加快人力资源活动的速度，取得好的管理成效。人力资源管理业务中的实施程序可分为一般业务实施程序和例外业务实施程序两大类。

一般业务实施程序是人力资源管理中常规性业务的方针和步骤，是在长期管理经验中总结出来的，对提高管理效率有普遍指导意义。例外业务实施程序是在特定环境和特定时期的管理业务采用的程序，它体现了人力资源管理的灵活性。本书中人力资源管理业务包含的实施程序如图 1—9 所示。

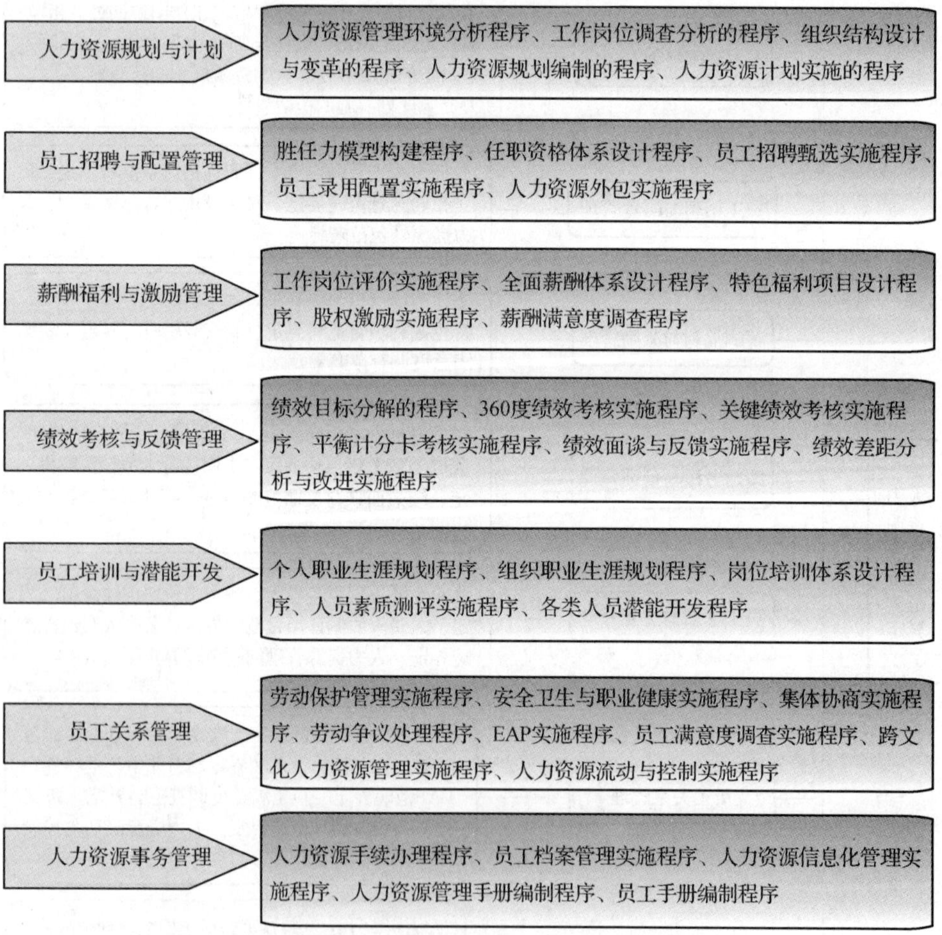

图 1—9　本书中人力资源管理业务包含的实施程序

1.3.3　人力资源管理业务方法选择

不同的人力资源管理业务有许多方法可供选择，每种方法都有其特点、使用流程/步骤、适用范围和注意事项等，根据管理业务的不同选择适宜的管理方法，有助于产生高效的人力资源成果。本书中所涉及的人力资源管理业务方法如图1—10所示。

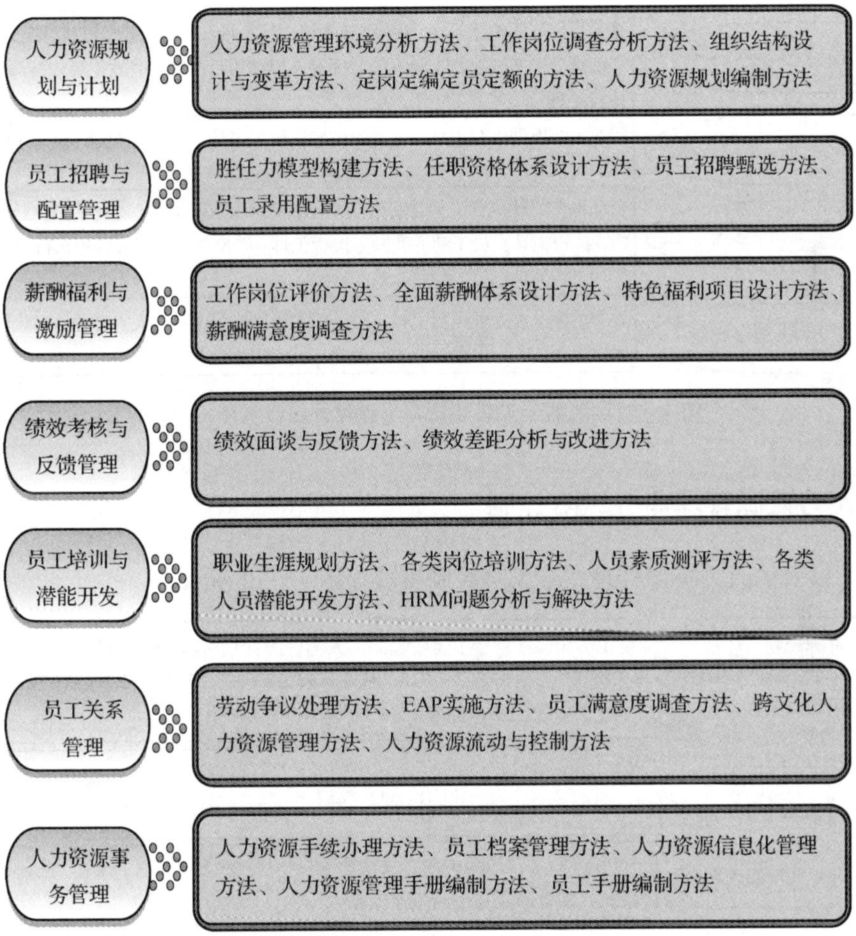

图1—10　本书中所涉及的人力资源管理业务方法

1.3.4　人力资源管理业务执行工具

本书中各人力资源管理业务执行工具具体是以模型、表单、调查问卷、访谈提纲、测评试卷、测试题、文书、方案等形式展现的，书中所涉及的人力资源管理业务执行事项如图1—11所示。

人力资源规划与计划	人力资源管理环境分析工具、工作岗位调查分析的工具、组织结构设计与变革的工具、定岗定编定员定额的工具、人力资源规划编制的工具、人力资源计划实施的工具
员工招聘与配置管理	胜任力模型构建工具、任职资格体系设计工具、员工招聘甄选执行工具、员工录用配置执行工具
薪酬福利与激励管理	工作岗位评价执行工具、全面薪酬体系设计工具、特色福利项目设计工具、股权激励执行工具、薪酬满意度调查工具
绩效考核与反馈管理	绩效目标分解的工具、360度绩效考核执行工具、关键绩效考核执行工具、平衡计分卡考核执行工具、绩效面谈与反馈执行工具、绩效差距分析与改进执行工具
员工培训与潜能开发	职业生涯规划执行工具、各类岗位培训执行工具、人员素质测评执行工具、各类人员潜能开发工具、HRM问题分析与解决工具
员工关系管理	劳动保护管理执行工具、安全卫生与职业健康执行工具、集体协商执行工具、EAP执行工具、员工满意度调查执行工具、跨文化人力资源管理执行工具、人力资源流动与控制执行工具
人力资源事务管理	人力资源手续办理执行工具、员工档案管理执行工具、人力资源信息化管理执行工具、人力资源管理手册编制工具、员工手册编制工具

图 1—11　本书中所涉及的人力资源管理业务执行事项

1.3.5　人力资源管理业务风险控制

本章所涉及的人力资源管理业务风险控制事项如图 1—12 所示。

人力资源规划与计划	组织结构设计与变革风险控制、人力资源计划实施风险控制
员工招聘与配置管理	员工招聘甄选风险控制、员工录用配置风险控制
薪酬福利与激励管理	工作岗位评价风险控制、全面薪酬体系设计风险控制、特色福利项目设计风险控制、股权激励风险控制、薪酬满意度调查风险控制
绩效考核与反馈管理	360度绩效考核风险控制、关键绩效考核风险控制、平衡计分卡考核风险控制、绩效面谈与反馈风险控制
员工培训与潜能开发	各类岗位培训风险控制、人员素质测评风险控制
员工关系管理	劳动保护管理风险控制、集体协商风险控制、劳动争议风险控制、EAP风险控制、员工满意度调查风险控制、跨文化人力资源管理风险控制、人力资源流动与控制风险控制
人力资源事务管理	人力资源手续办理风险控制、员工档案管理风险控制、人力资源信息化管理风险控制、人力资源管理手册编制风险控制、员工手册编制风险控制

图 1—12　本章所涉及的人力资源管理业务风险控制事项

1.4　提升人力资源管理业务执行力

1.4.1　执行力与精细化管理

1. 执行力

执行力指的是贯彻战略意图，有效利用资源，以保质保量达成目标或任务的能力，它包含完成任务的意愿、完成任务的能力和完成任务的程度。执行力分为企业执行力、团队执行力、能动执行力和个人执行力，如图 1—13 所示。

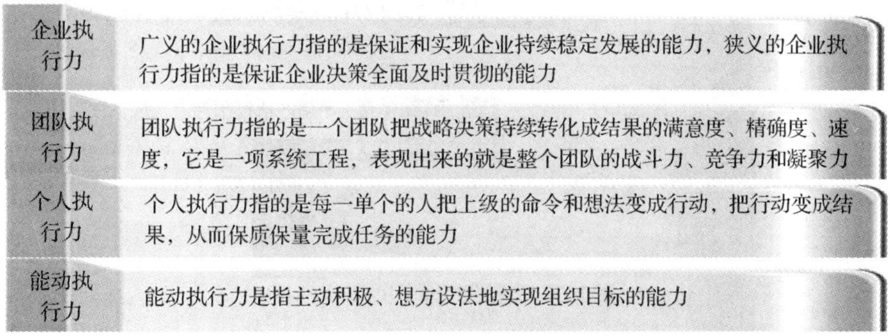

图 1—13　执行力的类型

企业执行力是把企业战略和规划转化成为效益、成果的关键，企业要做好组织管理机制、人力资源和领导力等方面的执行力建设，其中企业执行力提升的方法如图 1—14 所示。

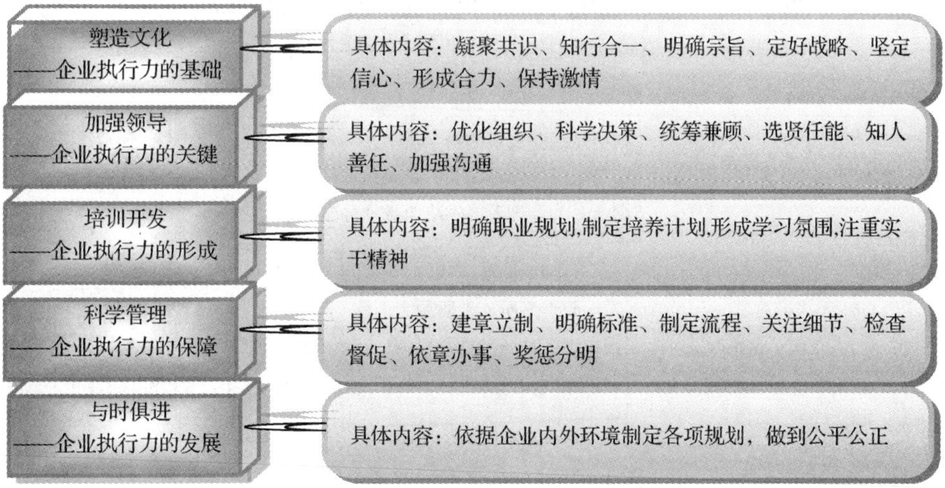

图 1—14　企业执行力提升的方法

2. 精细化管理

精细化管理是源于发达国家的一种企业管理理念，它是社会分工的精细化，以及服务质量的精细化对现代管理的必然要求，是建立在常规管理的基础上，并将常规管理引向深入的基本思想和管理模式。精细化管理的四大特征如图 1—15 所示。

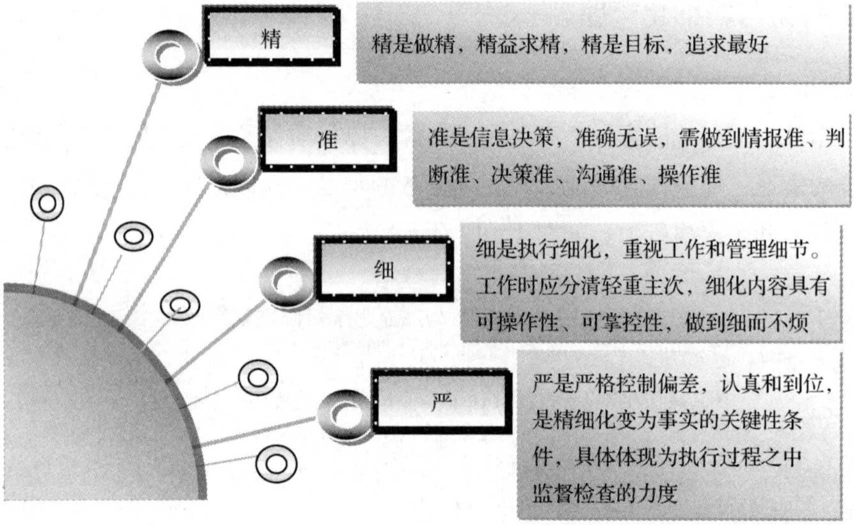

图 1—15　精细化管理的四大特征

精细化管理以人为核心，强调数据化和精确性，强调持续不断地改进。精细化管理作为一种理念和文化，其管理的 3 个前提如图 1—16 所示。

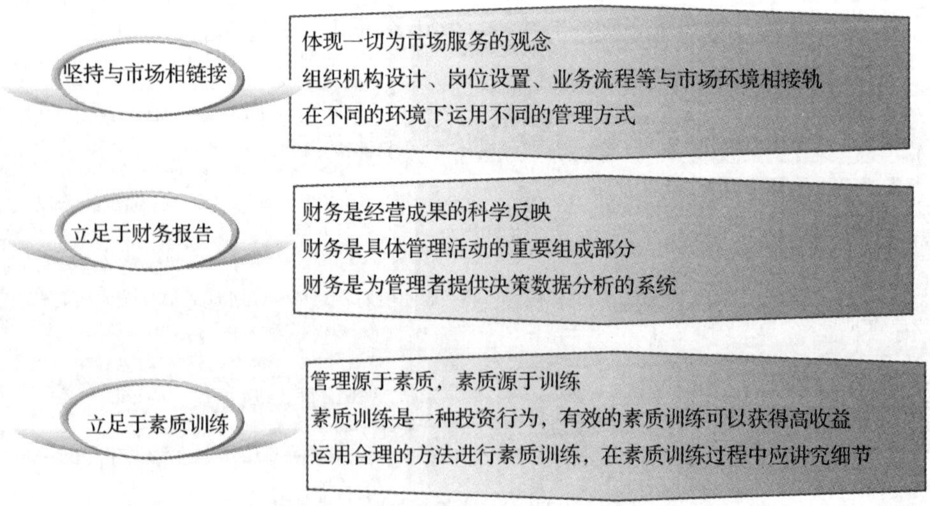

图 1—16　精细化管理的 3 个前提

1.4.2　精细实现标准化执行

标准化是精细化执行的基础，标准化是精细化落实的尺子，从优秀走向卓越是精细实现标准化执行要达成的目标。精细实现标准化执行的实施方法如图 1—17 所示。

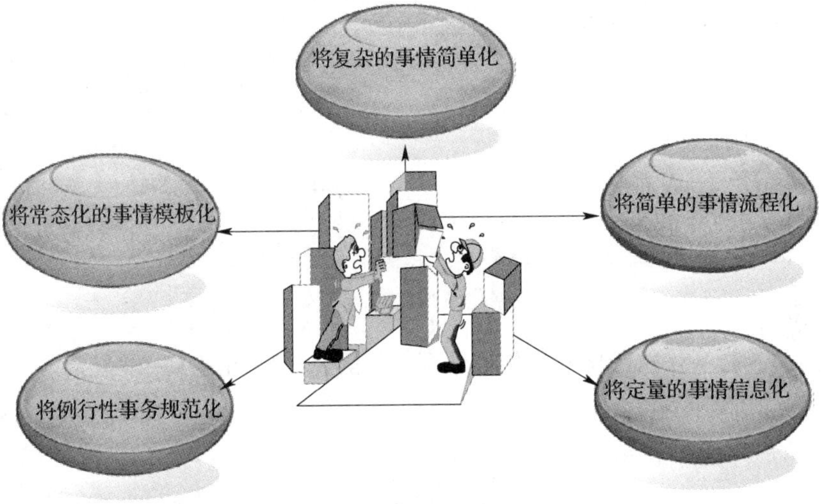

图 1—17　精细实现标准化执行的实施方法

企业追求尽善尽美，才能够在竞争激烈的环境中得以可持续发展，员工力求尽职尽责，才能够培养其严谨的品格和超凡的智慧。精细实现标准化的执行既能带领企业不断开创新的成功，又能鼓励员工去追求更高的境界。其中，精细实现标准化的执行工具如图 1—18 所示。

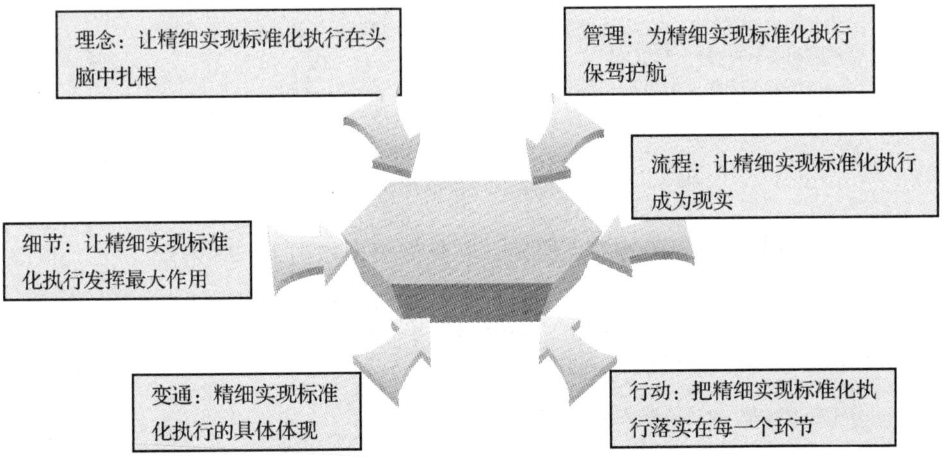

图 1—18　精细实现标准化的执行工具

1.4.3 精细化执行四大关键

1. 关键点 1：精细化执行坚持数据化原则，其具体表现如图 1—19 所示。

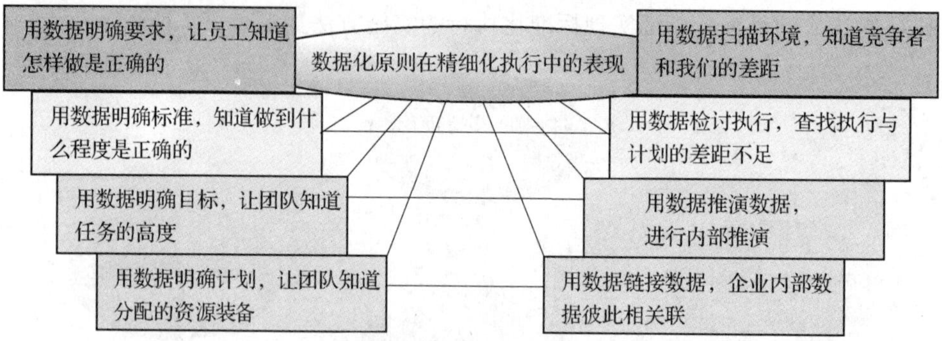

图 1—19　数据化原则在精细化执行中的表现

2. 关键点 2：精细化执行坚持操作性原则，其具体表现如图 1—20 所示。

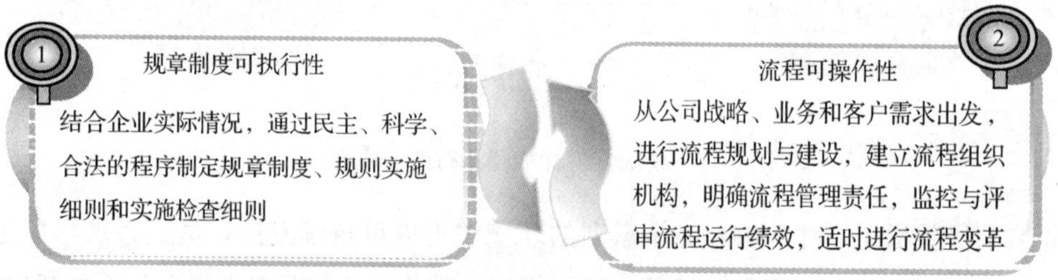

图 1—20　操作性原则在精细化执行中的表现

3. 关键点 3：精细化执行坚持底线原则，其具体表现如图 1—21 所示。

1. 细化并非越细越好，细化程度把握两个要点，即可不可以再细分，需不需要再细分
2. 底线有时是红线(最大容忍度)
   底线也可能是上限或幅度线，如“最高不得超过……”“在……之间”
   底线也可能是一种保障线

图 1—21　底线原则在精细化执行中的表现

4. 关键点 4：精细化执行坚持交点原则，其具体表现如图 1—22 所示。

1. 团队工作的特点是合作，合作无误的前提是成员之间的沟通
2. 节点越多沟通的环节越多，出错的概率就高
3. 节点就是交点，交点往往是盲点
4. 分工越来越细，交点就越来越多

图 1—22　交点原则在精细化执行中的表现

第 2 章

人力资源规划与计划

人力资源规划与计划指的是企业根据战略发展目标与任务要求，科学地预测、分析企业在变化环境中的人力资源的供给和需求情况，制定必要的政策与措施，以保证组织在需要的时间和需要的岗位上获得各种需要的人才的过程。

按照影响范围划分，企业人力资源规划的内容包括人力资源总体规划和人力资源业务计划。人力资源业务计划是总体规划的展开和具体化。人力资源管理环境分析和工作岗位调查分析是人力资源规划与计划的基础性工作。人力资源管理环境分析、工作岗位调查与分析、组织结构设计与变革、定岗定编与定员定额、人力资源规划的编制和人力资源计划的实施是人力资源规划与计划的关键业务。

其中，工作岗位调查与分析、组织结构设计与变革的实施难度较大，人力资源管理人员需要在实践工作中给予重点关注。

人力资源规划与计划的关键业务如图2—1所示。

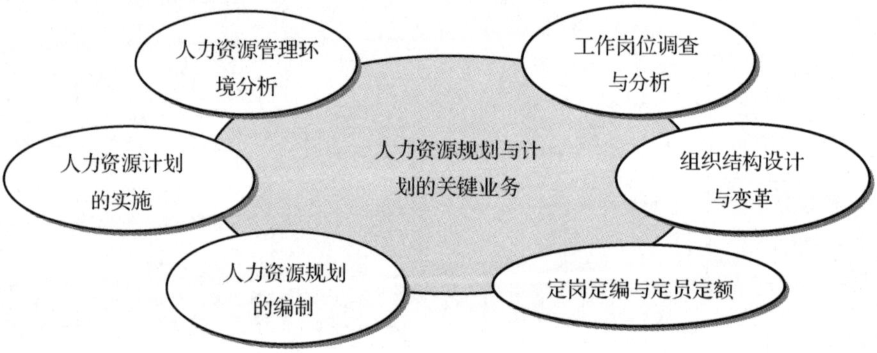

图2—1　人力资源规划与计划的关键业务

2.1　人力资源管理环境分析

2.1.1　人力资源管理环境范畴界定

人力资源管理环境主要指的是对人力资源管理活动产生影响的各种因素，它包括外部环境和内部环境，其中，外部环境指的是在企业系统之外能够对人力资源管理活动产生影响的各种因素，内部环境指的是在企业系统之内能够对人力资源管理活动产生影响的各种因素。

人力资源管理环境体系如图2—2所示。

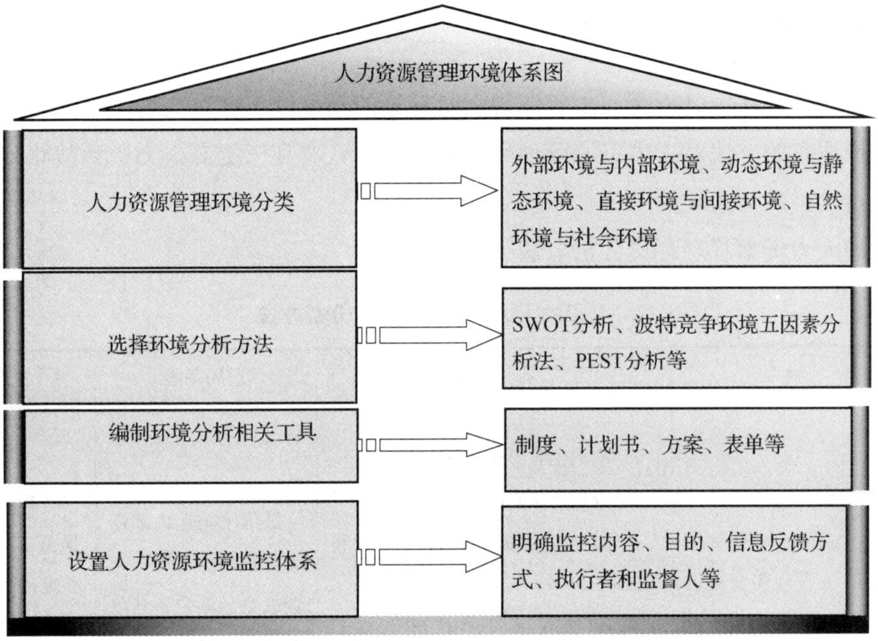

图 2—2　人力资源管理环境体系

2.1.2　人力资源管理环境分析程序

企业关注人力资源管理的环境，有利于实现各项人力资源管理活动与环境的和谐统一。要做好人力资源环境分析工作，应该分步骤进行，并且注意环境分析方法的应用和数据的处理。

人力资源管理环境分析程序如图 2—3 所示。

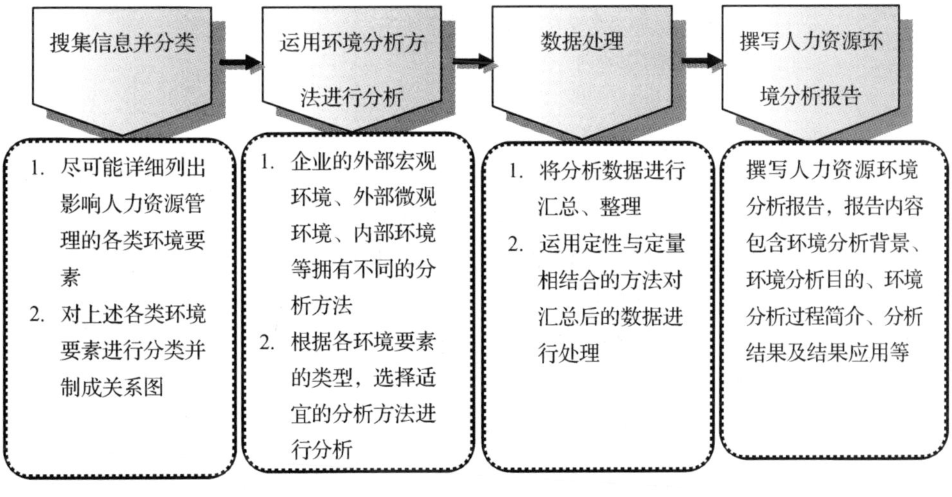

图 2—3　人力资源管理环境分析程序

2.1.3 人力资源管理环境分析方法

人力资源管理环境分析是人力资源规划与计划的基础性工作，为人力资源管理活动提供依据，选择适宜的方法对人力资源管理环境进行分析，有利于提高人力资源战略或策略的科学性和可行性。

常见的人力资源管理环境分析方法见表2—1。

表2—1　　常见的人力资源管理环境分析方法

类别	特点	操作步骤	适用范围	注意事项
SWOT分析法	具有显著的结构化、系统性和全面化的特点	1. 确定企业当前的目标 2. 分析企业的优势和劣势 3. 分析企业面临的外部机会和威胁 4. 根据步骤2和步骤3绘制SWOT矩阵 5. 制定合理的人力资源战略	适用于企业内部环境分析，经常用于企业战略的制定、竞争对手分析等	所提供的判断依据应真实、精确，并提供一定的定量数据弥补SWOT定性分析的不足
PEST分析法	能够对宏观环境进行归类分析，但需要结合其他分析方法才能使人力资源规划最优化	1. 明确企业目标 2. 搜集影响企业发展的各种因素 3. 对各项影响因素进行分类，并绘制PEST图形 4. 制定改善人力资源管理的策略、方针、战略等	适用于对企业人力资源管理有重大影响的宏观环境分析	在实施过程中需适时地进行阶段性检查与完善，以增强决策者对潜在危机的预见性
波特竞争环境五因素分析法	该方法建立在制定战略者能了解整个行业信息、同行之间只有竞争关系等假设之上，在实操中会比较复杂	1. 搜集影响企业发展的各种因素 2. 将各种因素根据五力分析法中的五力进行划分 3. 评价这5种力量 4. 根据不同力量的特性和重要性制定人力资源战略和策略等	适用于分析企业的外部竞争环境	鉴于信息不对称性，在运用五力模型进行人力资源管理环境分析时，对各维度分析需把握重点，在此基础上作出决策

2.1.4　人力资源管理环境分析工具

1. SWOT 分析模型（见表 2—2）

表 2—2　　SWOT 分析模型

内部分析 / 外部分析	优势（S）	劣势（W）
机会（O）	OS 组合 OS 策略——发挥优势，利用机会	OW 组合 OW 策略——利用机会，克服弱势
威胁（T）	TS 组合 TS 组合——发挥优势，回避威胁	TW 组合 TW 策略——克服弱势，回避威胁

2. PEST 分析模型（见图 2—4）

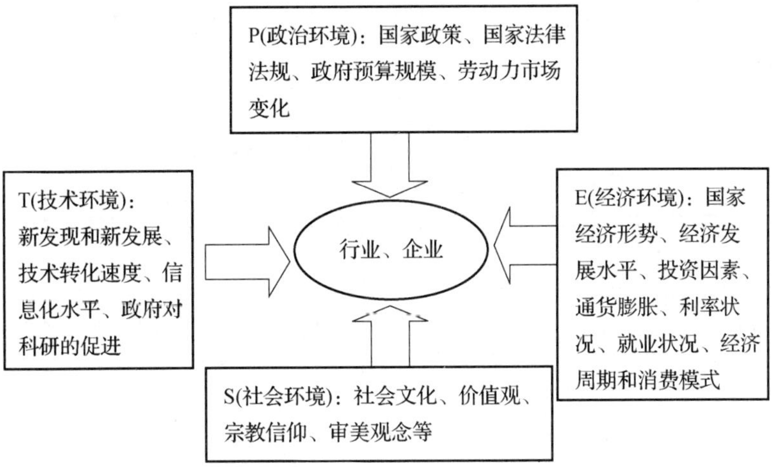

图 2—4　PEST 分析模型

3. 波特竞争环境五因素分析模型（见图 2—5）

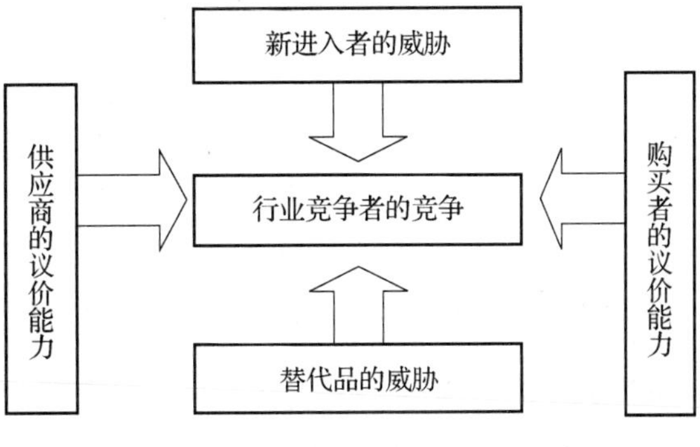

图 2—5　波特竞争环境五因素分析模型

2.2 工作岗位调查与分析

2.2.1 工作岗位调查分析范畴界定

工作岗位调查分析指的是企事业单位对各类工作岗位的性质任务、职责权限、岗位关系、劳动环境、劳动条件、工作绩效标准和岗位任职资格等所进行的系统调查和研究，并制定出岗位说明书等岗位人事规范的过程。

工作岗位调查分析为招聘、选拔、任用合格的员工奠定了基础，为员工考评、晋升提供了依据，是企事业单位进行工作设计、优化劳动环境的必要条件，是进行各类人才供给和需求预测的重要前提，是工作岗位评价的基础等。

工作岗位调查分析的管理体系包括工作岗位调查分析的信息来源和工作岗位调查分析的方法等，具体内容如图 2—6 所示。

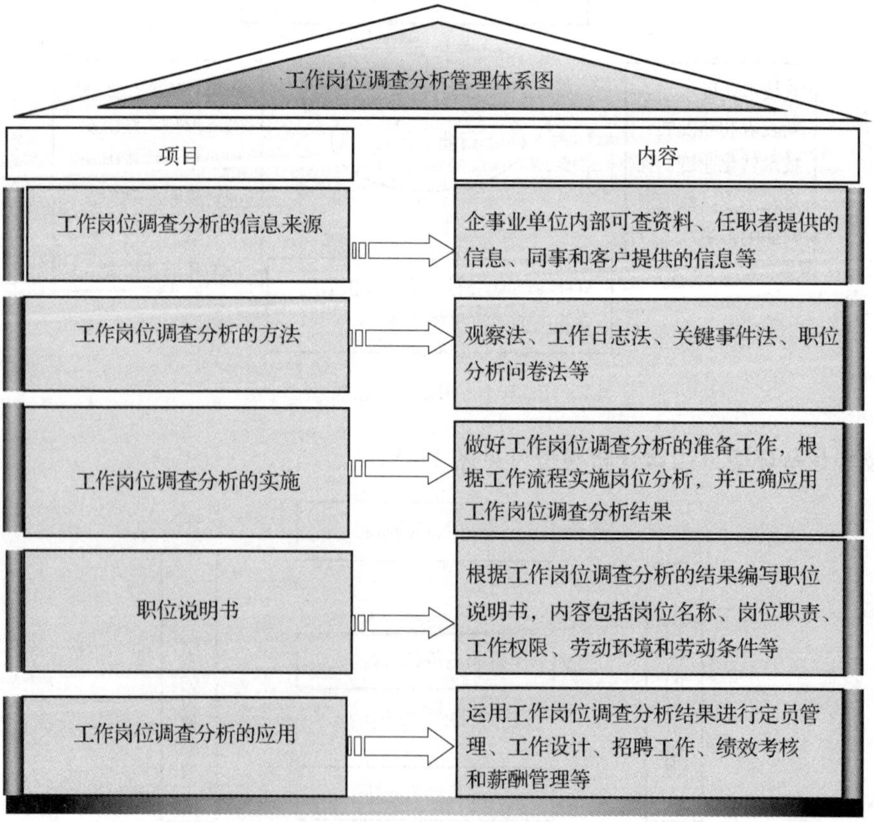

图 2—6 工作岗位调查分析管理体系

2.2.2　工作岗位调查分析的程序

工作岗位调查分析的程序分为准备阶段、实施阶段、描述阶段和反馈阶段。其中，准备阶段和实施阶段是工作岗位调查分析描述阶段的科学依据。

工作岗位调查分析的程序如图 2—7 所示。

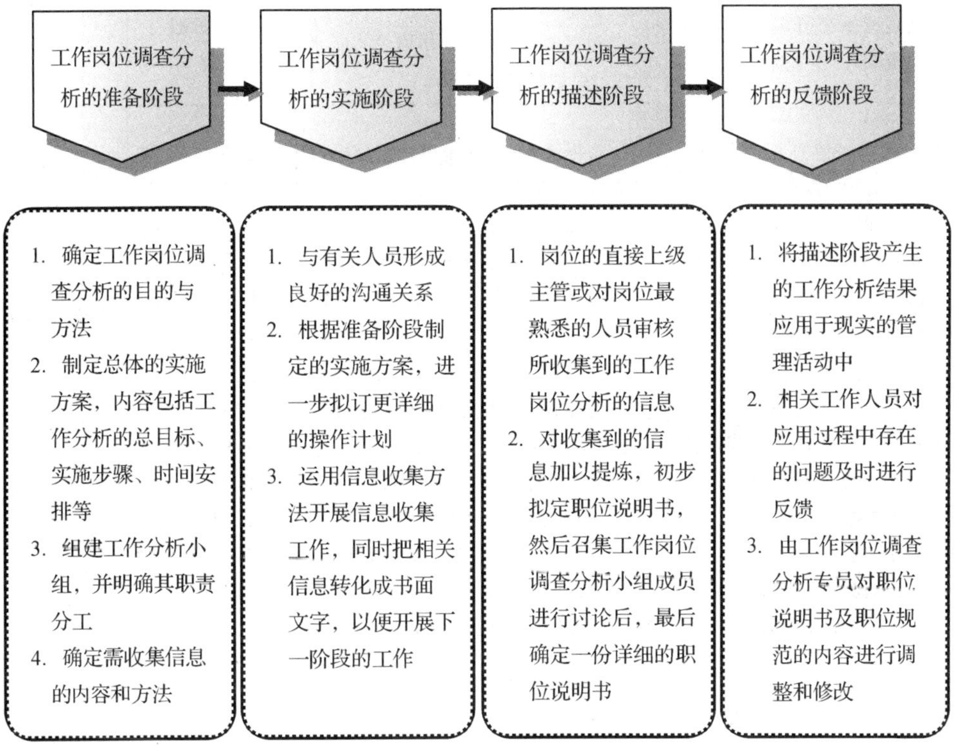

图 2—7　工作岗位调查分析的程序

2.2.3　工作岗位调查分析的方法

工作岗位调查分析有多种方法，每一种方法都有其优缺点和适用范围，因此在实际工作中，人力资源工作者可以根据需要选择一种或几种方法进行岗位分析，以下介绍了几种常见的工作岗位调查分析方法（见表 2—3）。

表 2—3　常见的工作岗位调查分析方法

类别	特点	操作步骤	适用范围	注意事项
观察法	优点：具有直观性、可靠性，不受被观察者自身影响，简便易行、灵活性强 缺点：具有表面性、只能观察到公开的行为，应用范围有一定的局限性	1. 检查现有文件、准备观察任务清单等工作事项 2. 在部门主管的协助下对员工的工作进行观察并作观察记录 3. 根据观察情况选择有代表性的员工进行面谈 4. 根据相关人员对工作描述的反馈形成最终的职位说明书	适用于对体力劳动者的观察和常规工作的观察，不适用于紧急情况或者间歇性工作的观察	1. 注意岗位工作样本的代表性 2. 观察人员应尽可能不引起被观察对象的注意，不打扰其工作
工作日志法	优点：信息可靠性强，工作分析所需费用较低 缺点：应用范围较小，需处理大量信息，消耗时间和体力，有时工作记录存在误差，欠缺真实性	1. 根据该方法适用范围确定分析的岗位和工作日志记录人员 2. 设计工作日志表格 3. 对工作日志记录人员进行培训 4. 收集工作日志，进行工作岗位分析	适用于工作状态稳定、工作程序标准、工作周期较短的程序化工作岗位分析	1. 培训工作日志记录人员 2. 避免机械记录，应主动反映工作的各项内容，提炼观察到的工作信息
关键事件法	优点：关注职务行为，揭示工作的动态性质，使得工作岗位分析及考评工作有依据 缺点：耗时，该方法只关注对绩效最好和最差的事件，忽略了平均绩效	1. 明确适合该方法的岗位，做好该方法实施前的组织、培训工作 2. 识别目标岗位的关键事件 3. 记录关键事件的相关信息：事件背景、过程、员工表现、事件结果等 4. 对信息进行加工，归纳岗位主要特征、能力素质要求等相关信息	适用于行为可观察、可衡量的岗位，不适用于描述日常工作	调查时间不宜过短，关键事件的数量应足以说明问题，应兼顾正反两方面的关键事件
管理职位描述问卷法	优点：为员工从事管理工作提供依据，为正确评价管理工作提供依据 缺点：灵活性较差，有时耗时长，工作效率较低	1. 设计管理职位描述问卷，发放问卷 2. 确定管理者每项工作对职位的重要性程度，并对其进行量化评估 3. 把评分与管理职位基本工作因素进行比较 4. 依据比较结果进行评价，编制工作分析报告，并形成职位说明书	适用于对组织内部管理层的职位分析	管理工作具有非程序化的特点，因此需考察的时间较长
问卷调查法	优点：不用修改就可以应用到不同企业、不同职位中 缺点：程序烦琐、花费时间较多	1. 明确工作分析的目的，设计职位分析问卷 2. 开展工作岗位分析前，需获得企业领导和员工的认可 3. 确定信息收集的范围和方式，并对实施人员进行培训 4. 与员工沟通，并收集信息编码 5. 根据问卷内容分析信息结果	适用于脑力劳动为主的工作岗位	问卷发放之后要组织培训工作，为了提高问卷调查结果质量，建议工作岗位分析人员提供“工作岗位分析问卷填写范例”

2.2.4　工作岗位调查分析的工具

员工岗位职责问卷调查问卷

______：

您好，感谢您对人力资源部工作的配合和支持！本次问卷的目的在于通过了解您目前的岗位职责内容，以更加清晰地认识您的工作，有助于本部门为您提供相应的指导和支持，请您根据实情认真、客观地填写

职位名称		职位编号		填表人	
部门名称		本岗位工作时间		审核人	
直接上级		直接下级		填表日期	
职责概述					

工作内容及职责		
工作内容（按重要程度依次列出）	工作职责	工作时间所占比例（%）

任职资格	
任职资格项目	本岗位所需最低标准
学历和职称	
业务/专业知识和技术	
计算机水平	
外语要求	
工作经验	
所需接受的培训	

	类别	需求程度（单选，在合适的选项中打“√”）				
		不需要	较低	一般	较高	高
工作能力	领导决策能力					
	组织协调能力					
	沟通能力					
	学习能力					
	监控能力					
	……					

工作权限

工作关系
1. 对内
2. 对外关系
工作特征
1. 工作环境
2. 出差情况
3. 工作时间
4. 需使用的办公设备
工作失误的影响
个人建议

2.3 组织结构设计与变革

2.3.1 组织结构设计与变革范畴界定

组织结构设计指的是以企业组织结构为核心的组织系统的整体设计工作。它是企业总体设计的重要组成部分，也是企业管理的基本前提。组织结构变革指的是企业为适应外部环境和内部条件的变化，及时对企业组织结构进行的调整和改革。

组织结构设计与变革的管理体系包括选择组织结构模式、分析组织结构设计的影响因素、明确组织结构设计的原则等，其内容如图 2—8 所示。

2.3.2 组织结构设计与变革的程序

组织结构设计和变革是在企业组织理论指导下进行的，是一项操作性较强的工作。它是按照一定的方法和步骤对组织结构进行设计和变革的，是部门设计与变革、岗位设计与变革的基本前提。

组织结构设计与变革的程序如图 2—9 所示。

图 2—8　组织结构设计与变革管理体系

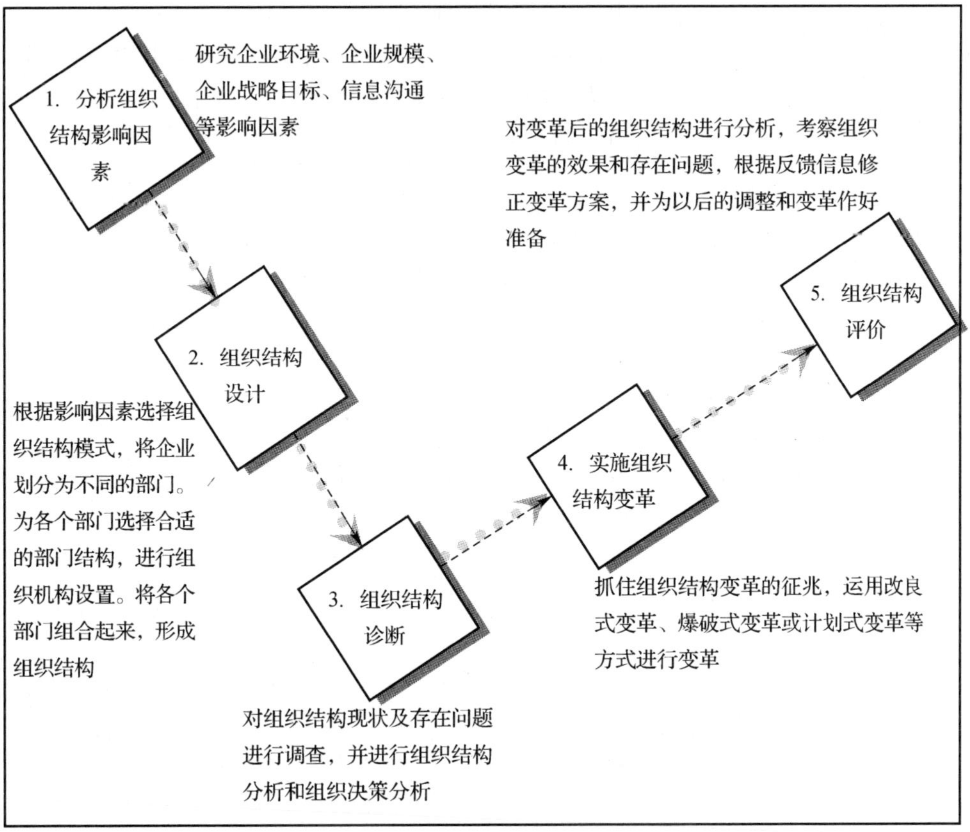

图 2—9　组织结构设计与变革的程序

2.3.3 组织结构设计与变革的方法

组织结构设计和变革的方法有扁平化组织设计与变革、学习型组织设计与变革、职能部门化组织设计与变革等，企业应根据实际情况选择合适的方法，常见的组织结构设计与变革的方法见表 2—4。

表 2—4　　常见的组织结构设计与变革的方法

类别	特点	方法说明/应用形式	适用范围	注意事项
职能部门化	突出业务活动重点，确保权威性；但资源过于集中不利于开拓区域市场或按照目标顾客的需求组织分工	把相同或相似的活动归并在一起，作为一个部门	适用于环境较稳定、部门间依赖程度较低的、规模较小的企业	分工时需尽量避免职权过于集中的现象，注重培养高级管理人员和复合型人才
产品部门化	专业化经营，促进不同产品间的竞争，为培养多面手提供很好条件，但各产品部门只关心本部门的产品，对整体组织欠缺考虑	围绕产品或服务大类的活动和要求来划分部门，应用产品部门化方法需对特定的产品系列或服务类型有专门的需求适应	适用于多样化经营的企业	需要加强综合管理人才的选育用留工作
顾客部门化	贴近市场，更好满足顾客需要，易发挥特定用户领域专家的专长，但这并不代表可以完全了解顾客需求偏好	即建立以顾客为对象，根据不同顾客的需要或不同顾客群设立的部门	适用于许多服务型企业	需注重服务礼仪的培养和企业文化的建设，需要培养专业的顾客专家
地域部门化	可以把责任和职权下放到基层，对本地市场和问题反应迅速灵敏，然而该组织机构重叠，管理成本高	即为了市场或资源等原因需分散经营，从而按照地理区域成立专门的管理部门	许多国际性大公司通常采用这种组织形式	需要时刻关注当地的地域资源、地区政策和地区文化等
扁平化组织	该组织强调系统化、管理层次化，企业资源侧重于基层	应用形式主要有矩阵制、团队型组织和网络型组织	在企业内部的分权及集权能有效融合，计算机网络技术得到全面应用等条件下适用	需对管理业务、职能调整等进行调查和论证，需对作业程序进行整合，以便于管理 合理地进行集权与分权，提升员工综合素质

续表

类别	特点	方法说明/应用形式	适用范围	注意事项
学习型组织	全体成员有共同愿景，善于不断学习，扁平化组织结构、工作学习化、学习工作化，领导者角色为教师、设计师等	组织中的成员不仅要掌握本岗位上的工作技能，而且要学习了解其他岗位工作能力，它提倡员工之间、部门之间、地域之间广泛地相互学习，汲取新思想	适用于各行业各种组织	应解决“学什么”“如何学”“学何用”的问题 需建立员工共同认可的企业价值体系，健全学习制度，充分调动员工学习与工作的创造力

2.3.4　组织结构设计与变革的工具

1. 组织结构调整申请表（见表 2—5）

表 2—5　组织结构调整申请表

申请部门			申请日期	
调整前部门名称	调整后部门名称	调整后的岗位变化（增、减岗位名称）	调整后人员变化（增、减人员名称）	调整原因
人力资源经理审核意见				
主管副总审核意见				
总经理审批意见				

注：本表由申请部门经理负责填写、递交。

2. 岗位设置分析表（见表 2—6）

表 2—6　岗位设置分析表

岗位编号		岗位名称	
本岗位对企业是否必要	□是　□否　若否，请说明原因		
本岗位所需人数是否可以减少	□是　□否　若否，请说明原因		
本岗位是否能产生最大作用	□是　□否　若否，请说明原因		
本岗位与其他岗位是否有效配合	□是　□否　若否，请说明原因		
本岗位与其他岗位的分工是否清晰	□是　□否　若否，请说明原因		
综合评价			
备注			

2.3.5 组织结构设计与变革风险控制

为了顺利开展组织结构设计与变革工作，提高工作效率，企业在进行组织结构设计与变革时，须关注以下三大风险（见表2—7）。

表2—7　组织结构设计与变革的主要风险点说明表

序号	风险点名称	风险点说明
风险点1	信息缺失风险	1. 组织没有明确的战略发展规划，企业的所有经营活动就没有明确的方向和目标，导致组织结构的设计和变革缺乏依据 2. 搜集信息时存在信息缺失和信息不对称现象，容易导致组织架构的设计与变革不符合企业自身特点，影响企业运作效率
风险点2	职能界定风险	组织结构中各层级、各职能部门关系界定不清晰，容易出现管理混乱、互相推诿扯皮的现象
风险点3	文书等的编制风险	如果《组织架构图》《业务流程图》《岗位说明书》等文件编制混乱，就会影响企业的运作效率，新的组织架构运行得不到员工的支持，影响企业经营目标的实现

针对信息缺失风险，企业可以通过建立和完善信号传递机制和激励机制来解决信息收集不全面和信息不对称的现象，积极鼓励组织设计与变革中的相关人员的参与。针对职能界定风险，人力资源规划专员应根据实际情况，通过访谈、问卷调查等多种方法，建立完善的岗位说明，明确职责分工。针对文书等的编制风险，相关人员在加强企业业务知识学习的同时，还应注重培养逻辑能力和书写能力。

2.4 定岗定编与定员定额

2.4.1 定岗定编定员定额范畴界定

定岗定编是确定岗位和确定岗位编制的合称，前者指的是在组织结构设计和劳动科学化的基础上，对各岗位的分工与协作关系进行科学界定，明确各岗位的职责范围、胜任素质要求、工作程序和工作量等。后者指的是设计从事某个岗位的人数，它研究的是对工作组织中各类岗位的数量、职务的分配，以及人员的数量及其结构所做的统一规定的人员编制。

定员指的是在定编定岗的基础上，为保证企业生产经营活动正常进行，对配备各类岗位的人员所预先规定的限额。定额指的是在一定的生产技术条件下，采用科学的方法，对生产单位合格产品或完成一定工作任务的劳动消耗量而预先规定的限额。

定岗定编定员定额管理体系如图 2—10 所示。

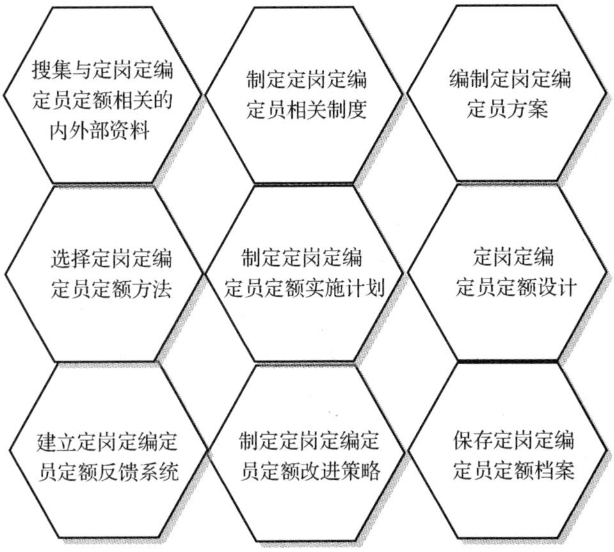

图 2—10　定岗定编定员定额管理体系

2.4.2　定岗定编定员定额的方法

定岗定编定员定额工作是人力资源管理的基石，它是在组织机构及岗位设置合理化的基础上，运用科学系统的量化方法，不断进行组织诊断、变革和创新，以明确工作岗位对员工质与量的规定，有利于企业实现人力资源数量和质量的合理配置，常见的定岗定编定员定额方法见表 2—8。

表 2—8　　常见的定岗定编定员定额方法

定岗方法				
类别	特点	操作步骤	适用范围	注意事项
组织分析法	该法能深入解决细节问题，提交一个与企业长远战略一致的解决方案，但岗位设计会过于复杂和具体，需要企业高层的大力支持	1. 在总部和分支机构之间选择合理的管理模式，理顺其中的集分权关系 2. 对各主要职能进行分析，明确各部门的使命和关键职责，此外，还需要明确各职能、各层级之间在主要职责上的决策流程和汇报关系 3. 在部门内部对职责、任务再进行细化分类，再分解到各个岗位上	通常适用于大型企业的大范围重组项目	——

续表

定岗方法				
类别	特点	操作步骤	适用范围	注意事项
关键使命法	关注关键岗位和业务，用较少投资得到较高回报，该法可在不同组织灵活运用，但有可能对岗位之间的衔接处理相对较差	1. 根据已经梳理的组织结构，分析各部门的关键业务和关键职责，明确需要设定的关键岗位 2. 通过岗位分析，确定各关键岗位的核心角色，由此界定其主要职责	通常适用于当时间和预算限制对整个组织的岗位设计不可行的情况时	——
流程优化法	该法服从于系统要求，对新的信息系统进行调整，但未投入大量资源进行岗位设计，可能导致较差结果	1. 绘制“现有流程”，收集数据，了解需要，分析内部活动和由此产生的成本，分析问题产生的根源和解决办法，建立比较的基准 2. 绘制“未来流程” 3. 据现有材料、工作需求等进行流程试点、调整、实施和推广	适用于较小的项目范围，主要在实施一个新的管理信息系统时应用	参与人员须熟悉工作流程，并跳出已习以为常的工作流程，否则很难提出改进意见
标杆对照法	该方法简单易行，设计成本低，可由企业人员设计，而该法容易照搬照抄，脱离企业实际，造成新的混乱	1. 通过一定的标准选择标杆企业 2. 搜集本企业定岗方面的相关信息，结合对标杆企业的了解，寻求本企业与标杆企业的差异 3. 根据差异及本企业实际状况确定部门功能、任务和岗位名称等	适用于不太精确的项目范围	需要对标杆企业或参考数据有比较透彻的了解，否则参考意义有限
定编方法				
类别	特点	操作步骤/计算方法	适用范围	注意事项
劳动效率定编法	此方法量化程度高，易操作，易被接受，而其投入成本高，周期长，适用范围也比较窄	单因素工时效率定编计算方法：$P=\sum At/B\cdot C\cdot E$，多因素工时效率定编计算方法：$P=(\sum At+F)/B\cdot C\cdot E$，式中：$P$——定编人数，$At$——工时表示的计划期任务总量，$B$——制度工作时间，$C$——出勤率，$E$——计划平均完成定额率，$F$——其他因素计划生产任务总量	凡是实行劳动定额的人员，特别是以手工操作为主的岗位，适合这种方法	只适用于有定额的工种，管理和服务人员不适用
业务数据分析法	——	1. 根据企业的历史数据（业务数据/每人）及企业发展目标，确定企业短期、中期、长期的员工编制 2. 根据企业的历史数据，将员工数与业务数据进行回归分析，得到回归分析方程 3. 根据企业短期、中期、长期业务发展目标数据，确定人员编制	这种方法适用于成熟企业，因为这样的企业历史数据有相对的延续性和稳定性	——

续表

定编方法				
类别	特点	操作步骤/计算方法	适用范围	注意事项
职责业务分工法	弥补劳动效率定编等只能适用于有定额工种方法的不足，而其主观性较强，结果相对粗糙，不易被接受	1. 企业生产经营的目的 2. 部门的工作岗位标准 3. 部门内职能管理人员的工作标准 4. 各部门和各管理人员的定编	适合分工明确，专业化程度高的企业	—

定额方法				
类别	特点	操作步骤	适用范围	注意事项
类推比较法	制定定额简单易行，工作量小，便于保持定额水平平衡，但该方法需制定一套典型定额标准，工作量较大	把产品结构和工艺相同的零件或工序进行分组排列，在各组中选择具有代表性的零件，并根据直径、长度、精度、重量等影响工时消耗的因素，按照供需制定典型定额标准	—	该法需选择代表性零件或工序，需充分考虑影响劳动时间的因素
技术定额法	—	1. 分析工序结构，将不合理的或多余操作进行删除或重组 2. 分析设备、工具的性能及技术参数等 3. 分析生产组织与劳动组织，通过现场工作日写实、测时、摄影、录像等，求出该项作业各部分工时消耗的数值	—	—

定员方法		
类别	计算公式	说明
工作定额定员方法	$N=\dfrac{W}{q\times(1+R)}$	R 为劳动生产率综合变动系数，由技术进步、经验积累等因素决定，q 为企业定额标准
劳动效率定员方法	$N=\dfrac{W}{q\times\text{定额完成率}\times a\times(1-b)}$	a 为出勤率，b 为废品率，q 为企业定额标准
设备定员法	$N=\dfrac{\text{设备开启台数}\times\text{每台设备开动班次}}{q\times a\times(1-b)}$	设备开启台数是指完成生产任务所需正常开启的设备台数，q 为设备看管定额，a 为出勤率，b 为废品率
比例定员法	$N=T\times q$	T 为该类员工服务对象人数，q 为定员的标准比例
注：N 为企业某岗位所需定员人数，W 为特定时间段内的工作总任务量		

2.4.3 定岗定编定员定额的工具

1. 定岗定编定员定额情况表（见表 2—9）

表 2—9　　定岗定编定员定额情况表

序号	部门设置	职务	职责范围	岗位等级	薪酬等级	定岗人数	实际配备人数	超缺员（+/-）	备注

2. 岗位定员变化申请表（见表 2—10）

表 2—10　　岗位定员变化申请表

<table>
<tr><td>部门</td><td></td><td>岗位</td><td></td><td>职位说明书编号</td><td></td></tr>
<tr><td>原定员人数</td><td></td><td>申请定员人数</td><td></td><td>现有人数</td><td></td></tr>
<tr><td>定员变化理由</td><td colspan="5">新增编制（　）流程优化（　）业务扩展（　）
战略储备（　）组织变更（　）职责调整（　）</td></tr>
<tr><td>定员增减方式</td><td colspan="5">对外招聘（　）　内部招聘/调配（　）　其他（注明：　）</td></tr>
<tr><td>定员增加时说明</td><td colspan="5">任职条件说明：
通过内部调配增加人员说明：</td></tr>
<tr><td>定员减少时说明</td><td colspan="5">1. 拟调入部门及原因：
2. 其他：</td></tr>
<tr><td colspan="6">人力资源规划专员申请说明：</td></tr>
<tr><td colspan="6">人力资源部经理意见：</td></tr>
<tr><td colspan="6">总经理意见：</td></tr>
<tr><td colspan="6">（说明：各栏必须认真填写，内部调配增加人员已确定人选的，须说明拟调配人员岗位定员变化；内部调配减少人员，须说明将调入的部门及原因。）</td></tr>
</table>

2.5　人力资源规划的编制

2.5.1　人力资源规划的范畴界定

广义的人力资源规划指的是企业所有人力资源计划的总成，是战略规划和具体实施计划的统一。狭义的人力资源规划指的是为实施企业的发展战略，完成企业目标，根据内外部环境的变化，运用科学方法对企业人力资源供需进行预测，从而实现人力资源合理配置，有效激励员工的过程。

人力资源规划管理体系如图2—11所示。

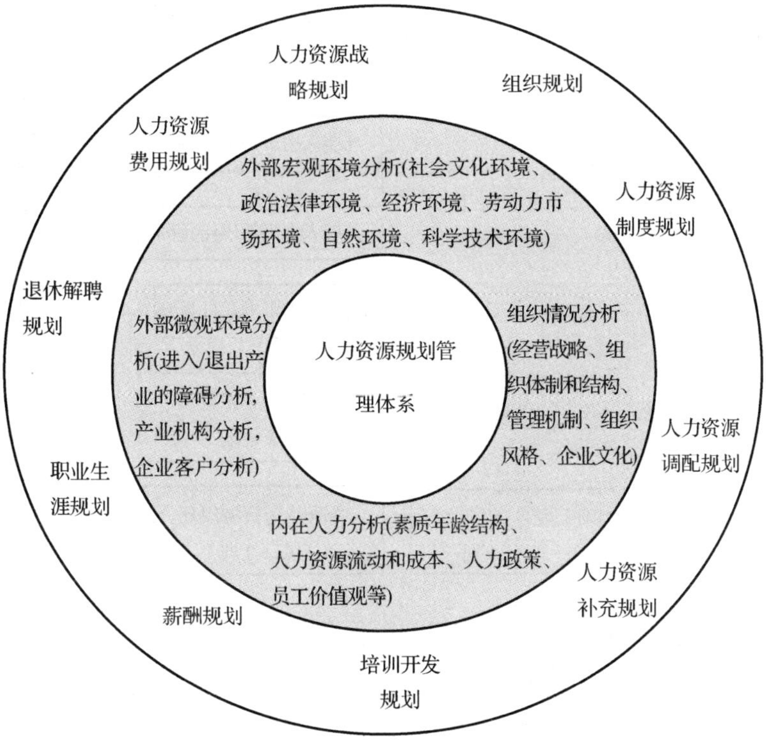

图2—11　人力资源规划管理体系

备注：上图中，最外边圆环的内容是人力资源规划管理体系的主要内容，而中间的圆环是人力资源管理体系的影响因素。

2.5.2　人力资源规划编制的程序

要做好人力资源规划编制工作，应该分步骤进行，并且选择合适的方法开展外部环境等因素调查，根据实际工作需求编制人力资源各项业务规划和人力资源规划执行计划。

人力资源规划编制流程如图2—12所示。

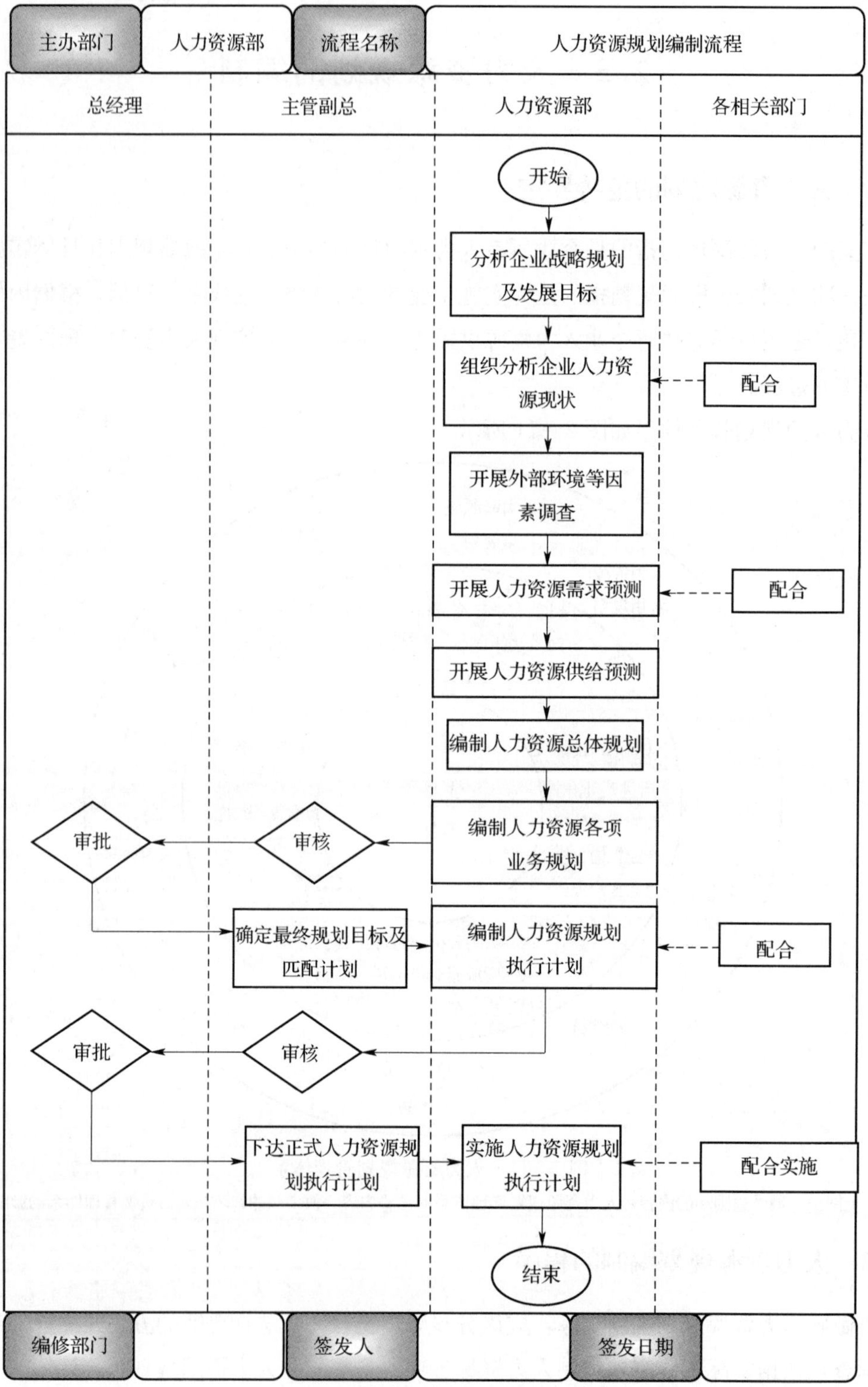

图 2—12　人力资源规划编制程序

2.5.3 人力资源规划编制的方法

为保证人力资源规划的科学性和准确性，人力资源规划方法的选择是十分重要的，人力资源工作者应根据规划项目的需求有针对性地选择规划方法，常见的人力资源规划编制方法见表 2—11。

表 2—11　　常见的人力资源规划编制方法

类别	特点	操作步骤	适用范围	注意事项
经验预测法	该方法是比较简单的人力资源预测方法，由于该方法是根据相关人员的经验进行的预测，其结果会有一定的偏差	1. 企业总经理提出总的用人指导性建议 2. 各部门经理根据建议会同人力资源部确定本部门的具体用人需求 3. 人力资源部汇总企业各个部门的总需求，形成企业总的人员需求预测	适用于发展业务相对稳定的小型企业	需要通过多人预测或查阅记录等方法提高预测的准确性
德尔菲法	德尔菲法一般采用匿名问卷方式，不公开专家的姓名和职务，预测经几轮反馈，使专家的意见逐渐趋同。可以避免群体决策的一些缺点	1. 人力资源部人员确定需要预测的项目，并设计初始调查问卷 2. 根据调查内容确定专家组成员 3. 各专家根据背景资料，针对调查表提出自己的预测意见 4. 人力资源部整理，总结各种不同的预测意见 5. 人力资源部向专家反馈初次预测结果 6. 通过反复循环的反馈，请专家不断完善预测意见，最终达成一致预测结果	适用于人力资源需求预测领域，还可用于评价、决策、管理等方面	使专家有足够的信息作出判断，所提问的问题应是专家能够回答的问题，尽可能将过程简化，不问与预测项目无关的问题，保证所有专家能够从同一角度去理解问题
管理人员接续计划法	能够有效培养潜在的管理者，避免人才中断的风险，该方法有助于吸引、留住人才	1. 确定需要拟订管理人员接续计划的管理职位 2. 确定每个关键职位上的接续人选 3. 判断接续人选的工作能力是否达到提升的要求 4. 确定职业发展需要，根据评价结果对接续人选进行必要的培训，使之更胜任可能从事的工作	适用于管理人员的供给预测	明确某一职位的任职资格和岗位定员，建立绩效考评体系对每位员工进行科学评价，对提升受阻的员工提供更加宽松的发展空间

2.5.4 人力资源规划编制的工具

××公司人力资源规划书

一、公司现有人力资源现状盘点

（一）人员结构分析

1. 公司各类人员的年龄分布见下表。

公司员工年龄结构

年龄（岁）	20以下	21～30	31～40	41～50	51～60
人数（人）					
占总人数比重（%）					

2. 人员素质结构，公司各类人员的学历结构分布见下表。

公司员工学历结构

学历	初中及以下	中专	高中	大专	本科	硕士及以上
人数（人）						
占总人数比重（%）						

3. 职位分类情况，公司职位结构见下表。

公司职位结构

职位	管理类	研发类	生产类	市场类	职能类	后勤类
人数（人）						
占总人数比重（%）						

（二）人员变动分析

公司2012年离职人员信息统计及汇总见下表。

公司2012年离职人员信息统计及汇总表

姓名	原部门	职位	学历	专业	离职原因	离职日期

（三）用工需求分析

公司2013年用工需求信息统计及汇总见下表。

公司2013年用工需求信息统计及汇总表

用工部门	用工数量	用工岗位及需求人数

二、公司人力资源规划

（一）公司人员定编

公司现有员工____人，拟退休员工____人，到2013年公司预减____人，新招聘____人，做到各类人员比例合理，其中，领导管理类人员占____%，基层管理类人员占____%，技术研发类人员占____%，生产操作类人员占____%，市场营销类人员占____%，职能支持类人员占____%，后勤服务类人员占____%。

（二）人员招聘计划

公司2013年人员用工需求为____人，预计流失人员____人，预计从外部招聘____人，其中，上半年应完成招聘计划的____%，且新招聘人员的流失率不得高于____%。

（三）人员培训规划

1. 两大核心规划

考虑企业战略与经营目标对人力资源的需求。考虑员工的职业生涯发展要求。

2. 从3个层面进行规划

制度层面：涉及公司培训开发活动中的各项制度。资源层面：构成企业培训开发系统的各种关键要素。运营层面：涉及企业培训与开发机构的工作内容与流程。

（四）薪酬福利及绩效考核规划

1. 建立多种价值分配形式，例如资格认证、荣誉、休假、教育与发展机会、工资、奖金、津贴、福利、股权等。

2. 实行员工持股计划。

三、审议与实施

本规划书由人力资源部会同各部门经理共同制定，报请公司中高层领导审议与评定，经总经理审批后由人力资源部负责组织实施。

2.6　人力资源计划的实施

2.6.1　人力资源计划实施的范畴

人力资源计划实施指的是根据组织的战略目标、内外部环境的变化和员工利益制定出相应的人力资源方案、政策和措施，并将其实施、改进的全过程，以确保组织人力资源供需的动态平衡。

人力资源计划实施体系如图2—13所示。

2.6.2　人力资源计划实施的程序

人力资源计划的实施分为实施准备阶段、实施进行阶段、实施反馈阶段和实施改进阶段。其中，实施准备阶段是实施进行阶段的前提条件，实施进行阶段是实施反馈阶段的基础，实施反馈阶段是实施改进阶段的基础。

人力资源计划实施程序如图2—14所示。

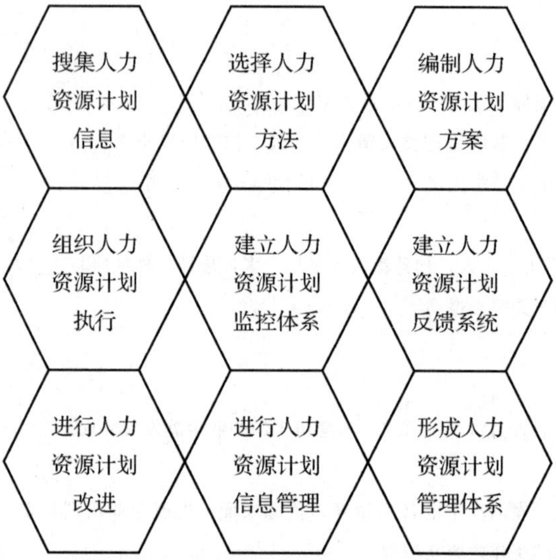

图 2—13 人力资源计划实施体系

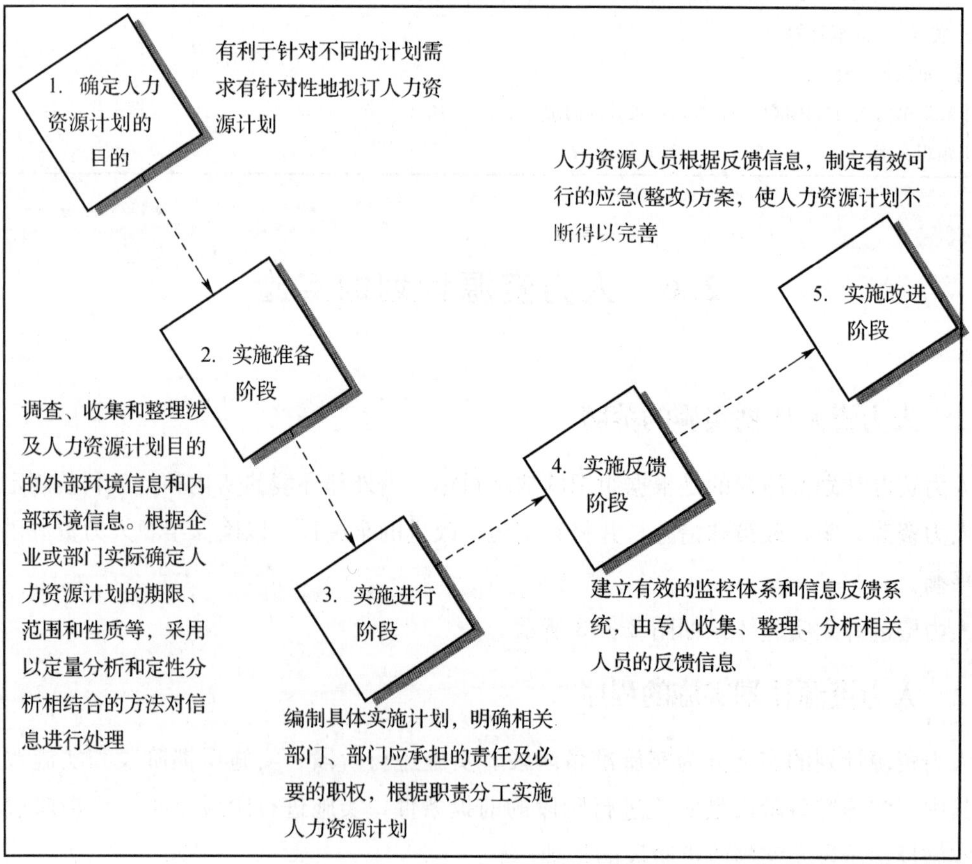

图 2—14 人力资源计划实施程序

2.6.3　人力资源计划实施的工具

××公司 2013 年度薪酬调整计划书

一、现状分析

1. 近几年来，社会平均工资持续上涨，本企业所在地平均工资已达____元，较上年度增长____%，从目前的情况来看，企业工资水平的竞争力较弱。

2. 从上一年度的工资及考核办法运行效果来看，与预期的效果有一定的差距，主要原因是考核制度不完善，工作绩效与工资兑现脱节，对员工的激励效果不是很明显。

二、计划目标

本计划适用于除董事长、总经理及其他实行年薪制的人员外的所有员工。它致力于能够吸引并留住公司所需的人才，使关键员工的保有率达到 98%以上，同时增强企业薪酬水平竞争力。

三、薪酬总量调整

鉴于社会平均工资上涨，结合本企业实际，建议公司对薪酬总量予以适当增加，以提高本企业薪酬竞争力，幅度以本年度人工成本预算总量增加____%左右为宜。

四、调整重点

1. 调整企业部分工作岗位的薪酬水平，以提高薪酬的外部竞争力。

2. 调整员工薪资构成比例，体现以岗位和职务为基础，按照贡献和绩效支付劳动报酬的原则。

3. 简化企业和员工的薪酬等级，增大薪酬激励机制的弹性。

五、遵循原则

1. 经济性原则：提高企业的薪酬水平，固然可以提高企业的薪酬竞争性和激励性，但同时会不可避免地导致企业人力成本的增加，因此企业进行薪酬设计时，需考虑其实际承受能力的大小。

2. 对外竞争性原则：公司薪酬水平要在市场水平与公司支付能力之间保持相对平衡的同时，达到吸引和留住人才的目的。

3. 对内公平性原则：薪酬调整过程中要保持适度的薪酬差，既要对员工起到激励作用，又要做到公平。

六、计划实施

1. 薪酬水平调整

(1) 奖励性调整，主要是对员工优良业绩进行的奖励，薪酬水平调整以销售岗位奖金调整为例，如下所示。

奖励性调整实施标准

职称	奖金发放标准（销售额/月）		奖金提取比例	
	调整前	调整后	调整前（%）	调整后（%）
高级销售工程师	100 万	120 万	15	18
销售工程师	70 万	90 万	12	15
销售代表	30 万	50 万	10	12

(2) 生活指数调整，主要用于弥补通货膨胀给员工带来的收入损失，最低工资不低于当地最低生活保障水平，调整比例见下表。

生活指数调整实施标准

人员类别	通货膨胀指数增长率	基本工资提高比率
管理人员	____%	____%
生产人员		____%
专业技术人员		____%
行政事务人员		____%

（3）效益性调整，当公司效益好时，对全体员工的薪酬进行整体性的提高调整，当效益不好时，根据公司实际情况进行再次调整。

（4）工龄性调整，将员工的资历和经验当作一种能力和效率而予以奖励的调整方法。

2. 岗位工资的调整

岗位工资是员工薪酬的主体，员工每年 1 月进行一次岗位工资层级调整，调整的主要依据是上年度绩效考核成绩。层级调整包括层级晋升、层级不变动和层级降低 3 种，凡年度绩效考核优秀者，岗位工资晋升一个层级，年度绩效考核需改进者，岗位工资下降一个等级，年度绩效考核称职者，岗位工资层级不变。

七、薪酬调整后的反馈

在薪酬调整后，应及时反馈调整过的信息，以及时发现并解决问题，确保达到预期效果。

2.6.4 人力资源计划实施风险控制

为了顺利完成人力资源计划实施工作，消除各种潜在风险，达到计划目标，企业应在规范执行流程关节点、优化选择方法和执行工具的基础上，对下列五大关键点事项进行重点管理和控制，见表 2—12。

表 2—12　　人力资源计划实施主要风险点说明表

序号	风险点名称	风险点说明
风险点 1	信息收集风险	1. 人力资源计划者凭借主观经验收集信息，而不考虑变化的环境因素，容易使收集到的信息缺乏科学性 2. 人的有限理性特征，易使人力资源计划者获得的信息不对称，从而导致收集到的信息缺乏完整性 3. 收集到的信息缺乏科学性和完整性，会导致人力资源计划编制缺乏正确依据，不符合企业的实际情况
风险点 2	人力资源计划审批风险	人力资源计划审批不规范、不充分，可能导致人力资源计划和预算不合理、不客观

续表

序号	风险点名称	风险点说明
风险点 3	人力资源招聘计划风险	1. 人力资源招聘计划中招聘方式不合理，可能导致企业难以招聘到合适的人才，从而影响企业的生产经营 2. 招聘预算和招聘计划不合理，没有经过规范审批，可能导致企业盲目招聘，造成冗员和资金浪费
风险点 4	人力资源培训开发计划风险	1. 拟订培训开发计划时，计划者只关注某一个或某方面的能力，而忽略了企业要求的全方位技能，不利于人力资源素质水平的提升 2. 培训开发计划者一般会选择易于实施、成本较低的培训方式，这不利于产生良好的培训效果 3. 对所有的员工实行统一的培训方法，而未针对部门、岗位和员工职业发展规划进行区分，不利于产生良好的人才开发目的
风险点 5	人力资源绩效考核和薪酬计划风险	1. 绩效考核计划和考核标准不合理，可能导致企业员工绩效考核不能做到公平、公正 2. 薪酬计划和薪酬标准不合理，可能导致企业员工工资分配不合理

针对人力资源计划实施主要风险点说明，主要从以下几方面对相应风险进行控制，具体内容见表 2—13。

表 2—13　人力资源计划实施主要风险点操作注意事项

风险点名称	操作注意事项
信息收集风险	1. 建立和完善信号传递机制和激励机制 2. 根据人力资源计划主题，建立多渠道信息收集渠道和信息筛选标准
人力资源计划审批风险	建立人力资源审批制度，根据人力资源计划事项的重要性，建立并实施人力资源计划审批流程
人力资源招聘计划风险	1. 根据人才类型选择合适的招聘渠道、招聘方法等 2. 依据企业战略，按程序进行人力资源规划，科学拟订人力资源招聘计划 3. 根据人力资源审批制度，由专人跟进人力资源计划的审批工作
人力资源培训开发计划风险	1. 从企业发展战略、部门业务、个人职业生涯规划出发，拟订人力资源培训开发计划 2. 在合理控制培训费用的情况下，制定符合公司、部门和员工需求的培训课程和培训方式
人力资源绩效考核和薪酬计划风险	1. 绩效考核计划和考核标准要与企业战略相一致，反映组织的特征，并具有一定的灵活性，考核标准的设计要坚持客观性原则、准确性原则、可接受性原则和可控性原则 2. 薪酬计划在坚持经济性原则的条件下，要以战略导向为原则，应体现出员工的价值。薪酬标准的设计在内部公平性和外部竞争性原则下，具有一定的激励作用

第 3 章

员工招聘与配置管理

招聘与配置指的是企业为了实现生产经营的目标，采用科学的方法，实现人力资源与其他物力、财力资源的有效结合而进行的一系列管理活动的总称。员工招聘与配置管理指的是通过招聘、甄选、录用、配置的过程，达到企业岗位和人员的优化配置。

员工招聘与配置管理主要划分为构建胜任力模型、设计任职资格体系、员工招聘与甄选管理、员工录用配置管理、人力资源外包管理5个关键业务，如图3—1所示。在其过程中，胜任力模型构建、任职资格体系设计是员工招聘与配置管理的基础性工作，招聘甄选管理、录用配置管理、人力资源外包是员工招聘与配置管理关键业务，人力资源外包实施难度较大，人力资源管理人员需要在实践工作中给予重点关注。

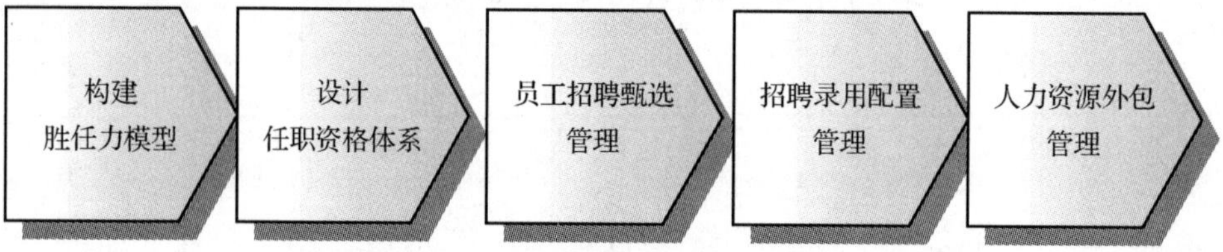

图3—1　员工招聘与配置管理的关键业务

3.1　胜任力模型构建

3.1.1　胜任力模型范畴界定

胜任力模型是指驱动员工产生优秀工作绩效的各种个性特征的集合，它反映的是优秀员工的知识、技能、个性与能力等，是决定并区别绩效差异的个人特征。

胜任特征模型构建的原则是辨别优秀员工与一般员工在知识、技能、社会角色、自我认知、特质、动机等方面的差异，通过收集和分析数据，并对数据进行科学的整合，从而建立某岗位工作胜任特征模型构架，并产生相应可操作性的人力资源管理体系。

胜任特征模型构建体系包括知识、技能、社会角色、自我认知、特质、动机6个方面。其中，知识指的是某一职业领域需要的信息，技能指的是掌握和运用专门技术的能力，社会角色指的是个体对于社会规范的认知与理解，自我认知指的是对自己身份的知觉和评价，特质指的是某人所具有的特征或其典型的行为方式，动机指的是决定外显行为的内在稳定的想法或念头。

3. 1. 2　胜任力模型构建程序

要做好胜任力模型构建工作，应该分为明确企业战略目标、确定目标岗位、厘定岗位绩优标准、选取样本组、收集并整理数据信息、归纳岗位胜任素质、构建模型 7 个步骤进行，并且注意构建模型的每一步骤都要严格执行，否则会影响下面步骤的实施和最终的结果。

胜任力模型构建程序如图 3—2 所示。

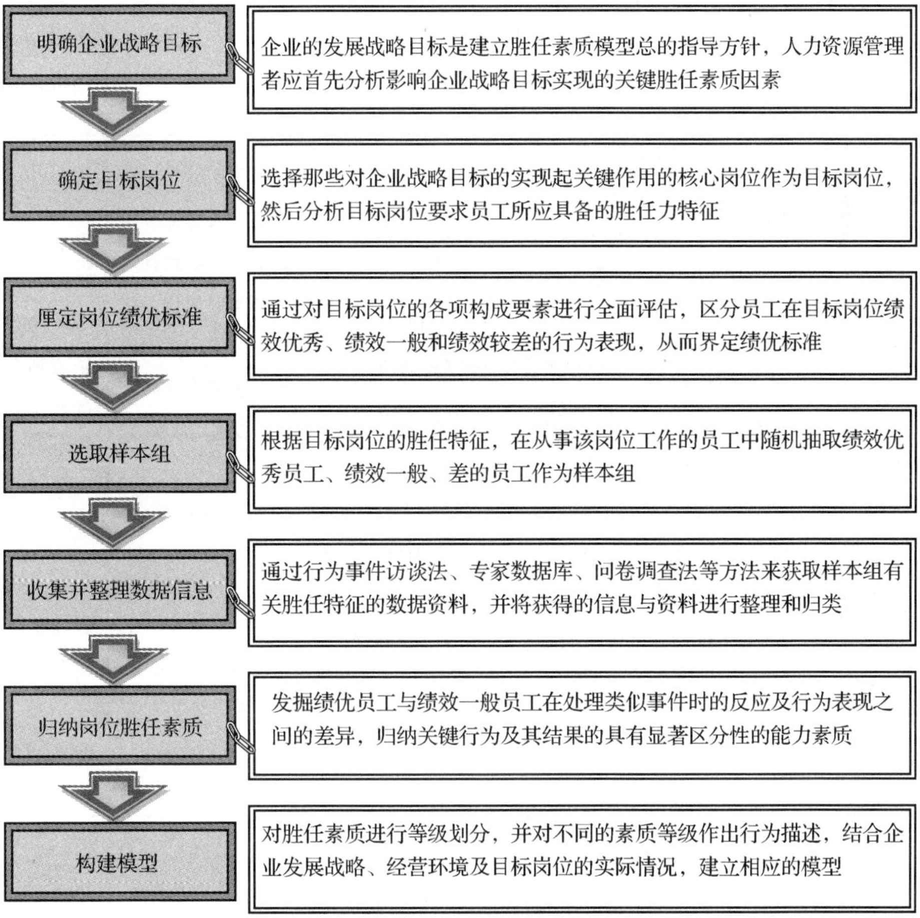

图 3—2　胜任力模型构建程序

3. 1. 3　胜任力模型构建方法

胜任力模型的构建对于企业的人才岗位匹配有非常重要的作用，而模型构建的方法主要由 BEI 行为事件访谈法、演绎法、专题小组讨论、标杆法等方法构成，见表 3—1。

表 3—1　　　　胜任力模型构建方法

类别	特点	操作步骤	适用范围	注意事项
BEI行为事件访谈法	优点：有充足的行为数据来支撑胜任力模型的有效性、精准性和客观性 缺点：对技术要求较高，投入的人力、物力较大	1. 对大批人员进行行为事件访谈 2. 收集不同类型人员的行为数据 3. 进行统计分析后得出关键素质，并形成胜任力模型	适用于人员密集、能采集到有代表性样本的岗位	1. 人员访谈的样本选择要有代表性 2. 采用此法要考虑企业的规模和精度要求
演绎法	优点：所建立的胜任力模型能体现出未来战略的导向性和牵引性，也能在一定程度上反映岗位要求 缺点：缺乏实际的行为数据来支撑胜任力模型的有效性，具有较大的主观性	1. 根据企业的战略进行分解、岗位任务反推 2. 通过小组讨论或者研讨会的方式得出某类员工的关键素质 3. 形成每个素质的定义和层级	适用于人员配备较少、难以采集到有代表性样本的岗位。在牺牲部分精准度的条件下不影响企业的运作，可以采用此法	1. 选择此法要符合企业的战略目标 2. 采用小组讨论或研讨会方式的参加人员不能有相关利益人员
专题小组讨论	优点：可以加深彼此对模型的理解，也在一定程度上提高模型的适用性和有效性 缺点：费用比较大，另外主观性比较强	1. 企业的领导者、咨询机构的顾问、负责日后模型推广与应用的相关 HR 人员、目标岗位的部分负责人参加 2. 在建模过程中多次进行专题小组讨论	适用于成长型企业，在发展的过程中，可采用此法	1. 小组讨论要有企业外部专家参与 2. 要考虑企业的成本控制
标杆法	优点：花费的成本比较低，模型构建比较容易 缺点：构建的模型对企业的偏差较大，需要不断去修正	1. 收集战略类型、价值创造模式、发展阶段相同或相似的同行的胜任力模型 2. 通过小组讨论或者研讨会的方式，分析标杆模型，从中挑选适合本企业的胜任力，作为演绎法或者归纳法所得到的模型的补充或者验证	适用于刚成立不久、规模不是很大的企业	选择标杆要符合企业发展实际

3.1.4　胜任力模型构建工具

胜任力模型调查问卷

部门/岗位名称：

为了提高公司各部门的员工素质和薪酬与所从事岗位的职能和职责的匹配度，提高工作效率和绩效，现设计胜任素质调查问卷，请各部门员工认真填写，谢谢合作！

胜任素质模型中一般包括 3 个层面的素质：职业素养、知识、技能/能力。下面 3 个表中列出了各个层面的一些通用素质，请您把您认为重要的素质项打“√”。

职业素养
□原则性　□亲和力　□全局观　□责任心　□积极心态　□严谨性 1. 请从以上所有素质项中选择您认为该部门人员必须具备的素质：（必填） 2. 除以上 6 项外，您认为该部门人员在“职业素养”层面还需要哪些重要的素质：（没有可以不填）

知识
□公司知识　□管理知识　□专业知识　□社会知识 1. 请从以上所有项中选择您认为该部门人员必须具备的素质：（必填） 2. 除以上 4 项外，您认为该部门人员在“知识”层面还需要的重要知识：（没有可以不填）

技能/能力
□分析判断能力　□时间管理能力　□知识转化能力　□激励能力　□目标管理能力　□组织能力　□学习能力 □表达能力　□沟通协调能力　□影响力　□人际交往能力　□决策能力　□创新能力　□团队合作能力 □成就导向　□自我控制能力　□执行力　□感召力　□关注细节能力 1. 请从以上所有项中选择您认为该部门人员必须具备的素质：（必填） 2. 除以上 19 项外，您认为该部门人员在“技能/能力”层面还需要哪些重要的能力：（没有可以不填）

3.2　任职资格体系设计

3.2.1　任职资格体系范畴界定

任职资格体系是指从称职胜任角度出发，对员工能力进行分等分级，以任职资格标准体系规范员工的培养和选拔，建立员工职业发展通道，牵引员工不断学习，同时为晋升、薪酬等人力资源工作提供重要的依据。

任职资格体系的建立是一项重要的人力资源管理实践，对于实现企业战略目标、实现企业与个人的共同发展有着重要的意义。

任职资格体系如图 3—3 所示。

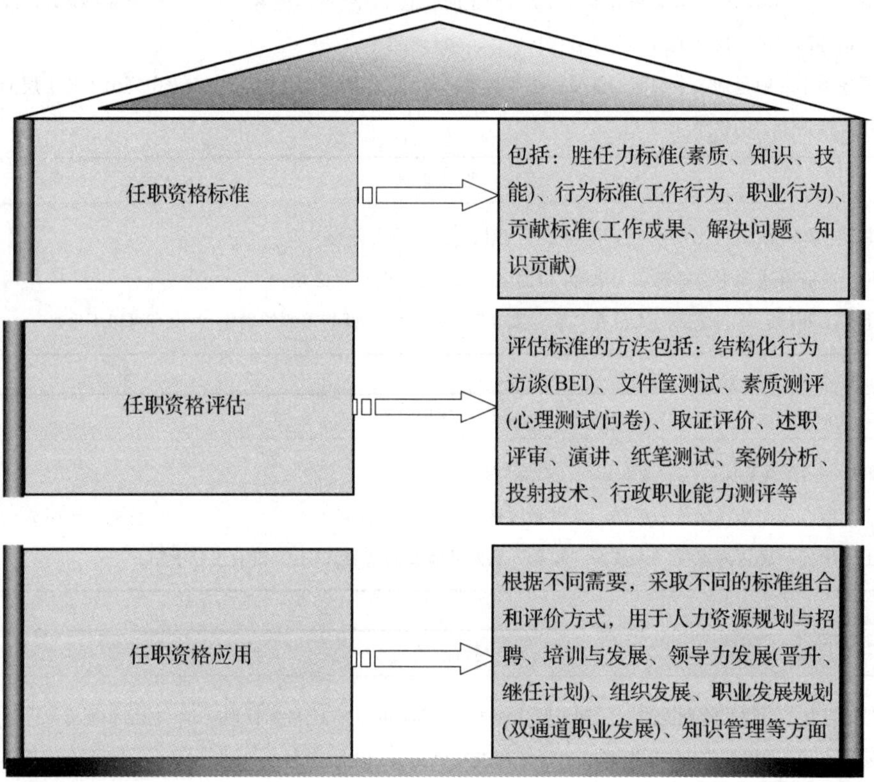

图 3—3　任职资格体系

3.2.2　任职资格体系设计程序

任职资格体系设计程序分为职族、职类划分，建立职业发展通道，职级、职等划分，设计任职资格标准，审批通过与颁布实施 5 个阶段，如图 3—4 所示。

3.2.3　任职资格体系设计方法

任职资格体系的设计对于企业的人才岗位匹配和评价有非常重要的作用，而体系构建的方法主要由访谈法、公文筐测试、资格评定会议、小组讨论法、笔试法等构成，见表 3—2。

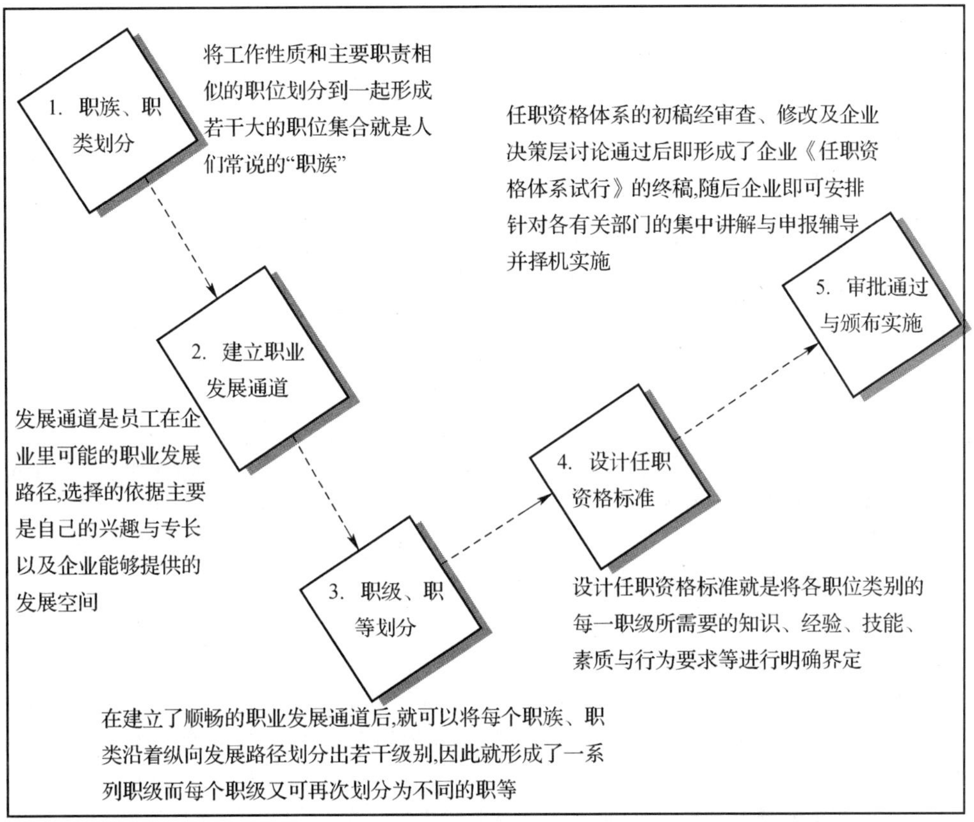

图3—4　任职资格体系设计程序

表3—2　　任职资格体系设计方法

类别	特点	操作步骤	适用范围	注意事项
访谈法	优点：有充足的行为数据来支撑胜任力模型的有效性、精准性和客观性 缺点：对技术要求较高，投入的人力、物力较大	1. 对人员进行行为事件访谈 2. 收集不同类型人员的行为数据 3. 进行统计分析后得出关键素质，并形成胜任力模型	适用于人员密集、能采集到有代表性样本的岗位。模型的精准性对企业运作的影响非常大时，建议采用此法	1. 人员访谈的样本选择要有代表性 2. 采用此法要考虑企业的规模和精度要求
公文筐测试	优点：可以对应聘管理岗位人员的个性、处理事务能力有较清晰的认识 缺点： 1. 比较费时费力，经济上不够节约 2. 在真实的工作场合下，应聘者是否能够表现好有待观察	1. 准备堆积如山的报告、备忘录、电话留言、信函及其他数据等，在办公桌上放置公事篮 2. 等待应征者妥当地加以处理。例如，应征者必须回信、撰写备忘录、拟订议程 3. 应征者处理这些事务的成效，则由受过训练的评鉴者加以评分	适合于招聘中高层管理人才的大中型企业	1. 情景的设计要符合实际 2. 采用此法要考虑企业的成本预算和人员供应情况

续表

类别	特点	操作步骤	适用范围	注意事项
资格评定会议	优点：可以对任职资格进行充分的探讨，沟通比较充分 缺点：费用比较大，另外主观性比较强	1. 企业的领导者、咨询机构的顾问、负责日后模型推广与应用的相关 HR 人员、目标岗位的部分负责人等 2. 任职资格评定会议中进行专题讨论	适用于成熟型企业，在发展过程中可采用此法	1. 人员访谈的样本选择要有代表性 2. 采用此法要考虑企业的规模和精度要求
小组讨论法	优点：可以在讨论过程中对被评估者的口才、个性、思维等有较好的了解 缺点： 1. 题目的设定范畴不容易掌控 2. 组织和协调需要人力物力	1. 在没有领导者的情况下，被评估者被要求针对某个特定的问题进行讨论，并达成群体决策 2. 评鉴者针对每个小组成员的人际关系技巧、群体的接受度、领导能力及个人的影响力等项，分别予以评分	适合于偏向于销售等需要口才和反应能力出众的服务性企业	1. 讨论的题目设置要合理 2. 采用此法时，考官要用评分表打分
笔试法	优点： 1. 评价方法容易管理，节省人力及时间 2. 被评估者的答案有文字为凭，比较客观 缺点：仅能测量被评估者的记忆能力，不易考察被评估者的推理能力与创造力。笔试法在编题上较为费时费力	1. 评价过程中，由被评估者以纸与笔来解答主试者所提出的问题 2. 考官根据答题情况给出评分	由于这种方法对评估者的知识深度会有比较好的了解，适合于大中型成规模的企业运用	1. 题目的设计要有针对性 2. 在题目设置和时间安排上要合理

3.2.4 任职资格体系设计工具

1. 职位任职资格调查问卷

说明：为了建立健全公司的任职资格体系，现在需要对各职位的任职资格进行调查，请大家认真填写，谢谢合作！本问卷所有要求都以胜任该职位的最基本要求为基准。

部门/岗位：　　　　　　　　　　　　　　　　　　填表时间：

职位基本要求	
年龄要求	
性别要求	
学历要求	
专业要求	
特殊要求	

经验要求										
工作经验										
行业经验										
职位经验										
知识要求										
知识类别	知识名称	精通	熟练	掌握	了解	知识名称	精通	熟练	掌握	了解
基本知识										
专业知识										
技能要求										
技能类别	技能名称	精通	熟练	掌握	了解	技能名称	精通	熟练	掌握	了解
基本技能										
管理技能										
技能要求										
技能类别	技能名称	精通	熟练	掌握	了解	技能名称	精通	熟练	掌握	了解
专业技能										
潜在能力										
职业素养										
素养类别	素养名称	优秀	良好	较好	普通	素养名称	优秀	良好	较好	普通
基本素养										
特殊素养										

2. 公司任职资格要求表（见表 3—3）

表 3—3　　　　公司任职资格要求表

部门			工作岗位	
工作环境	□车间　□办公室　□其他：			
岗位内容说明				
学历要求	□本科或以上　□大专　□中专/技校　□高中　□初中　□无要求			
专业要求	若有要求，请填写：			
工作经历	若有要求，请填写：			
职称要求	□高级　□中级　□初级　□无要求			
英语要求	□六级　□四级　□普通　□无要求　□其他：			
电脑要求	□精通　□熟练　□一般　□无要求　□其他：			
性别要求	□男　□女　□不限		年龄要求	□无　□有：40 岁以下
其他培训要求	1.		2.	
	3.		4.	
	5.		6.	
特殊技能要求	1.		2.	
	3.		4.	
资格证书要求	1.		2.	
	3.		4.	

3.3　员工招聘甄选管理

3.3.1　员工招聘甄选范畴界定

员工招聘甄选是指企业在招聘过程中综合利用心理学、管理学等学科的理论、方法和技术，对候选人的任职资格和对工作的胜任程度，即与职务匹配程度进行系统的、客观的测量和评价，从而作出录用决策。

应聘者的任职资格和对工作的胜任程度主要取决于他所掌握的与工作相关的知识、技能，个人的个性特点、行为特征和个人价值观取向等因素。因此，人员甄选是对应聘者的这几方面进行测量和评价。

员工招聘甄选体系如图 3—5 所示。

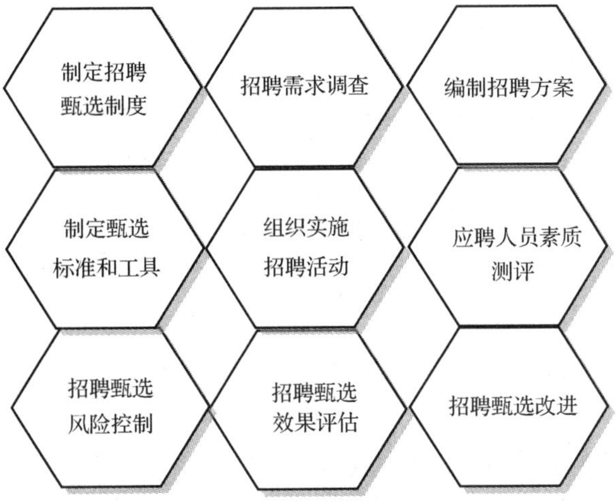

图 3—5　员工招聘甄选体系

3.3.2　员工招聘甄选实施程序

要做好员工招聘甄选管理工作，应该分初步面试、笔试测试、深入面谈、背景调查、体格检查、试用和任用 6 个步骤进行（见图 3—6），并且注意面试和笔试的安排要充分和妥当。

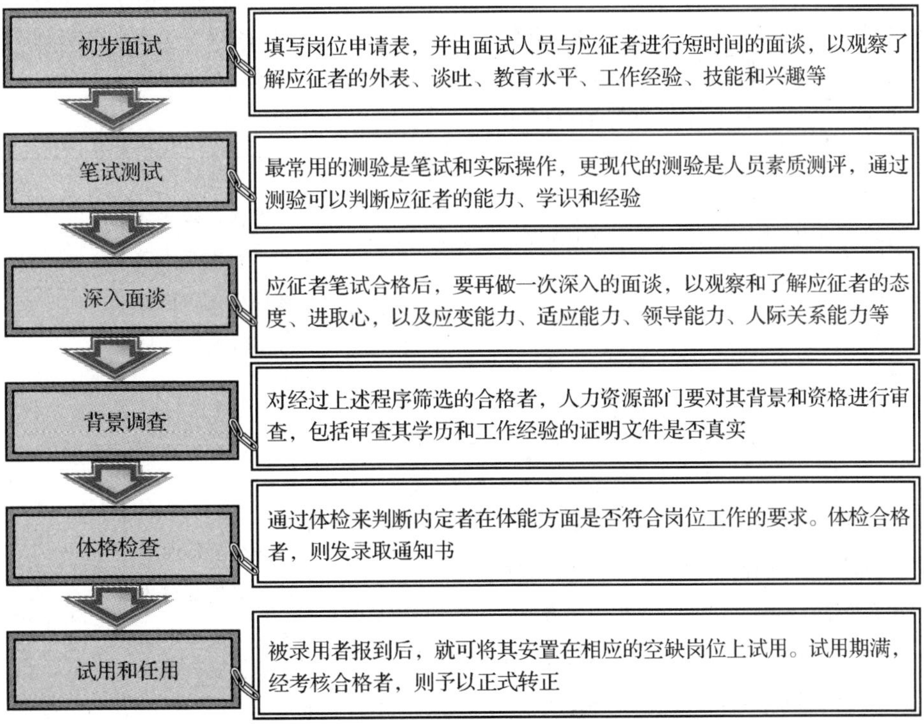

图 3—6　员工招聘甄选的实施程序

3.3.3 员工招聘甄选方法选择

在员工招聘甄选过程中，甄选方法的选择非常重要，一般甄选方法有面谈法、职业兴趣测验、人格测验、角色扮演等，其主要内容、特点和适用范围见表3—4。

表3—4　员工招聘甄选方法选择

类别	特点	操作步骤	适用范围	注意事项
面谈法	此法极为简单、迅速、经济，且不受人力、物力、时间、成本之限制，故做起来极为容易。但仅凭此法，正确了解应聘者主观因素有失客观	1. 主试人通过相互交谈的方式来了解应征者的观念、思想、学识、态度、个性，以此作为录用的参考 2. 由面谈法了解应征者学历、社交能力等，以作为应征者是否胜任于某项职位工作的重要参考	由于这种方法操作简单、经济，适用各种规模的企业运用	1. 面试问题的选择要有针对性，不能问个人隐私的问题 2. 面试人员的选择要具有一定的专业水平或为某个领域的专家
职业兴趣测验	可以判断应聘者感兴趣的工作方向，可以更好地匹配工作职位。但职业兴趣测验的结果比较宽泛，是否符合工作要求有待考察	1. 对应聘者进行测试 2. 将应征者个人的兴趣，与那些在特定工作中表现成功的员工的兴趣，互相作比较 3. 评估应征者的职业兴趣，看是否符合岗位需求	由于此法对个人职业兴趣方向有较严格的控制，故适合于分工比较明确的大中型企业运用	此法适用于对企业比较重要的岗位
人格测验	统一测验，比较省时省力。可以对应聘者的人格知悉，更好地匹配工作职位。但测试结果没有经过验证，工作匹配性有待考察	1. 对应聘者进行测试 2. 评估个人特征，例如害羞、攻击性、顺从、懒惰、忠诚或胆怯等特质是否符合企业要求	此法比较适合于平稳发展、需要储备人才作为支撑的成长型企业	此法适用于对企业比较重要的岗位
小组讨论法	可以在讨论过程中对应聘者的口才、个性、思维等有较好的了解。但题目的设定范畴不容易掌控。组织和协调需要人力物力	1. 在没有领导者的情况下，应聘者被要求针对某个特定的问题进行讨论，并达成群体决策 2. 评鉴者针对每个小组成员的人际关系技巧、群体的接受度、领导能力及个人的影响力等项，分别予以评分	适合于偏向于销售等需要口才和反应能力出众的服务性企业	1. 讨论的题目设置要合理 2. 采用此法时，考官要用评分表打分

续表

类别	特点	操作步骤	适用范围	注意事项
角色扮演	可以对应聘者的个性、行为有较清晰的认识，对应聘者是否适合工作的判断比其他应聘方式更客观，但比较费时费力	1. 通常是多个模拟的企业彼此在同一市场相互竞争 2. 他们必须制定的决策，包括营销决策、广告决策、生产决策及存货决策 3. 根据扮演角色的决策情况评分	适合于具有一定规模实力、需要高级人才的大中型企业	1. 模拟情景要符合企业实际 2. 人员安排上要合理

3.3.4　员工招聘甄选执行工具

1. 面试人员登记表（见表3—5）

表3—5　　**面试人员登记表**

面试时间：　年　月　日　时　编号：								
姓名		性别		民族		出生日期		照片
籍贯		政治面貌		健康状况	□优秀　□良好　□较差			
婚姻情况	□已婚　□未婚　□离婚			身份证号				
学历		毕业院校						
所学专业					毕业时间			
外语语种及程度				技术职称		现从事专业		
通信处	户口所在地					联系方式		
	现住址					联系方式		
教育背景	起止时间	院校名称			学历	学位	所学专业	
培训情况	起止时间	培训地点	培训形式	培训内容			主办单位	

续表

<table>
<tr><td rowspan="5">工作经历</td><td>起止时间</td><td colspan="2">工作单位</td><td>职务</td><td>薪资</td><td>工作内容</td></tr>
<tr><td></td><td colspan="2"></td><td></td><td></td><td></td></tr>
<tr><td></td><td colspan="2"></td><td></td><td></td><td></td></tr>
<tr><td></td><td colspan="2"></td><td></td><td></td><td></td></tr>
<tr><td></td><td colspan="2"></td><td></td><td></td><td></td></tr>
<tr><td rowspan="5">家庭情况</td><td>姓名</td><td>与本人关系</td><td>年龄</td><td colspan="2">工作单位</td><td>职务</td></tr>
<tr><td></td><td></td><td></td><td colspan="2"></td><td></td></tr>
<tr><td></td><td></td><td></td><td colspan="2"></td><td></td></tr>
<tr><td></td><td></td><td></td><td colspan="2"></td><td></td></tr>
<tr><td></td><td></td><td></td><td colspan="2"></td><td></td></tr>
<tr><td colspan="4">专业技术能力及特长</td><td colspan="3">技能</td></tr>
<tr><td colspan="4"></td><td colspan="3">1. 计算机：□熟练　□一般　□不懂</td></tr>
<tr><td colspan="4"></td><td colspan="3">2. 第二外语及程度：</td></tr>
<tr><td colspan="4"></td><td colspan="3">3. 其他技能：</td></tr>
<tr><td colspan="2">人事关系（档案）所在地</td><td colspan="5"></td></tr>
<tr><td>应聘何职</td><td></td><td>如录用何时上岗</td><td></td><td>期望薪金</td><td colspan="2"></td></tr>
<tr><td colspan="2">除上述应聘职位外可适应的工作</td><td colspan="5"></td></tr>
<tr><td>其他需说明的情况</td><td colspan="6"></td></tr>
</table>

2. 面试评估表（见表3—6）

表3—6　　面试评估表

<table>
<tr><td colspan="7">应聘者基本信息</td></tr>
<tr><td>公司</td><td></td><td>办事处</td><td></td><td rowspan="2">联系电话</td><td colspan="2" rowspan="2"></td></tr>
<tr><td>应聘者姓名</td><td></td><td>应聘岗位</td><td></td></tr>
<tr><td>评估项目</td><td>项目说明</td><td colspan="3">评　价</td><td colspan="2">备注</td></tr>
<tr><td>形象气质</td><td>个人形象气质，自信度</td><td>□较好</td><td>□一般</td><td>□欠佳</td><td colspan="2"></td></tr>
<tr><td>勤奋务实</td><td>刻苦努力，责任心强</td><td>□较好</td><td>□一般</td><td>□欠佳</td><td colspan="2"></td></tr>
<tr><td>沟通与表达能力</td><td>善于与人交流，充分表达观点</td><td>□较好</td><td>□一般</td><td>□欠佳</td><td colspan="2"></td></tr>
<tr><td>工作激情、进取精神</td><td>积极、乐观、进取、注重目标，自动自发</td><td>□较好</td><td>□一般</td><td>□欠佳</td><td colspan="2"></td></tr>
<tr><td>学习能力</td><td>学习方法与习惯，学以致用</td><td>□较好</td><td>□一般</td><td>□欠佳</td><td colspan="2"></td></tr>
<tr><td>逻辑思维能力</td><td>思考具系统性、讲逻辑，讲究方法</td><td>□较好</td><td>□一般</td><td>□欠佳</td><td colspan="2"></td></tr>
</table>

续表

<table>
<tr><td>适应与应变能力</td><td>适应环境，思路敏捷</td><td>□较好</td><td>□一般</td><td>□欠佳</td><td></td></tr>
<tr><td>创新能力</td><td>突破固有思维，产生新的想法</td><td>□较好</td><td>□一般</td><td>□欠佳</td><td></td></tr>
<tr><td>承压能力</td><td>能承受压力，能在压力中找到解决问题的方法</td><td>□较好</td><td>□一般</td><td>□欠佳</td><td></td></tr>
<tr><td>团队协作能力</td><td>宽容，注重团队工作</td><td>□较好</td><td>□一般</td><td>□欠佳</td><td></td></tr>
<tr><td rowspan="2">评分说明</td><td colspan="5">每一项的评估满分为 10 分，总分 100 分</td></tr>
<tr><td colspan="5">评价标准为：较好：8～10 分；一般 4～7 分；欠佳：0～3 分</td></tr>
<tr><td>性格特征</td><td colspan="5">□内向　□外向　□稳重</td></tr>
<tr><td>求职意愿</td><td colspan="5">□强烈　□一般　□不强烈</td></tr>
<tr><td>综合评价等级</td><td colspan="3">□优秀　□良好　□一般　□不合格</td><td></td><td></td></tr>
<tr><td colspan="6">综合评价</td></tr>
<tr><td>初试评价</td><td colspan="5">面试官签名：　日期：</td></tr>
<tr><td>是否推荐复试</td><td colspan="5">□是　□否</td></tr>
<tr><td>复试评价</td><td colspan="5">面试官签名：　日期：</td></tr>
<tr><td>是否建议录用</td><td colspan="5">□是　□否</td></tr>
<tr><td colspan="6">公司意见</td></tr>
<tr><td>综合评价等级</td><td colspan="3">□优秀　□良好　□一般　□不合格</td><td>是否录用</td><td>□是　□否</td></tr>
<tr><td rowspan="2">薪资</td><td>试用</td><td></td><td>试用期</td><td colspan="2">个月</td></tr>
<tr><td>转正</td><td></td><td>合同签订年限</td><td colspan="2">年　月</td></tr>
<tr><td>入职时间</td><td colspan="2">年　月　日</td><td>合同起止日期</td><td colspan="2">年　月　日至　年　月　日</td></tr>
</table>

3.3.5　员工招聘甄选风险控制

为了顺利完成员工招聘与甄选工作，消除各种潜在风险，达到成功招到合适人才的目标，企业应在规范执行流程关节点、优化选择方法和执行工具的基础上，对下列四大关键点事项进行重点管理和控制，具体见表 3—7。

表 3—7　　员工招聘甄选风险控制

序号	评估指标名称	评估指标说明
指标 1	个人修养	1. 道德人品。接人、待物、处事的根本准则和品性 2. 是否守时。面试笔试报到时间是否准时 3. 健康程度。身心健康是否良好，是否可以承接任务 4. 礼貌礼节。对待面试官和一同面试者是否注意礼节规范 5. 仪容仪表。发型、胡子、衣着十分得体
指标 2	综合素质	1. 执行力。对接到的任务是否能立即执行、认真执行 2. 责任感。对所完成的任务是否负责 3. 快速反应能力。对给出的问题反应是否敏捷 4. 条理性。表达观点和处理事情时是否有步骤有条理
指标 3	专业知识	1. 专业背景。是否有工作需要的专业培训学习 2. 相关工作经验。是否有和本企业行业相关的工作经历 3. 专业知识水平。在本专业领域取得的成绩是否达到一定标准 4. 专业证书。是否取得了所学专业的学位证书
指标 4	技能	1. 表达、沟通能力。对自己的观点是否能够表达明晰，沟通是否良好 2. 协调能力。和团队的成员是否能够协调各方一同处理事务 3. 技能资格证书。是否有经过国家认证的技能资格证书
注意事项：在进行风险控制时要对上述 4 个方面的每一指标的分指标设置个标准，再进行风险控制，那样可以提高选择招聘人才的质量		

3.4　招聘录用配置管理

3.4.1　员工录用配置范畴界定

员工录用配置是企业为了实现生产经营的目标，采用科学的方法，根据岗得其人、人得其位、适才适所的原则，实现人力资源与其他物力、财力资源的有效结合而进行的一系列管理活动的总称。

员工录用配置体系包括录用人才、配置人才、开发人才 3 个方面。

1. 录用人才

组织各部门是在任务分工基础上设置的，因而不同的部门有不同的任务和不同的工作性质，必然要求具有不同的知识结构和水平、不同的能力结构和水平的人与之相匹配。人员配备的首要任务就是根据岗位工作需要，经过严格的考查和科学的论证，选拔或培训为己所需的各类人员。

2. 配置人才

要使职务安排和设计的目标得以实现，让组织结构真正成为凝聚各方面力量、保证组织管理系统正常运行的有力手段，必须把具备不同素质、能力和特长的人员分别安排在适当的岗位上。只有使人员配备尽量适应各类职务的性质要求，从而使各职务应承担的职责得到充分履行，组织设计的要求才能实现，组织结构的功能才能发挥出来。

3. 开发人才

现代市场经济条件下，组织之间竞争的成败取决于人力资源的开发程度。在管理过程中，通过适当选拔、配备和使用、培训人员，可以充分挖掘每个成员的内在潜力，实现人员与工作任务的协调匹配，做到人尽其才，才尽其用，从而使人力资源得到高度开发。

3.4.2　员工录用配置实施程序

员工录用配置可分为初步认定、决定薪酬、体检调查、员工入职 4 个阶段（见图3—7）。每个阶段都是企业进行录用配置不可缺少和遗漏的内容，在实施前中后都要对各步骤计划和考虑详细。

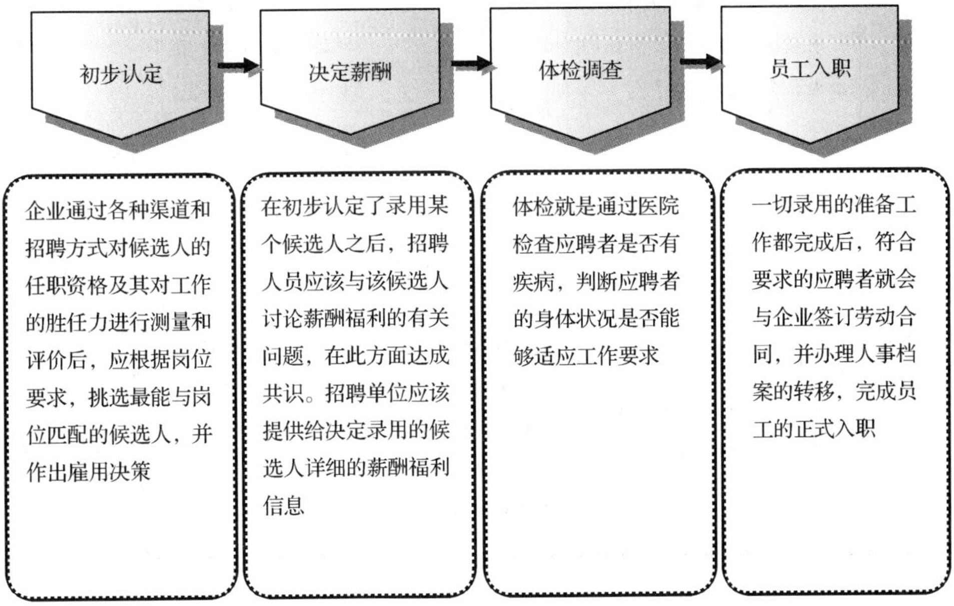

图 3—7　员工录用配置实施程序

3.4.3 员工录用配置方法选择

在员工招聘甄选过程中录用配置方法的选择非常重要，一般录用配置方法有，以员工为标准进行配置、以岗位为标准进行配置、以双向选择为标准进行配置，其主要内容、特点和适用范围见表3—8。

表3—8　　员工录用配置方法选择

类别	特点	主要内容	适用范围	注意事项
以员工为标准进行配置	优点：可以得到岗位上的优秀人才 缺点：可能同时多人在该岗位上得分较高，结果仅择一人，另外忽略性格等因素，可能使优秀人才被拒门外	1. 对员工进行岗位测试，并进行打分 2. 按员工岗位测试的每项得分，选择最高分任用	适用于各种类型的企业，特别是中小型企业	1. 在做员工岗位测试时要有评分标准，不能凭主观判断 2. 选择人才时要注意对性格、素质等方面作判断
以岗位为标准进行配置	优点：此方法组织效率高 缺点：只有在岗位空缺的前提下才可行	1. 调查岗位需求 2. 从岗位需求出发，为每个岗位选择最合适的人	适用于岗位比较稳定的事业型单位	1. 在做员工岗位测试时要以岗位胜任要求为准，具有针对性 2. 人才选择要配合企业战略目标和组织目标
以双向选择为标准进行配置	优点：考虑全面，兼顾了员工和岗位需求 缺点：比较耗费人力物力，在两者之间不容易协调	1. 调查需求人员的岗位，同时对人员进行匹配选择 2. 在岗位和应聘者之间进行必要的调整，以满足各个岗位人员配置的要求	适合于较具规模的大中型企业采用	1. 员工录用和配置时要兼顾员工和岗位需求 2. 人员不但要优秀，而且要符合岗位和组织目标

3.4.4　员工录用配置执行工具

企业试用员工考核登记表见表 3—9。

表 3—9　　企业试用员工考核登记表

<table>
<tr><td rowspan="5">人事资料</td><td>姓名</td><td></td><td>应试职位</td><td></td><td>上岗时间</td><td></td></tr>
<tr><td>分发部门</td><td></td><td>甄选方式</td><td colspan="3">□公开招考□推荐选拔□内部提升□外部猎取</td></tr>
<tr><td>工作经验</td><td colspan="5">相关　　年，非相关　　年，共　　年</td></tr>
<tr><td>年龄</td><td></td><td>最高学历</td><td></td><td>最高学位</td><td></td></tr>
<tr><td>技能训练/培训</td><td colspan="5"></td></tr>
<tr><td>试用计划</td><td colspan="6">试用职位：　　　　试用期限：
督导人员：　　　　督导人员工作：□观察　□训练
拟安排工作：　　　　训练项目：
试用薪资：
拟订：　　　　核准：</td></tr>
<tr><td>试用结果考察</td><td colspan="6">试用时间：自　　年　月　日至　　年　月　日
安排工作及训练项目：
工作情形：□满意　□尚可　□差
出勤情况：早退　次，病假　次，事假　次
评语：□拟正式任用　□拟予辞退
正式薪资拟订：

人事经办：　　　　部门主管：　　　　部门负责人：</td></tr>
</table>

说明：此表由人力资源部门主管员工招聘与试用的经办人员、部门主管及部门负责人填写。

此表交由人力资源部门存档。

3.4.5　员工录用配置风险控制

为了顺利完成员工录用配置工作，消除各种潜在风险，达到成功招到合适人才的目标，企业应在规范执行流程关节点、优化选择方法和执行工具的基础上，对下列三大关键点事项进行重点管理和控制，见表 3—10。

表 3—10　　员工录用配置主要风险点说明表

序号	风险点名称	风险点说明
风险点 1	工作态度	1. 是否严格遵守企业制度和规则 2. 本职工作是否经常持积极的态度 3. 服从指令的态度 4. 整体协作精神
风险点 2	专业技能	1. 专业知识和业务技巧 2. 是否很好地理解工作内容，拟订恰当的工作计划 3. 工作中是否需要额外地进行详细指示和指导 4. 对失败和突如其来的工作，措施是否迅速恰当 5. 是否积极地致力于工作方法的改善和创新
风险点 3	工作绩效	1. 工作处理迅速性 2. 工作准确性 3. 工作完结程度 4. 工作报告适度 5. 目标完成程度 6. 个人成长状况
注意事项：在进行风险控制时要对上述 3 个方面的每一指标的分指标设置一个标准，再进行风险控制，那样可以使选择人才录用和配置的质量有所提高		

3.5　人力资源外包管理

3.5.1　人力资源外包范畴界定

人力资源外包是指企业根据需要将某一项或几项人力资源管理工作或职能外包出去，交由其他企业或组织进行管理，以降低人力成本，实现效率最大化。总体而言，人力资源管理外包将渗透到企业内部的所有人事业务，包括人力资源规划、制度设计与创新、流程整合、员工满意度调查、薪资调查及方案设计、培训工作、劳动仲裁、员工关系、企业文化设计等方方面面。

人力资源外包体系的主要内容包括劳务派遣服务和人事代理服务两大方面，常见的劳务派遣服务和人事代理服务内容如图 3—8 所示。

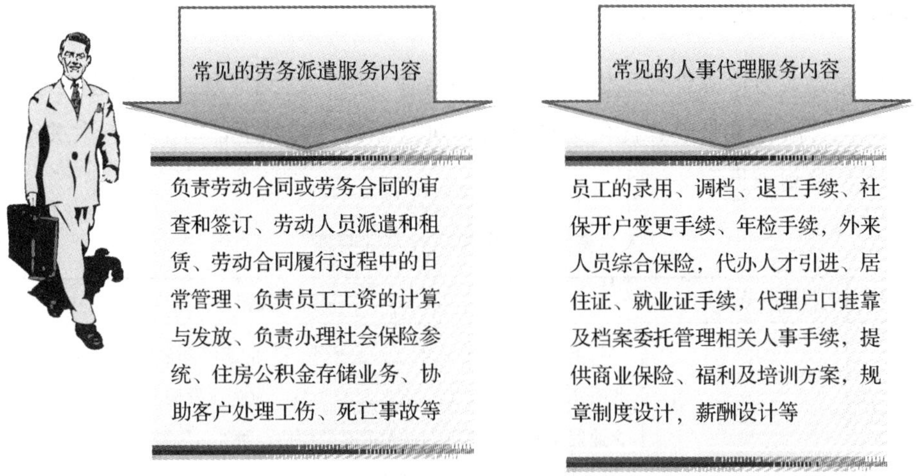

图 3—8　常见的劳务派遣服务和人事代理服务内容

3.5.2　人力资源外包实施程序

人力资源外包的实施分为确定外包内容、选择外包服务商、选择外包方式、外包实施 4 个阶段（见图 3—9）。每个阶段都是企业进行人力资源外包不可缺少和遗漏的内容，在实施前中后都要对各步骤进行详细的计划和考虑。

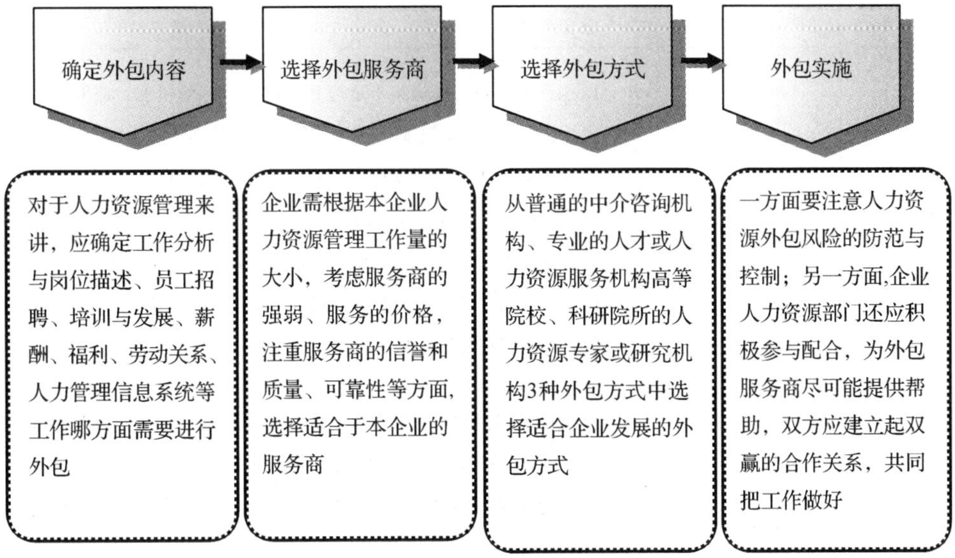

图 3—9　人力资源外包实施程序

3.5.3 人力资源外包风险控制

为了顺利完成人力资源外包工作，消除各种潜在风险，达到成功招到合适人才的目标，企业应在规范执行流程关节点、优化选择方法和执行工具的基础上，对下列五大关键点事项进行重点管理和控制，见表3—11。

表3—11　　人力资源外包主要风险点说明表

序号	风险点名称	风险点说明
风险点1	外包的生命周期	1. 创业期：企业规模小，业务不多，前景不明晰，企业文化尚未形成，此时正是管理者与员工建立良好关系，为企业发展共同奋斗的时期，同时企业资金有限，不能对外包商有效评估，对外包风险认识不足，不宜外包 2. 发展期：企业规模扩大，业务增多，人力资源需求增加，这时考虑自身实际情况选择部分业务外包，如招聘员工、社会保障代理等，有助于将更多精力放在核心业务上，从而促进企业发展 3. 稳定期：企业发展趋于稳定，规模和业务平稳增加，人力资源管理工作战略性越来越强。此时企业能得到先进的人力资源管理服务，将人力资源行政事务外包可节约成本与精力，提升企业管理能力，为企业获得更多利润 4. 衰退期：由于技术落后缺乏创新，市场占有率不断下降，竞争力减弱，人力资源活动应由本企业完成，拉近企业与员工关系，使员工考虑到企业文化等因素增加忠诚度
风险点2	员工适应	1. 引入外包可能使员工不适应，因此，引入外包前，应对员工开展人力资源外包相关培训，让员工理解外包意义，使其从内心接受外包 2. 企业可设置宣传栏或以小资料形式发给员工自行学习，同时聘请专业咨询师为员工开展外包知识培训 3. 外包过程中，应积极跟踪员工满意度，加强沟通，发现问题及时处理，避免人才流失。外包结束后，向员工征集意见，提高员工参与度，为下次外包业务顺利进行打好基础
风险点3	外包商选择	1. 选择外包商时不能只考虑成本最优而忽略外包商能力，好的做法是选择成本与效益双重最优的外包商 2. 企业应做好外包商背景调查，选择专业化、信誉高的外包商，做好成本与效益比分析 3. 了解外包商文化理念。与外包商进行文化沟通，使文化融合与企业发展一致

续表

序号	风险点名称	风险点说明
风险点4	外包法规	1. 我国尚无保护人力资源外包业务的法规，主要依据法律有《劳动法》《民法通则》《技术合同法》《反不正当竞争法》等零星条文，企业应及时建立商业秘密管理体系，将本企业核心技术和关键信息加密，纳入法律保护范围 2. 与外包商签订保密合同，并在协议中明确企业秘密范围及相互间权利与义务，同时对外包商中熟悉商业秘密的人员离职等作出规定，避免离职人员导致信息泄露时外包商推卸责任 3. 为更好完成此项措施，人力资源部应在签订合约时由本公司律师顾问对合约内容进行审核
风险点5	外包商监督	1. 定期评估外包商的工作，了解外包商任务完成情况，衡量与既定目标发展方向是否一致 2. 对员工在外包过程中提出的合理建议与外包商沟通，同时对外包商遇到的问题给予解答帮助 3. 为避免机密信息泄露，人力资源部应与各部门协作建立文件管理和信息安全保障机制 4. 了解外包商运营状况，防止外包商破产、解散等造成企业损失并做好预警措施

第 4 章

薪酬福利与激励管理

薪酬福利是指员工因对企业提供劳动或劳务而得到的报偿，是员工因完成工作而得到的内在和外在的奖励。它不但包括直接薪酬和间接薪酬，还包括工作的挑战性和成就感及较好的发展机会等难以用货币来衡量的形式。

本文把薪酬福利与激励管理划分为工作岗位评价、薪酬体系设计、特色福利项目设计、股权激励、薪酬满意度调查5个部分（见图4—1）。在其过程中，工作岗位评价、薪酬体系设计是薪酬福利与激励管理的基础性工作，全面薪酬体系设计、特色福利项目设计、股权激励是薪酬福利与激励管理的关键业务，特色福利项目设计、股权激励实施难度较大，人力资源管理人员需要在实践工作中给予重点关注。

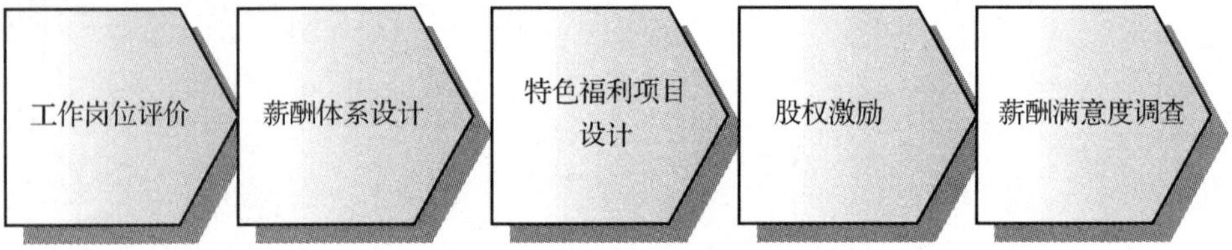

图4—1　薪酬福利与激励管理

4.1　工作岗位评价

4.1.1　工作岗位评价范畴界定

岗位评价的实质是将工作岗位的劳动价值、岗位承担者的贡献与工资报酬有机结合起来，通过对岗位劳动价值的量化比较，确定企业工资等级结构的过程。

工作岗位评价体系包括岗位评价指标选择、岗位评价标准确立、岗位评价方法选定、岗位评价结果分析4个部分，如图4—2所示。

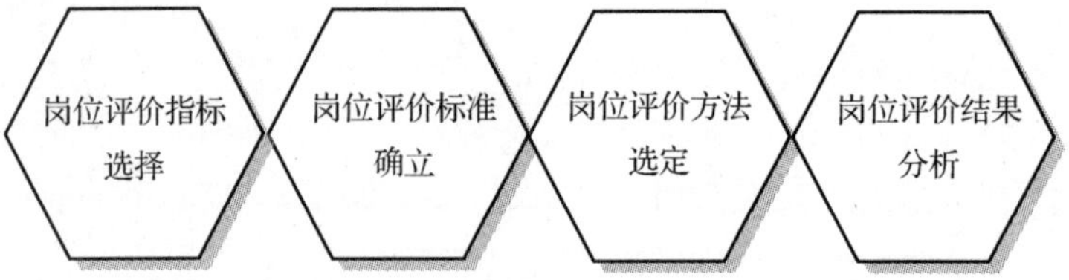

图4—2　工作岗位评价体系

4.1.2　工作岗位评价实施程序

要做好工作岗位评价实施工作，应该根据需求建立岗位评价委员会、集体讨论岗位清单、评委打点、制定岗位评价汇总表、初步确定岗位等级序列、岗位复评、最终确定岗位等级序列，如图 4—3 所示。

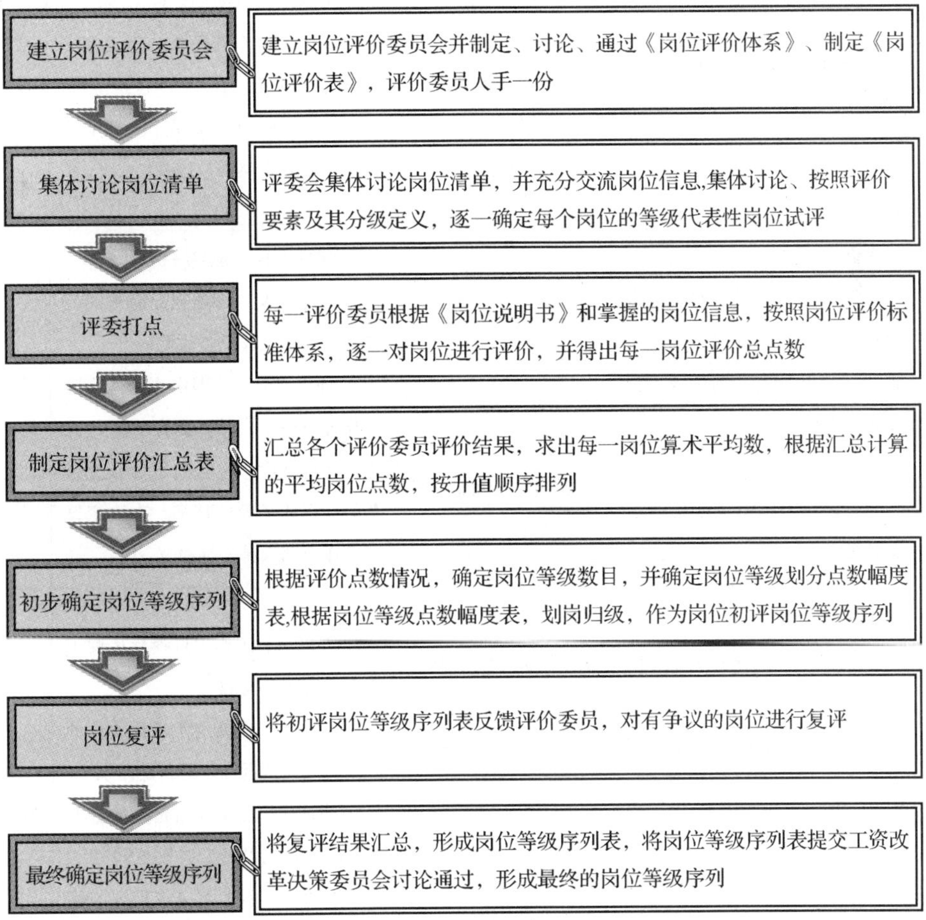

图 4—3　工作岗位评价实施程序

4.1.3　工作岗位评价方法选择

在薪酬福利与激励管理过程中工作岗位评价方法的选择非常重要，其方法一般有排列法、分类法和因素比较法，其主要内容、特点和操作步骤见表 4—1。

表 4—1　　工作岗位评价方法选择

类别	特点	主要内容	操作步骤	选择依据
排列法	优点： 1. 易操作 2. 可以吸收更多的工人参加 缺点： 1. 受评价委员个人品质的影响 2. 各评定者评定结果有时差异很大，易导致错误	1. 由工作评价人员对各个岗位工作的重要性作出判断 2. 根据岗位工作相对价值的大小按升值或降值顺序排列 3. 确定岗位等级	1. 进行工作分析 2. 由工作评价委员会的全体委员分别根据工作说明书，或者自己头脑中对该项工作的印象，对工作按照难易或价值大小的次序进行排列 3. 根据全体评价委员个人评定的结果，确定自然岗位序列	依据岗位工作的重要性和高层领导的主观判断
分类法	优点： 1. 简便易行，不会花费很多的时间 2. 分类法比起排列法来，更准确、客观 缺点： 一般表现为不能很清楚地定义等级	1. 事先建立一连串的劳动等级，给出等级定义 2. 根据劳动等级类别比较工作类别 3. 把工作确定到各等级中去	1. 建立工作类别或级别 2. 等级定义，即给建立起来的工作等级作出工作分类说明 3. 评价和分类，即由评价人阅读工作分类说明，并依据评价人对工作的相对难度、包括的职责以及必备的知识和经验的理解，来决定每项工作应列入哪一等级	依据岗位工作的劳动等级、知识、经验及工作难易度分类
因素比较法	优点： 1. 可获得较为公平的工作评价 2. 5 个因素很少有重复的可能，而且可以简化评价工作 缺点： 1. 因素定义比较含混，很难避免不公平现象 2. 此法中工作比较尺度的建立，步骤复杂，难于向员工说明	1. 比较计量性的工作评价方法与排列法比较相似，因此可以将它看作是改进的排列法 2. 由工作评价人员对各个岗位工作的因素作出判断 3. 根据岗位因素相对价值的大小排序比较	1. 在每一类工作中选择标尺性工作作为比较的基础 2. 把一个工作类别中包括的各种工作的共同因素确定为补偿因素 3. 根据标尺性工作所包括的各种补偿因素的规模确定各种标尺性工作在各种补偿因素上应该得到的基本工资，其水平应该参照市场标准，以保证企业报酬体系外部公平性的实现	依据工作职务的尺度和影响因素判断

4.1.4　工作岗位评价执行工具

工作岗位评价评分表见表 4—2。

表 4—2　　工作岗位评价评分表

等级	界限说明	分值
1	完全按照指令进行工作，无须思考	
2	承办一项或几项具体工作，并且要提出初步处理意见或建议	
3	分管一项或几项工作，提出具体方案，直接作出决定	
4	协助部门正职领导负责一个或几个方面的工作	
5	负责部门的全面工作	
6	协助企业领导负责企业多个部门的工作	
7	负责企业的全面工作	

4.1.5　工作岗位评价风险控制

为了顺利完成岗位评价工作，消除各种潜在风险，达到成功完成岗位的评价目标，企业应在规范执行流程关节点、优化选择方法和执行工具的基础上，对下列四大关键点事项进行重点管理和控制，见表 4—3。

表 4—3　　工作岗位评价主要风险点说明表

序号	风险点名称	风险点说明
风险点 1	评价因素选择	1. 评价因素的选择对工作岗位评价的结果有很重要的影响，所以要谨慎选择 2. 因素的选择主要要从责任因素、知识技能、努力程度及工作环境 4 个方面评价岗位的价值
风险点 2	评价方法选择	1. 工作岗位评价方法有排列法、分类法、因素比较法、评分法，但在工作岗位评价中常采用评分法，评分法是最常用的一种评价方法，也是比较科学的评价方法 2. 当企业工作岗位评价因素较多，覆盖面大，运用评分法更为恰当
风险点 3	岗位评价因素权重	1. 在岗位评价中常要对评价因素进行权重配比，对因素配比的过程要由专家来评价，并经过小组讨论，以防不公平现象出现 2. 各因素权重分配后，加总的值一定为 1
风险点 4	打分的评委因素	1. 打分的评委要由多人担任，且和企业利益相关性越少越好 2. 评委小组成员可由企业高层和人力资源管理领域专家组成 3. 当人员数量大于 5 人，并且和企业利益相关性较小的时候，结果会更加客观
注意事项：在评价过程中除了上述评价因素选择、评价方法选择、权重界定、评委组成人员要注意外，还要注意实施过程中岗位等级序列表出来后，如果出现不合理的现象要进行复议，再最终确定合适的岗位等级序列表		

4.2 全面薪酬体系设计

4.2.1 全面薪酬体系范畴界定

全面薪酬体系不仅包括企业向员工提供的货币性薪酬，还包括为员工创造良好的工作环境及工作本身的内在特征、组织特征等所带来的非货币性的心理效应。它不但包括直接薪酬和间接薪酬，还包括较舒适的办公室，组织内部的人际关系，较多地参与决策，工作的挑战性和成就感及较好的发展机会等难以用货币来衡量的形式。以市场的角度来看，薪酬是人力资源价值的市场形式；以分配的角度来看，薪酬是企业对员工人力资本要素贡献的回报。

全面薪酬管理体系如图 4—4 所示。

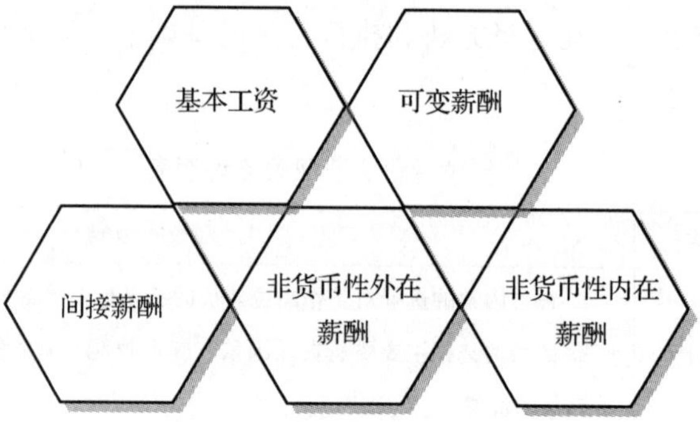

图 4—4　全面薪酬管理体系

4.2.2 全面薪酬体系设计程序

要做好全面薪酬体系设计工作，应该分薪酬调查、薪酬策略、职位分析、岗位评价、类别确定、结构设计 6 个步骤进行，如图 4—5 所示。

4.2.3 全面薪酬体系设计方法

全面薪酬体系设计对于提高企业员工满意度和工作效率有非常重要的作用，而项目设计的方法主要由以人为中心的设计方法、以组织为中心的设计方法和人与组织结合的设计方法等 3 种方法构成，见表 4—4。

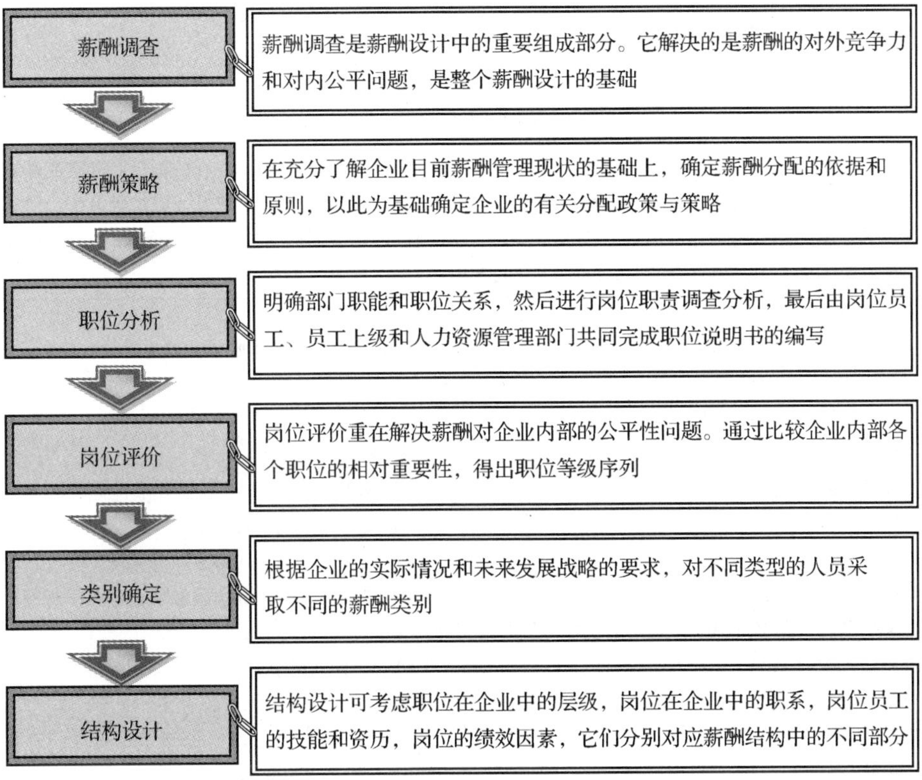

图 4—5　全面薪酬体系设计程序

表 4—4　　全面薪酬体系设计方法

类别	特点	操作步骤	适用范围	选择依据
以人的全面发展为中心的设计方法	优点：以人为本，有利于提高员工工作的满意度和组织归属感 缺点：重视人力，忽视组织的发展，企业经济成本付出容易失重	1. 以人的全面发展为中心，对员工进行职业生涯发展计划 2. 将人力看作人力资本，从克服所有权支配劳动的传统人力资源管理的弊端的角度进行设计	适用于初具规模的中小企业	以人为本，关心人的职业生涯规划和发展方向
以组织发展为中心的设计方法	优点：以组织为中心，使得企业容易获得发展的机遇 缺点：不容易使员工得到满意的薪酬效果	1. 以组织为中心，在开放的、扁平的、动态的组织结构中展开 2. 把组织的发展作为本位进行全面薪酬体系设计	适用于处于初创和成长期的企业	以组织为本，关注企业战略目标和组织目标
以人和组织为中心的设计方法	优点：员工和组织共同发展，有利于员工成长和企业发展 缺点：得到一个双赢的结果，比较耗费时间、人力和经济成本	1. 此法既要考虑企业员工的发展也要考虑组织的发展 2. 把员工和组织结合看成一个整体进行全面薪酬体系设计	适用于已经成熟的大中型企业	把人和组织看作一个整体，协同设计薪酬

4.2.4 全面薪酬体系设计工具

全面薪酬水平调查问卷

说明：本次调查的目的是更好地了解国内企业薪酬的水平和结构以及薪酬管理中存在的不足，以便更好地完善薪酬制度设计。本次调查以匿名形式进行，调查结果只作调查研究使用，我们将对您的信息及答案进行保密，请您务必表达真实的想法。题中答案没有对错之分，请您在您认为最符合您的看法的答案前打“√”，答案前带“○”的表示单选题，带“□”的表示多选题。谢谢您愿意抽出几分钟时间支持我们的工作，祝您工作愉快！

性别：　　年龄：　　工作地点：

行业：　　职务：　　工作年龄：

一、内部公平性、合理性

1. 您的月总收入由哪些部分组成：

□A. 基础工资

□B. 加班费

□C. 福利

□D. 奖金

□E. 津贴、补贴

2. 您觉得您月收入的各个组成部分的比例设置是否合理：

○A. 非常合理

○B. 基本合理

○C. 不确定

○D. 不太合理

○E. 非常不合理

3. 您目前的薪酬收入属于哪个范围：(薪酬水平)

○A. 1 500元以下

○B. 1 500～2 500元

○C. 2 500～3 500元

○D. 3 500～4 500元

○E. 4 500元以上

4. 您对自己努力付出与回报二者公平性的感受是：

○A. 完全公平

○B. 基本公平

○C. 不确定

○D. 不公平

○E. 非常不公平

5. 您对于自己目前的月收入的感受是：

○A. 非常满意

○B. 比较满意

○C. 一般

○D. 不满意

○E. 非常不满意

二、外部竞争力

1. 与外部平均薪酬水平（同一职位）相比，您觉得自己的工资水平处于：

○A. 远低于市场平均水平

○B. 略低于市场平均水平

○C. 基本一致

○D. 略高于市场平均水平

○E. 远高于市场平均水平

2. 您觉得公司的薪酬制度应以何种水平保持对人才的吸引力：

○A. 3 000元以下

○B. 3 000～4 000元

○C. 4 000～5 000元

○D. 5 000～6 000元

○E. 6 000元以上

3. 您认为公司提供的福利必须有哪三项：

□A. 五险一金

□B. 带薪休假

□C. 通信和交通费

□D. 员工食堂

□E. 子女教育津贴

4. 您认为公司设置的奖金项目的计算应占工资的比例为：

○A. 5%以内

○B. 5%～10%

○C. 10%～15%

○D. 15%～20%

○E. 其他____

5. 您赞成公司针对岗位重要性不同，采取不同的薪酬策略：

○A. 非常同意

○B. 比较同意

○C. 基本同意

○D. 不同意

○E. 非常不同意

4.2.5　全面薪酬体系设计风险控制

为了顺利完成全面薪酬体系设计工作，消除各种潜在风险，达到提高员工工作效率的目标，企业应在规范执行流程关节点、优化选择方法和执行工具的基础上，对下列四大关键点事项进行重点管理和控制，见表 4—5。

表 4—5　　全面薪酬体系设计主要风险点说明表

序号	风险点名称	风险点说明
风险点 1	战略风险	1. 薪酬激励体系是否根据公司战略识别了组织核心人才群体 2. 薪酬激励体系是否根据不同核心人才群体达成绩效方式的不同采取不同的激励措施 3. 战略人力资源管理是否明确和关注对战略产生极大影响的关键人才群体
风险点 2	员工风险	1. 员工是否在对自己和他人薪酬值的比较中寻求满足和平衡 2. 员工不仅关注薪酬水平的绝对值，而且关心薪酬是否反映自身的劳动价值，以及自身劳动价值和他人的比较，即内部公平问题 3. 薪酬制度和过程是否透明，不同岗位的员工是否有同等的晋级和晋升机会
风险点 3	市场风险	1. 内部薪酬制度是否健全，招人时是否是凭谈判能力或老板凭直觉和偏好确定工资，忽略了市场薪酬水平 2. 全面薪酬管理仅通过招聘手段了解人才市场薪资水平，将无法全面、系统、合理地掌握人才市场竞争力水平
风险点 4	财务风险	1. 全面薪酬的实施是否结合了公司的财务运转状况，全面薪酬体系建立后会不会增加公司的财务成本 2. 通过财务视角研究，我们可以了解到公司给员工的投入能够给组织绩效带来的价值回报。主要分析总体的人工成本、人工成本变化趋势、人工成本回报分析等
注意事项：全面薪酬管理不但要支持公司业务战略，而且要满足股东的投资回报率，更不能忽视员工对激励的感知。因此，全面薪酬体系的设计是一个较为敏感的管理领域。全面的薪酬设计是薪酬激励体系优化的起点和基础，只有全面地审视目前薪酬激励存在的问题，明确薪酬激励体系优化的重点，才能使人才激励更加合理和规范		

4.3 特色福利项目设计

4.3.1 特色福利项目范畴界定

特色福利项目是指与一般福利，比如法定保险、交通补助、电话补助等相区分的更能满足员工切身和现实需要的特别福利项目。企业特色福利项目体系如图 4—6 所示。

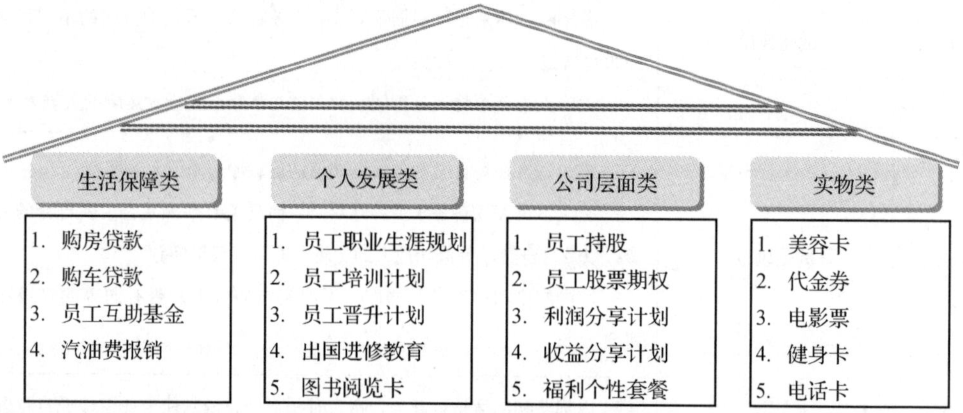

图 4—6 企业特色福利项目体系

4.3.2 特色福利项目设计程序

要做好特色福利项目设计工作，应该分需求调查、统计分析、方案设计、方案实施 4 个步骤来完成。每个阶段都是企业进行特色福利项目设计不可缺少和遗漏的内容，在实施前中后都要对各步骤进行详细的计划和考虑。特色福利项目设计程序如图 4—7 所示。

4.3.3 特色福利项目设计方法

特色福利项目对提高企业员工满意度和工作效率有非常重要的作用，而项目设计方法主要由固定福利法、自助福利法和固定加自助福利法 3 种方法构成，见表 4—6。

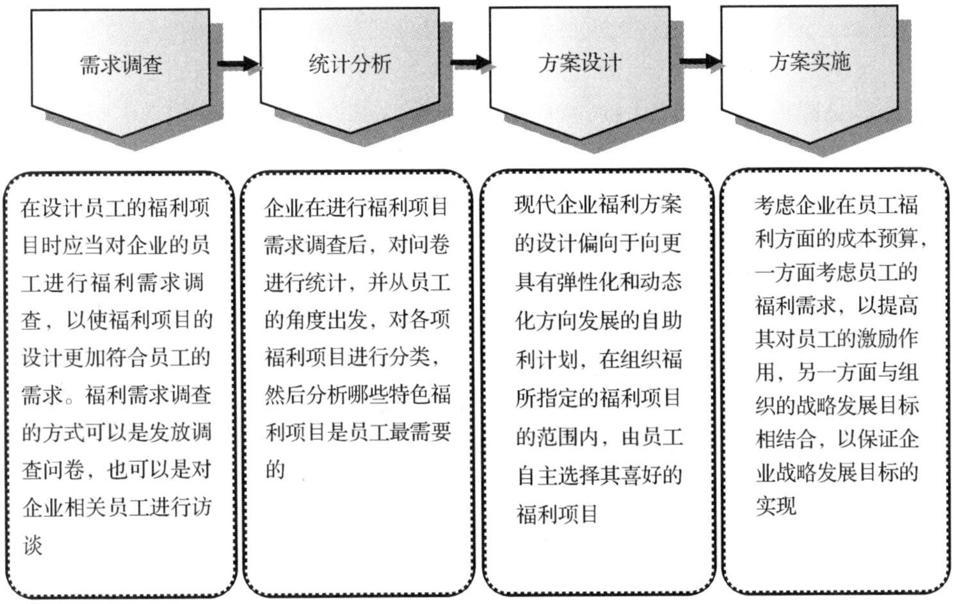

图 4—7　特色福利项目设计程序

表 4—6　　特色福利项目设计方法

类别	特点	操作步骤	适用范围	注意事项
固定福利法	优点： 1. 方案简单明了，便于成本预算 2. 满足了享用对象中大部分员工的需求 缺点： 1. 如果某项福利项目并不是享用员工所迫切需要的，可能会产生资源浪费 2. 针对性不强，降低了激励的有效性	1. 调查员工需求 2. 结合组织发展战略和企业财务情况，确定福利形式 3. 对于企业中不同层级的员工，可以采用享用不同固定福利项目组合	适合于初创期和成长期企业	1. 在成本预算的基础上，考察员工福利需求的情况 2. 结合组织的战略发展目标，设计出一系列固定不变的福利项目组合的方案

续表

类别	特点	操作步骤	适用范围	注意事项
自助福利法	优点： 1. 强调了员工的参与，使其感受到企业的尊重，增加了员工的满意度 2. 员工自主选择福利项目，满足了不同员工不同的需求，增强了福利项目的有效性和针对性 缺点： 1. 不利于成本准确预算 2. 操作比较复杂，加大了人力资源部的工作量	1. 根据员工的岗位工资和年度绩效考核的得分，计算其年度的福利积分 2. 公司根据当地物价的情况，确定各个福利项目的实际金额 3. 确定一个福利积分的对应金额 4. 员工根据自己的福利积分和一个福利积分所对应的金额，对各福利项目进行选择和享受	适用于成长、成熟期企业	1. 在成本预算的基础上，根据员工福利需求的情况，结合组织的战略发展目标，设计出一系列的福利项目 2. 让员工根据自己的喜好，自由挑选福利项目的福利计划
固定加自助福利法	优点： 1. 体现了大部分员工的福利需求 2. 体现了员工的参与，增强了福利项目的有效性和针对性，提高了员工的满意度 缺点： 不利于成本准确预算，操作比较复杂	1. 调查员工需求 2. 结合企业目标和成本预算确定福利项目种类 3. 根据员工个性需求制定固定和自助相结合的福利项目	适用于规模比较大、比较成熟的企业	1. 在成本预算的基础上，根据员工福利需求的情况，结合组织的战略发展目标，设计出一系列的福利项目 2. 其中一部分福利项目组合是不可选的，企业所有员工都可享有，而其余福利项目是可选的 3. 享有可选部分福利的员工可根据自己的喜好，自由挑选福利项目的福利方案

4.3.4 特色福利项目设计工具

员工福利制度调查问卷

说明：员工福利制度直接影响员工的生活质量和对公司的满意度，是增强公司员工归属感的重要措施。为了体现以人为本原则，综合考虑公司长期发展战略和员工合理需求，科学制定公司的员工福利制度，行政管理中心特向总公司每一位员工发放福利制度意见调查问卷表，收集大家的宝贵意见，作为公司制定福利制度的参考。

1. 你在公司的工作年限？			
A. 1 年以下	B. 1～3 年	C. 3～5 年	D. 5 年以上

2. 你所在的部门

A. 销售业务中心　　B. 业务研发执行中心　　C. 行政管理中心　　D. 人力资源中心

E. 质量控制中心

3. 你的职位所处级别

A. 一线基层员工　　B. 中层管理人员　　D. 高层管理人员

以下问题主要围绕你对公司现有员工福利制度满意程度：

4. 你在多大程度上了解公司现在的福利项目？

A. 非常了解各项具体规定　B. 比较了解　　C. 稍微了解，有些具体规定不清楚

5. 你对公司目前的福利制度满意吗？

A. 满意　　B. 还可以　　C. 不满意

6. 你认为公司目前的福利制度在保留和激励员工上的效果是否明显？

A. 明显　　B. 一般　　C. 不明显

7. 您认为公司目前在哪方面的福利做得还不够？

A. 现金、实物补贴标准不高，种类较少　　B. 各种休假时间不长

C. 学习培训机会不多　　D. 文体活动形式单一，次数不多

以下问题主要针对你对公司福利制度设计的建议：

8. 公司设计员工福利制度时，更多考虑的是？（可多选）

A. 公司要承担的成本　　B. 更好地激励员工　　C. 符合法律要求　　D. 参考行业水平

E. 其他因素

9. 你认为企业福利成本占支付的人力资源成本的比重应为：

A. 10%以下　　B. 10%～20%　　C. 20%～30%　　D. 30%以上

10. 你认为以下福利对员工激励的作用从大到小排序为：

A. 金钱、实物补贴　　B. 带薪休假

C. 学习培训　　D. 旅游娱乐

E. 健康安全福利　　F. 员工关怀类（节日礼品、生日礼物等）

G. 延期类（如企业年金、期权激励等）

除了以上福利形式，你希望公司提供哪些其他形式的福利？

____

____

4.3.5　特色福利项目设计风险控制

为了顺利完成特色福利项目设计工作，消除各种潜在风险，达到成功提高员工工作绩效的目标，企业应在规范执行流程关节点、优化选择方法和执行工具的基础上，对下列四大关键点事项进行重点管理和控制，见表 4—7。

表 4—7　　特色福利设计主要风险点说明表

序号	风险点名称	风险点说明
风险点 1	福利平均化	1. 福利的分配是否搞平均主义，人人有份，没有份额差别，没有工作好坏，不讲对工作的贡献大小 2. 表面上公平的福利，恰恰失去了特色，本质上反而伤害了公平
风险点 2	福利隐秘化	1. 有的福利不让大部分员工知悉，只在小范围内的人员中发放。这种福利有隐秘的特色，但是不会起到真正的激励作用 2. 大部分员工虽然没有渠道去了解特殊的福利，但不时会碰见有的员工从单位往家搬物品。这种做法不但会伤害员工的自尊心，而且会伤害其积极性
风险点 3	福利职务化	1. 特色福利项目的设计是和企业员工个性需要紧密相连的，而不是和职务的高低挂钩的 2. 把福利与担任职务挂起钩来，不问工作绩效的实际贡献。只要在这个位子上，就可以享有通信、私车或者住房等方面的一定级别待遇。难免会影响特色福利项目的实施
风险点 4	福利关系化	1. 福利成为极少数管理人员拉拢关系的筹码。大关系大福利，小关系小福利。这样的话，福利只成为一种筹码 2. 福利还成为一种交易，以此福利换彼福利。要想得到一个度假指标，没有几层关系是不行的。本是大家的福利，却被少数人演变成私人的福利。这样的话，不但福利对员工失去了激励作用，而且员工对公司福利制度的满意度也会大幅下降
注意事项：除了上述福利平均化、福利隐秘化、福利职务化、福利关系化的风险外，设计福利调查问卷时要对问卷的问题谨慎设计，并得到上级领导的认可；另外，企业不但要了解企业本身的福利，还要了解其他企业的福利，作出综合判断和学习；特色福利的实施要符合员工自身的个性化和当下现实要求；企业方也要对自己战略目标和财务预算方面多加考虑，使实施特色福利项目后能够获得双赢		

4.4　股权激励

4.4.1　股权激励范畴界定

股权激励是一种通过经营者获得公司股权的形式给予企业经营者一定的经济权利，使他们能够以股东的身份参与企业决策、分享利润、承担风险，从而勤勉尽责地为公司的长期发展服务的一种激励方法。股权激励体系如图 4—8 所示。

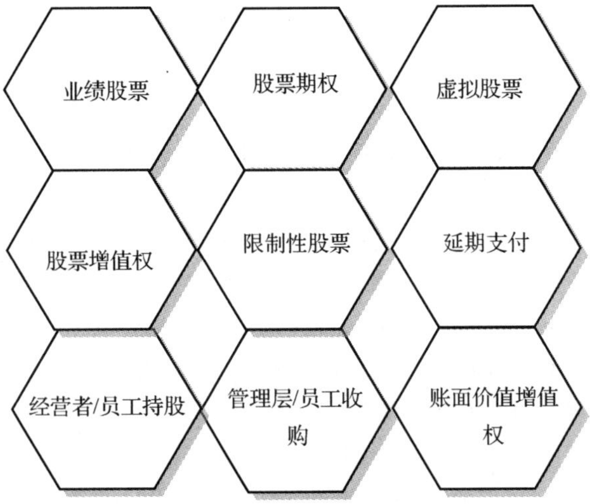

图 4—8　股权激励体系

4.4.2　股权激励实施程序

股权激励实施程序如图 4—9 所示。

股权激励计划审核	股权激励方案设计	股权激励方案执行
1. 董事会薪酬与考核委员会拟定股权激励计划草案 2. 审议股权激励计划草案 3. 审议通过后，公告董事会决议、股权激励计划草案摘要、独立董事意见、律师法律意见 4. 董事会报中国证监会备案，同时抄送证券交易所及公司所在地的证监局 5. 证监会自受到备案材料之日起20个工作日内未提出异议，召开股东大会审议	1. 定人：确定激励对象 2. 定来源：股票来源 3. 定量：标的股票及期权数量 4. 定日期：行权有效期 5. 定条件：A. 授予条件；B. 行权条件；C. 变更、终止条件	1. 落实绩效考核结果 2. 激励对象授予股票期权 3. 激励对象等待行权 4. 行权条件成立，激励对象申请行权，董事会审核确认，证券交易所确认，证券登记结算机构办理登记结算事宜 5. 条件不成立，本期股票期权取消

图 4—9　股权激励实施程序

4.4.3 股权激励执行工具

股票期权协议书

甲方：________________

乙方：________________

根据《股票期权计划》的有关规定，本着自愿、公平、平等互利、诚实信用的原则，甲方与乙方就股票期权赠予、持有、行权等有关事项达成如下协议：

第一条　乙方承诺从________年开始在________年内向甲方赠予一定数量的股票期权，具体赠予数量由公司的薪酬委员会决定。甲方可在指定的行权日以行权价格购买公司的普通股。

第二条　股票期权有效期为________年，从赠予日起满________年时股票期权将失效。

第三条　股票期权不能转让，不能用于抵押以及偿还债务。除非甲方丧失行为能力或者死亡，才可由其指定的财产继承人或法定继承人代其持有并行使相应的权利。

第四条　甲方有权在赠予日满________年开始行权，每半年可行权一次。

第五条　甲方在前________个行权日中的每个行权日拥有赠予数量1/6的行权权利，若某一行权日未行权，必须在其后的第一个行权日行权，但最后一个行权日必须将所有可行权部分行权完毕，否则，股票期权自动失效。

第六条　甲方若欲在某个行权日对其可行权部分实施全部或部分行权，则必须在该行权日前________个交易日缴足现款。

第七条　甲方在行权后才成为公司的注册股东，依法享有股东的权利。

第八条　当乙方被兼并、收购时，除非新的股东大会同意承担，否则甲方尚未赠予的部分停止赠予，已赠予未行权的部分必须立即行权。

第九条　当乙方送红股、转增股、配股、增发新股或被兼并等影响原有流通股东持有数量的行为时，需要对甲方持有的股票期权数量和行权价格进行调整，调整办法参照《股票期权计划》。

第十条　当甲方因辞职、解雇、退休、丧失行为能力、死亡而终止服务时，按照《股票期权计划》处理。

第十一条　乙方在赠予甲方股票期权时必须以《股票期权赠予通知书》的书面形式进行确认，甲方须在一个交易日以内在通知书上签字，否则视为不接受股票期权。

第十二条　甲方行权缴款后必须在行权日前以《股票期权行权通知书》的形式通知乙方，同时必须附有付款凭证。

第十三条　甲方向乙方保证理解并遵守《股票期权计划》的所有条款，其解释权在乙方。

第十四条　乙方将向甲方提供《股票期权计划》一份，在该计划的有效期间，若计划的条款有所变动，乙方应向甲方提供该变动的全部详情。

第十五条　本协议书所指的股票期权是给予甲方的一种权利，甲方可以在规定的时期内以约定的价格购买乙方的流通A股。

第十六条　本协议书所指的行权是指甲方以约定的价格购买乙方流通A股的行为。

第十七条　本协议书所指的行权价格是指甲方购买乙方流通A股的价格，等于赠予日前________个交易日的平均收市价。

第十八条　本协议书所指的赠予日是指乙方赠予甲方股票期权的日期。

第十九条　本协议书所指的行权日是指持有股票期权的甲方可以按照约定价格购买乙方流通的 A 股的日期。

第二十条　本协议书一式两份，甲乙双方各持一份。

第二十一条　本协议书未尽之事宜应由甲乙双方协商解决，并以双方同意的书面形式确定下来。

第二十二条　本协议书自双方签字或盖章完成之日起生效。

甲方（盖章）：________	乙方（盖章）：________公司
代表人（签字）：______	代表人（签字）：________
________年____月____日	________年____月____日

4.4.4　股权激励风险控制

企业可以通过股权激励制度达到规范股权激励的目的，以避免股权激励和企业经营风险发生，减少企业损失。

制度名称	股权激励制度			受控状态	
				编　　号	
执行部门		监督部门		编修部门	

第 1 章　总则

第 1 条　目的

通过股票期权激励计划，维护股东权益，为股东带来更高效、更持续的回报，并适应公司战略发展需要，更好地吸引、激励和稳定公司经营管理骨干、核心技术（业务）人才以及公司所需的其他关键人才，从而更好地促进公司发展。

第 2 条　适用范围

首期激励对象包括董事（不包括独立董事）、高级管理人员、公司及子公司核心技术（业务）人员。

第 2 章　股票期权分配情况

第 3 条　本次激励对象中，无公司监事，无持股________%以上的主要股东或实际控制人，也无持股 5%以上的主要股东或实际控制人的配偶及直系近亲属。

第 4 条　本次激励对象均未同时参加两个或以上上市公司的股权激励计划。

第 5 条　公司监事会需对上述激励对象进行核查，并在股东大会上就核实情况予以说明。

第 6 条　公司需聘请律师对上述激励对象的资格和获授是否符合《管理办法》及本计划出具意见。

第 7 条　任何一名激励对象累计获授的股票期权所涉及的股票总数不得超过公司总股本的 1%。

第 3 章　行权价格及其确定方式

第 8 条　股票期权的行权价格

本次授予的股票期权的行权价格为________元，即满足行权条件后，激励对象获授的每份股票期权可以以________

元的价格购买一股公司股票。

第9条 股票期权行权价格的确定方式

本次授予的股票期权的行权价格为________元。该行权价格在下述两个价格的较高者基础上上浮________元。

1. 股票期权激励计划草案摘要公布前一个交易日的公司股票收盘价：________元；

2. 股票期权激励计划草案摘要公布前30个交易日内的公司股票平均收盘价：________元。

第4章 获授股票期权和行权条件

第10条 股票期权的获授条件

1. 公司未发生如下任一情形

(1) 最近一个会计年度财务会计报告被注册会计师出具否定意见或者无法表示意见的审计报告。

(2) 最近一年内因重大违法违规行为被中国证监会予以行政处罚。

(3) 中国证监会认定的其他情形。

2. 激励对象未发生如下任一情形

(1) 最近3年内被证券交易所公开谴责或宣布为不适当人选的。

(2) 最近3年内因重大违法违规行为被中国证监会予以行政处罚的。

(3) 具有《公司法》规定的不得担任公司董事、监事、高级管理人员情形的。

第11条 股票期权的行权条件

激励对象行使已获授的股票期权时必须同时满足如下条件。

1. 考核

根据《公司股票期权激励计划实施考核办法》，激励对象行权的前一年度绩效考核合格。

2. 公司未发生如下任一情形

(1) 最近一个会计年度财务会计报告被注册会计师出具否定意见或者无法表示意见的审计报告。

(2) 最近一年内因重大违法违规行为被中国证监会予以行政处罚。

(3) 中国证监会认定的其他情形。

3. 激励对象未发生如下任一情形

(1) 最近3年内被证券交易所公开谴责或宣布为不适当人选的。

(2) 最近3年内因重大违法违规行为被中国证监会予以行政处罚的。

(3) 具有《公司法》规定的不得担任公司董事、监事、高级管理人员情形的。

4. 行权的业绩条件

本计划的行权日所在的会计年度中，对公司财务业绩指标进行考核，以达到公司财务业绩考核目标作为激励对象当年度的行权条件。财务业绩考核的指标主要包括平均净资产收益率、复合净利润增长率。净资产收益率与净利润的指标均以扣除非经常性损益的净利润与不扣除非经常性损益的净利润二者孰低者作为计算依据，净利润指归属于母公司所有者的净利润。若公司发生再融资行为，净资产为在融资当年及下一年扣除再融资数量后的净资产值。股票期权成本应计入公司管理费用，并在经常性损益中列支。

在行权期，如达到相应的行权期规定的所有行权条件，则激励对象可以在该行权期行权；如未达到以上行权条件或激励对象在行权有效期内放弃行权，该部分股票期权由公司注销。

第5章 权利与义务

第12条 公司的权利义务

1. 公司有权要求激励对象按其所聘岗位的要求为公司工作，若激励对象不能胜任所聘工作岗位或者考核不合格，经公司董事会薪酬与考核委员会批准并报公司董事会备案，可以取消激励对象尚未行权的股票期权。

2. 若激励对象因触犯法律、违反职业道德、泄露公司机密、失职或渎职等行为严重损害公司利益或声誉，经公司董事会薪酬与考核委员会批准并报公司董事会备案，可以取消激励对象尚未行权的股票期权。

3. 公司根据国家税收法规的规定，代扣代缴激励对象应交纳的个人所得税及其他税费。

4. 公司不得为激励对象依股票期权激励计划获取有关股票期权提供贷款以及其他任何形式的财务资助，包括为其贷款提供担保。

5. 公司应当根据股票期权激励计划、中国证监会、上交所、登记结算公司等的有关规定，积极配合满足行权条件的激励对象按规定行权。但若因中国证监会、上交所、登记结算公司的原因造成激励对象未能按自身意愿行权并给激励对象造成损失的，公司不承担责任。

6. 法律、法规规定的其他相关权利义务。

第13条 激励对象的权利义务

1. 激励对象应当按公司所聘岗位的要求，勤勉尽责、恪守职业道德，为公司的发展作出应有贡献。

2. 激励对象按照本计划规定行权的资金应来源于自筹资金。

3. 激励对象有权且应当按照本计划的规定行权，并按规定锁定股份。

4. 法律、法规规定的其他相关权利义务。

第6章 股票期权激励计划变更、终止及其他事项

第14条 公司控制权变更、合并、分立

若因任何原因导致公司发生控制权变更、合并、分立等情况时，所有已授出的股票期权不作变更，激励对象不能加速行权。

第15条 激励对象发生职务变更、离职或死亡等事项

1. 职务变更

（1）激励对象职务发生变更，但仍为公司的董事（独立董事除外）、高级管理人员或核心技术（业务）人员，或者被公司委派到公司的子公司任职，则已获授的股票期权不作变更，但若激励对象成为不能持有公司股票或股票期权的人员，则应取消其所有尚未行权的股票期权。

（2）激励对象因不能胜任工作岗位、考核不合格、触犯法律、违反职业道德、泄露公司机密、失职或渎职等行为损害公司利益或声誉而导致的职务变更，经公司董事会薪酬与考核委员会批准，报董事会备案可以取消激励对象尚未行权的股票期权。

2. 解聘

激励对象因不能胜任工作岗位、考核不合格、触犯法律、违反职业道德、泄露公司机密、失职或渎职等行为严重损害公司利益或声誉而被公司解聘的，自离职之日起所有未行权的股票期权即被取消，其已行权的收益公司有权收回。

3. 辞职或不续约

激励对象因辞职而离职，或因激励对象与公司的劳动合同到期后，双方未重新续签劳动合同而离职的，自离职之日起所有未行权的股票期权即被取消。

4. 退休

激励对象达到国家和公司规定的退休年龄退休而离职，则

（1）若在其离职当年绩效考核合格，则其可在本计划的有效期内按规定行权，其所获授的股票期权的数量与行权价格不作变更；

（2）若在其离职当年绩效考核不合格，其自离职之日起所有未行权的股票期权即被取消。

5. 丧失劳动能力

激励对象因执行职务负伤而丧失劳动能力的，其获授的标的股票期权仍按照丧失劳动能力前本计划规定的程序和时间进行。

6. 死亡

激励对象死亡的，其已满足行权条件的股票期权行权不受影响，由其合法继承人在符合行权条件的情况下可以行权，但不再享受终止服务日以后的股票期权激励。

第 16 条　公司发生如下情形之一时，应当终止实施股权激励计划，激励对象根据股票期权激励计划已获授但尚未行使的期权应当终止行使：

1. 最近一个会计年度财务会计报告被注册会计师出具否定意见或者无法表示意见的审计报告。

2. 最近一年内因重大违法违规行为被中国证监会予以行政处罚。

3. 中国证监会认定的其他情形。

第 17 条　在股票期权激励计划实施过程中，激励对象出现如下情形之一的，其已获授但尚未行使的期权应当终止行使：

1. 最近 3 年内被证券交易所公开谴责或宣布为不适当人选的。

2. 最近 3 年内因重大违法违规行为被中国证监会予以行政处罚的。

3. 具有《中华人民共和国公司法》规定的不得担任公司高级管理人员情形的。

第 18 条　其他

董事会认为有必要时，可提请股东大会决议终止实施本计划。股东大会决议通过之日起，激励对象已获准行权但尚未行权的股票期权终止行权并被注销，未获准行权的股票期权作废。

第 7 章　附则

第 19 条　本制度在中国证监会备案无异议、公司股东大会审议批准之日起生效。

第 20 条　本制度的解释权属于公司董事会。

编制日期		审核日期		批准日期	
修改标记		修改处数		修改日期	

4.5　薪酬满意度调查

4.5.1　薪酬满意度调查范畴界定

薪酬满意度，是指员工对获得企业的经济性报酬和非经济性报酬与他们的期望值相比较后形成的心理状态。薪酬满意度调查的目的是为了掌握员工对企业现有薪酬体系的感觉和认识，以方便企业进行薪酬改革，采取更好激励员工的措施。

薪酬满意度调查体系如图 4—10 所示。

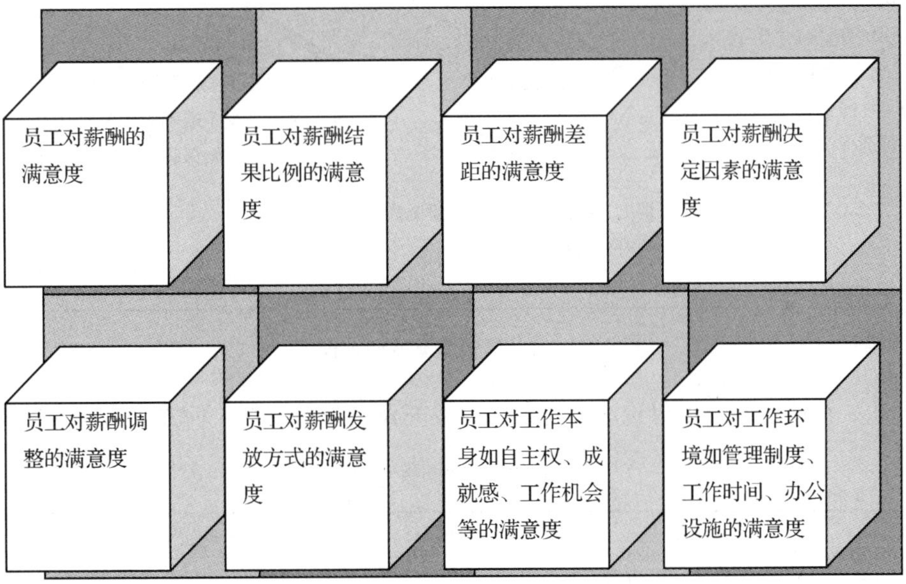

图 4—10　薪酬满意度调查体系

4.5.2　薪酬满意度调查程序

要做好薪酬满意度调查工作，应该分确定调查对象和范围、选择调查方法和工具、实施调查、对调查结果进行分析、确定改进方向和方法 5 个步骤进行。

薪酬满意度调查程序如图 4—11 所示。

4.5.3　薪酬满意度调查方法

薪酬满意度调查法对提高企业员工满意度和工作效率有非常重要的作用，而调查方法主

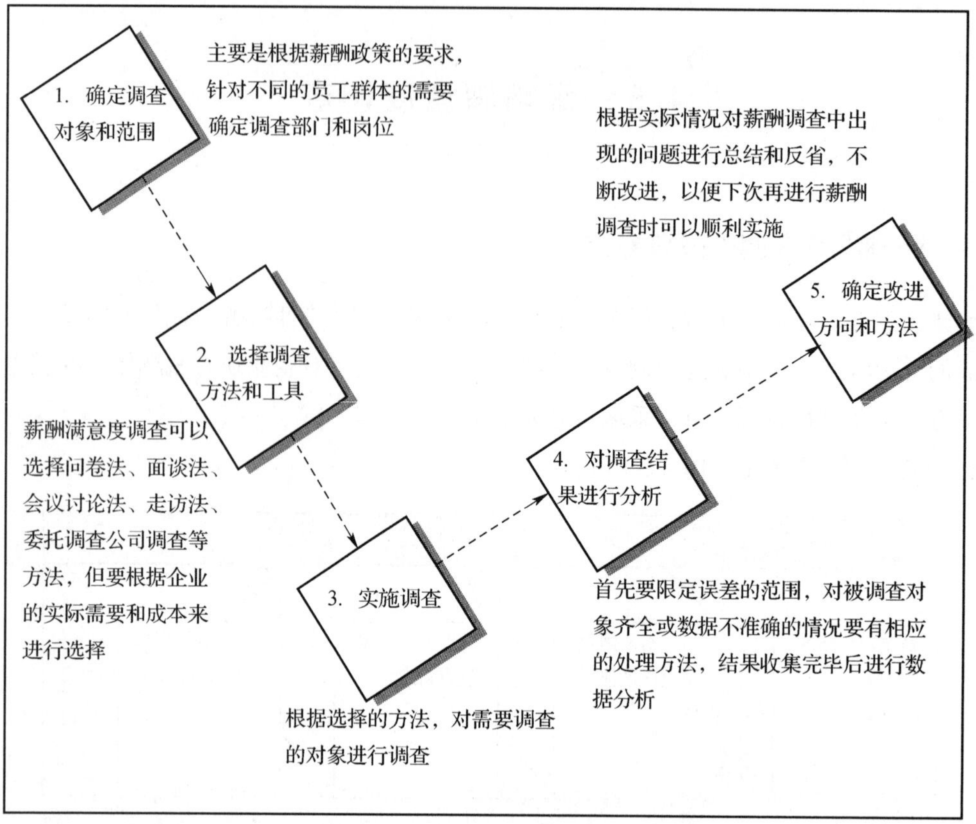

图 4—11　薪酬满意度调查程序

要由问卷法、面谈法、会议讨论法、走访法、委托调查公司调查 5 种方法构成（见表4—8）。

表 4—8　　薪酬满意度调查方法

类别	特点	操作步骤	适用范围	注意事项
问卷法	优点：执行起来方便，不会耽误同事太多工作时间 缺点：需要消耗经济成本，如果问卷设置不当，会影响效率	1. 进行题目设计 2. 执行薪酬调查 3. 统计分析 4. 撰写报告和反馈	适用于部门和岗位比较多的成熟型公司	注意问题的设计和公司经济成本预算的消耗
面谈法	优点：除可以深入沟通还可以增进员工对组织的信任 缺点：需要消耗人力和工作时间	1. 设计问题提纲 2. 选择面谈对象 3. 进行面对面交流 4. 分析和评价	适用于初具规模的中小微型企业	注意问题的设计和评分方法的计量

续表

类别	特点	操作步骤	适用范围	注意事项
会议讨论法	优点：通过讨论可以充分交流，可以产生不错的想法 缺点：需要消耗时间和人力，且不一定会产生正确的薪酬决策	1. 组织会议 2. 安排时间和地点 3. 通知参加人员 4. 进行讨论 5. 形成决议	适用于规模比较大、比较成熟的企业	注意会议人选的安排和时间程序的安排
走访法	优点：调查范围比较广泛，对薪酬方面的意见很了解 缺点：需要消耗人力和时间	1. 设置问题提纲 2. 通过到具体部门和岗位走访的方法进行交流 3. 评分和评价	适合规模比较大、在多个地区有分公司的企业	注意题目的设计和时间、人员的安排要合理
委托调查公司调查	优点：机构调查比较专业，效率高 缺点：需要消耗很多的经济成本	1. 选择机构 2. 签订合同 3. 通过外部机构实施调查，并确定结论	适合具备一定规模和经济实力的公司	注意调查机构的资信状况和企业成本的付出预算

4.5.4　薪酬满意度调查工具

公司内部薪酬满意度调查问卷

调查问卷说明：(1) 本调查问卷共有23个问题，问题采用单项选择的方式，简明扼要并易于回答。(2) 本调查问卷的保密级为1级，任何信息都将严格受到保密，所以您可以放心作答。(3) 当有超过50%的题目不作回答时，本问卷将作无效处理。(4) 请您按实际情况作答，否则将影响调查结果。

姓名：　　　(可以不写)　所在部门：　　　(可以不写)　年龄：

性别：　　　　　　　　　入职年限：　　　职位：　　　学历：

1. 您对自己目前的薪酬水平：

(1) 非常满意　(2) 比较满意　(3) 一般　(4) 不满意　(5) 非常不满意

如果选择 (4) 或 (5) 请具体说明原因：

2. 以下关于薪酬与工作的关系，哪个最接近你的观点？

(1) 通过工作我自己感到生活充实并获得合理的薪酬回报

(2) 我工作的基本目的就是为了挣一份工资

(3) 干什么工作都是次要的，只要有钱赚

(4) 给我多少钱，我就干多少活

(5) 没有钱什么也别谈

3. 以下关于薪酬与生活的关系，哪个最接近你的实际情况？
(1) 因为薪酬很高，自己的生活过得非常富裕
(2) 目前的薪酬除维持基本生活外，有一定的节余
(3) (1) 和 (2) 之间
(4) 目前的薪酬只能维持最基本的生活开支
(5) 因为目前的薪酬太低，自己过得非常贫苦
如有其他叙述，可写出：
4. 您认为现有的薪酬制度公平吗？
(1) 非常公平　(2) 比较公平　(3) 一般　(4) 不公平　(5) 非常不公平
如果选择 (4)、(5) 请具体说明原因：
5. 您的努力工作在工资中有明显的回报吗？
(1) 一定有　(2) 可能有　(3) 不确定　(4) 没有　(5) 完全没有
如果选择 (4) 或 (5)，请简要写明理由或感受：
6. 您认为与同行业其他公司相比，本公司的薪酬：
(1) 很高　(2) 比较高　(3) 差不多　(4) 偏低　(5) 很低
7. 与本部门的相似资历的员工相比，对自己的薪酬水平：
(1) 相当满意　(2) 比较满意　(3) 感觉差不多　(4) 比较不满意　(5) 非常不满意
8. 您对公司目前的福利状况：
(1) 非常满意　(2) 比较满意　(3) 感觉一般　(4) 不满意　(5) 非常不满意
如果选择 (4) 或 (5)，请简要写明理由或感受：
9. 您认为目前本公司主管级人员的薪酬相比普通员工来说：
(1) 太高　(2) 偏高　(3) 合理　(4) 偏低　(5) 太低
10. 您认为目前本公司经理级人员的薪酬相比普通员工来说：
(1) 太高　(2) 偏高　(3) 合理　(4) 偏低　(5) 太低
非常谢谢您完成了这份调查问卷！

4.5.5 薪酬满意度调查风险控制

为了顺利开展薪酬满意度调查工作，提高员工的工作效率，保证员工对企业薪资的满意度，企业在进行薪酬调查风险管理时，须关注六大风险（见表 4—9）。

表 4—9　薪酬满意度主要风险点说明表

序号	风险点名称	风险点说明
风险点 1	调查目的的确定	1. 调查执行前，必须确定调查的目的，而不是没有目标的行动 2. 调查目的必须以符合公司的发展战略目标和提升员工工作效率为前提

续表

序号	风险点名称	风险点说明
风险点2	调查对象的选择	1. 调查对象必须明确，是对本公司内的调查，还是整个公司及分公司的调查 2. 调查对象是对中高层人员的调查还是对基层员工的调查，应根据调查目标来确定
风险点3	调查方法的选择	1. 调查的方法是选择问卷法还是访谈法等，要根据公司的规模进行选取 2. 要结合公司薪酬调查的对象和公司的规模、成本预算来进行选择
风险点4	调查问卷的设计	1. 问卷的设计不能忽略员工对薪酬的满意度、员工对薪酬结果比例的满意度、员工对薪酬差距的满意度、员工对薪酬决定因素的满意度、员工对薪酬调整的满意度、员工对薪酬发放方式的满意度、员工对工作本身自主权、成就感、工作机会等的满意度、员工对工作环境如管理制度、工作时间、办公设施的满意度等关键因素 2. 在题型设置上要将选择题和开放式问答相结合
风险点5	调查的执行	1. 调查的执行要根据调查问卷的调查方法，组织和分配人员，保障调查人员的供应 2. 在成本预算方面要严格控制，符合公司的既定标准 3. 在问卷填写和回收方面要严格把关，把无效的问卷控制在一定的百分比之下
风险点6	调查的统计分析	1. 调查的统计数据分析要根据设计的问题进行分类统计，问题的大小类要设计明确 2. 分析数据时，对于无效问卷要剔除，但同时要保证整体问卷统计的有效性 3. 统计分析要进行初步统计和复审，保障统计结果的有效性
注意事项：在做薪酬调查时，首先要做好计划，包括目的、对象、方法、人员、成本等方面，其次要对统计的数据进行把关，保证数据的有效性，最后也是最重要的，调查之后要撰写薪酬调查分析报告书和这次调查过程中出现的问题及整改措施		

第5章

绩效考核与反馈管理

绩效考核也称绩效考评或绩效评估，指的是针对企业中每个员工所承担的工作，运用各种科学的方法，对员工的工作行为、工作效果及其对企业的贡献或创造的价值进行考核与评价。反馈管理指的是绩效考核结束后，将绩效考核的结果反馈给员工。

绩效考核与反馈管理是绩效管理工作中必不可少且至关重要的一环。其中，绩效目标分解管理是绩效考核与反馈管理的前提与基础；360 度绩效考核、关键绩效考核、平衡计分卡考核是绩效考核实施的方法和工具；绩效面谈与反馈是绩效考核与反馈管理的灵魂与核心，是最能产生效果的环节；绩效差距分析与改进是对绩效考核实施效果的评估和应用，是使绩效反馈管理内容落地的关键。

绩效考核与反馈管理的关键业务如图 5—1 所示。

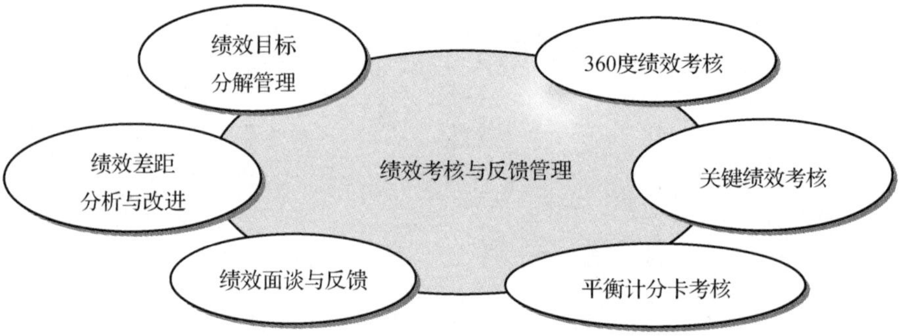

图 5—1　绩效考核与反馈管理的关键业务

5.1　绩效目标分解管理

5.1.1　绩效目标管理范畴界定

绩效目标管理指的是企业管理者通过层层分解的“目标”来管理员工，使员工参与工作目标的制定，从而达到“自我控制”的目的。绩效目标的制定是绩效考核的第一步，目标管理者通过制定公司的总目标及各阶段目标，并将其逐层分解给下属，从而以“目标”来管理下属，而不是采用各种“手段”或“手续”来管理下属。

绩效目标管理的体系包括确定企业战略方向、明确企业经营战略目标、将企业战略目标细化为年度经营目标、将年度经营目标分解为部门目标等，具体内容如图 5—2 所示。

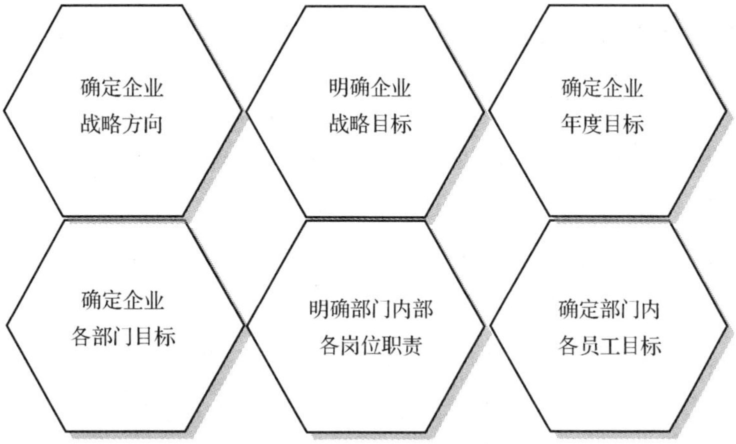

图 5—2　绩效目标管理体系

5.1.2　绩效目标分解的程序

要做好绩效目标分解工作，应该分步骤进行，并注意企业战略目标、年度经营目标和各部门目标的确定。

绩效目标分解的程序如图 5—3 所示。

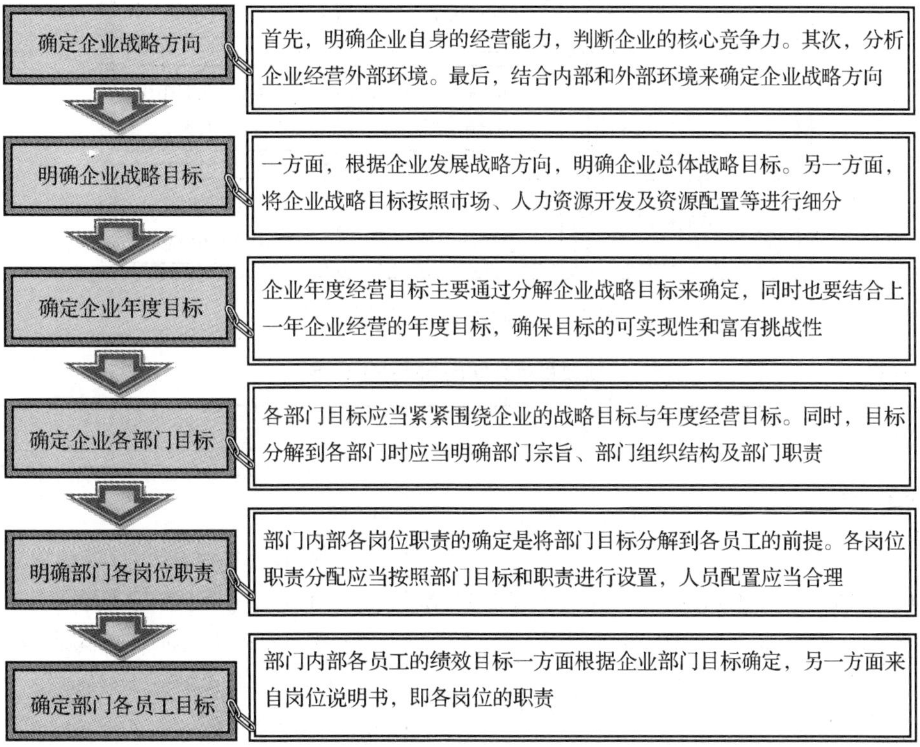

图 5—3　绩效目标分解的程序

5.1.3 绩效目标分解的工具

绩效目标分解是一项复杂的工程，涉及内容也非常广泛，通常，绩效目标分解主要按照SMART标准来进行，即具体的（Specific）、可衡量的（Measurable）、可实现的（Attainable）、相关的（Relevant）、有时限的（Time－bound）。

SMART标准在使用中需区分正确的做法和错误的做法，如图5—4所示。绩效目标分解的SMART标准，见表5—1。

标准＼分类	正确做法	错误做法
S：具体的	切中目标、适度细化	抽象、未细化
M：可衡量的	指标可以数量化、具体化	主观判断、非行为化描述
A：可实现的	在付出努力的情况下可以实现	制定的目标过高或过低
R：相关的	指标是将组织目标层层分解后得到的	指标与企业的组织战略无关
T：有时限的	使用时间单位、关注效率	不考虑时效性、模糊时间概念

图5—4 SMART标准使用方法

表5—1　　绩效目标分解的SMART标准

标准	含义	考虑要素
S（Specific） 具体的	绩效目标应清晰、明确、详细	1. 需要完成哪些具体任务、实现该目标后有何预期效果 2. 一般用目标提高的数额进行衡量
M（Measurable） 可度量的	绩效目标可以提供一种可比较的标准，获得具体的成果	1. 怎样知道自己是否实现了目标 2. 一般用数量、质量和影响来描述绩效目标
A（Attainable） 可实现的	绩效目标应该可以执行，能在一个特定时期内完成	1. 目标切合实际而具有一定的挑战性，管理者和员工双方都能够接受 2. 一般用提高、增加、取得来描述绩效目标

续表

标准	含义	考虑要素
R（Relevant） 相关的	企业、部门、个人（岗位）的绩效指标一定要形成层层支持的指标体系，指向战略目标的实现	1. 评价指标要与从事的具体工作相关，反映业绩期望 2. 绩效指标必须与企业战略目标、经营策略相连，成为企业整体战略管理系统的一部分
T（Time-bound） 有时限的	目标要有时限，要有合理的时间约束	该目标实现的进度安排、质量控制和管理

5.2　360 度绩效考核

5.2.1　360 度绩效考核主体界定

360 度绩效考核方法又称“全方位考核法”，指的是由被考评者的上级、同级、下级、客户（包括内部客户、外部客户）、供应商以及被考评者本人担任考评者，从多个角度对被考评者进行全方位的评价。也就是说，360 度绩效考核主体包括上级、同级、下级、客户、供应商及本人。

360 度绩效考核体系如图 5—5 所示。

5.2.2　360 度绩效考核实施程序

360 度绩效考核实施程序主要分为 4 个阶段，即准备阶段、设计阶段、实施阶段、评估与反馈阶段，各个阶段的具体工作事项如图 5—6 所示。

5.2.3　360 度绩效考核执行工具

360 度绩效考核一般采用问卷调查法进行，问卷的形式分为两种：一种是给考核者提供五分等级，或者七分等级的量表（称之为等级量表），让考核者选择相应的分值；另一种是让考核者写出自己的评价意见（称之为开放式问题），二者也可以综合采用。

问卷的内容可以是与被考核者的工作情景密切相关的行为，也可以是比较共性的行为，或者二者的综合。表 5—2 和表 5—3 给出了两个考核问卷的样例。

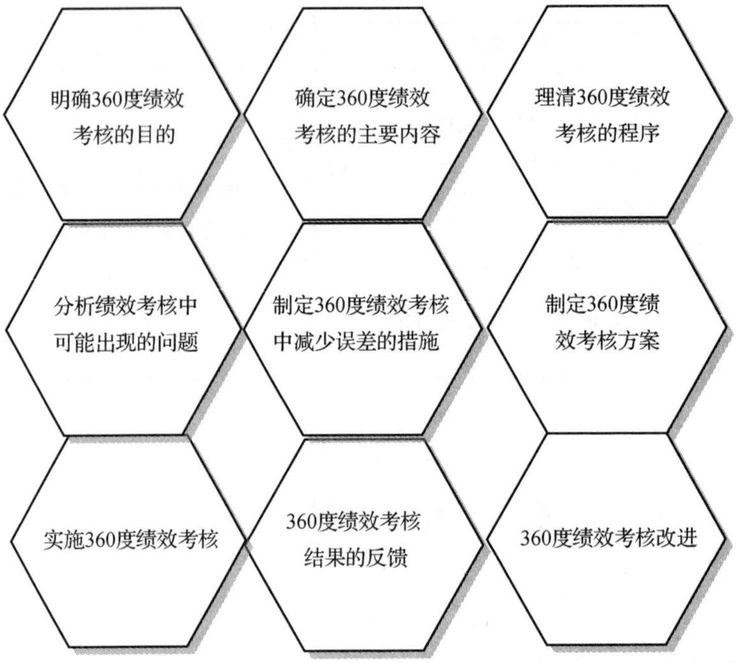

图 5—5　360 度绩效考核体系

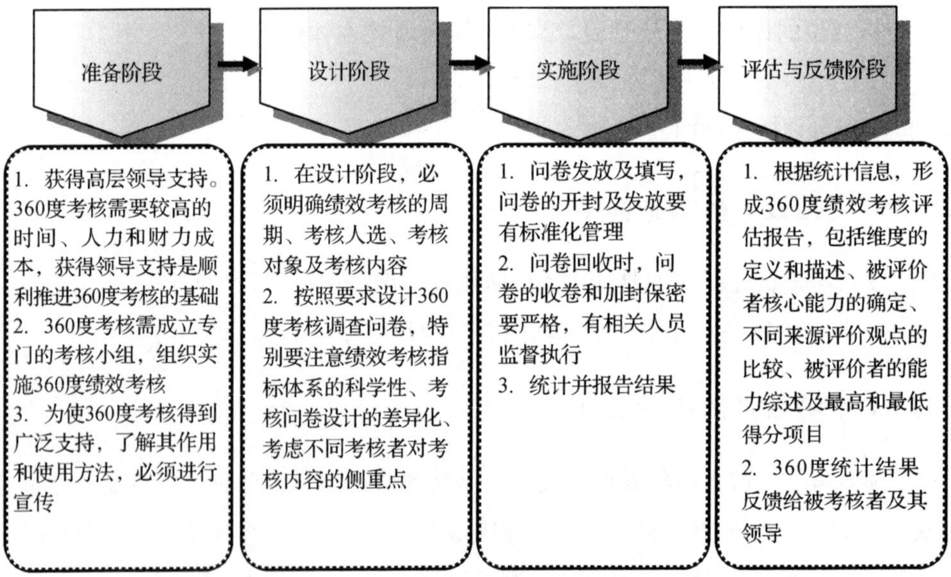

图 5—6　360 度绩效考核实施程序

表 5—2　　　　　　　　　　**管理人员能力 360 度考核表**

考核项目	考核内容	评分（每小题 5 分）				备注
		上级考评	同事考评	下级考评	自我考评	
计划控制能力（20 分）	按轻重缓急排定工作次序					
	每月能够拟订明确、具体的工作计划					
	对下属的工作进行跟进、回顾，确保目标的达成					
	能够将计划分解，按照员工的能力进行合理分配					
分析决策能力（20 分）	决策及时、果断，抓住要害					
	突发事件的处理较为及时、妥善					
	见微知著，能快速采取行动，将不良事件防患于未然					
	较强的逻辑思维能力和分析问题能力，并且考虑问题全面					
授权与激励能力（20 分）	善于激发员工的工作激情与潜能					
	能够根据下属的表现及时反馈，做到赏罚分明					
	善于用人所长，有效地分配工作，并给予相应的权利和责任					
	有效地帮助下属设立明确的有挑战性的工作目标，在工作中适时地给予员工鼓励					
沟通协调能力（20 分）	有效化解矛盾和冲突					
	与下属沟通其工作目标的能力					
	制造一种让员工畅所欲言的氛围					
	积极听取下属的意见并有效地给予反馈					
团队协作能力（20 分）	接受和支持团队决定					
	积极促进团队成员间的合作					
	主动配合领导、同事及其他相关部门工作					
	能够与上级和下属分享工作成绩，乐于协助同事解决工作中的问题					

注：1. 本评估采用无记名评价方式，请评估者不要有任何的顾虑。

2. 请评估者务必客观公正地对上面的内容进行评价，以保证评估结果的可靠性。

表 5—3　　普通员工 360 度绩效考核表

被考核者姓名		被考核者职务		被考核者所属部门	
考核日期					
评价尺度及分数：1——有待提高　2——可以接受　3——一般　4——好　5——优秀					
考核项目			评分		备注
工作态度	出勤状况				
	工作主动性				
	服从性				
	纪律性				
	合作性				
	责任感				
工作业绩	工作任务完成情况				
	工作质量				
	工作效率				
工作技能	专业知识				
	职务技能				
	灵活应变能力				
	创新能力				
考核者意见					

5.2.4　360 度绩效考核风险控制

在 360 度绩效考核工作过程中，企业绩效考核工作人员应针对存在的风险，加强流程中各个环节点事项的规范执行，加强对下列五大关键点的管理和控制工作，以避免风险发生、减少企业损失，见表 5—4。

表 5—4　　360 度绩效考核主要风险点说明表

序号	风险点名称	风险点说明
风险点 1	适用范围选取风险	1. 未正确选择被考核对象，降低了 360 度考核的绩效考核效果，浪费了人力、物力和时间 2. 考核内容设置不恰当，未将考核内容集中在被考核者的素质、德行及管理能力等方面，导致不能正确反映被考核者的能力 3. 考核主体选择不当，导致评价结果不够客观、准确

续表

序号	风险点名称	风险点说明
风险点2	考核指标设置风险	1. 指标设置倾向定性描述，缺乏定量描述，可能导致评价人员理解错误，出现评价误差 2. 对整体绩效中最重要的任务难以涉足或深入 3. 容易导致客观性任务绩效指标主观化
风险点3	调查问卷设计风险	1. 未充分考虑问卷设计的差异化，导致不同岗位的问卷内容和指标大同小异，直接影响考核的效果和结果 2. 未充分考虑360度绩效考核主体的工作行为和考核侧重点，导致个别考评主体无法根据问卷评价被考核者的能力
风险点4	考核程序实施风险	1. 考核成本过高，难度过大，可能会受到领导的抵制，导致考核工作难以顺利开展 2. 评估效率太低，不适合大规模考核 3. 考核流程易受人为影响，员工可能消极抵制 4. 大部分组织成员自我管理和自我约束的意识较为淡薄，很难客观地给予判断 5. 缺乏考核的反馈机制，导致考核流于形式，影响考核的权威性
风险点5	考核结果统计风险	1. 统计人员缺乏相关的专业知识，影响考核结果的准确性 2. 问卷未全部收回，影响考核结果统计的全面性

根据360度绩效考核主要风险点说明，人力资源工作人员在具体应用360度考核方法时，首先应当正确选择其适用范围，然后根据考核目的及内容设计具有实际操作性和可行性的调查问卷，最后在问卷统计阶段，应当坚持客观性、精确性和全面性的原则。

5.3　关键绩效考核

5.3.1　关键绩效考核范畴界定

关键绩效考核指的是通过对组织内部流程的输入端、输出端的关键参数进行设置、取样、计算、分析来衡量绩效的一种目标式量化管理指标，它是对企业运作过程中关键成功要素的提炼和归纳。

关键绩效考核的设计思想是通过对影响80%工作的20%关键行为进行量化设计，将其变成具有可操作性的目标，从而提高绩效考核的效率。

关键绩效考核体系如图 5—7 所示。

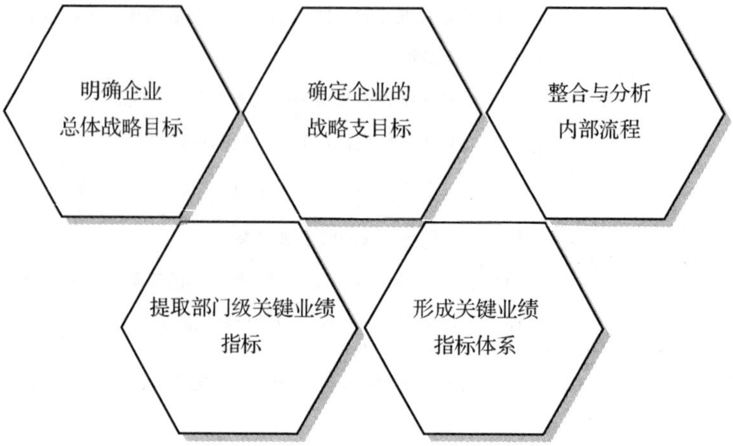

图 5—7　关键绩效考核体系

5.3.2　关键绩效考核实施程序

要做好关键绩效考核的实施工作，应该分步骤进行，并且注意内部流程的整合与分析和部门级关键绩效指标的提取环节。

关键绩效考核实施程序如图 5—8 所示。

5.3.3　关键绩效考核执行工具

关键绩效考核法执行工具的标准样式见表 5—5。

表 5—5　　　关键绩效考核表

被考核人姓名		职位		部门	
考核人姓名		职位		部门	
序号	KPI 指标	权重	绩效目标值		考核得分
本次考核总得分					
考核指标说明					
被考核人		考核人		复核人	
签字：	日期：	签字：	日期：	签字：	日期：

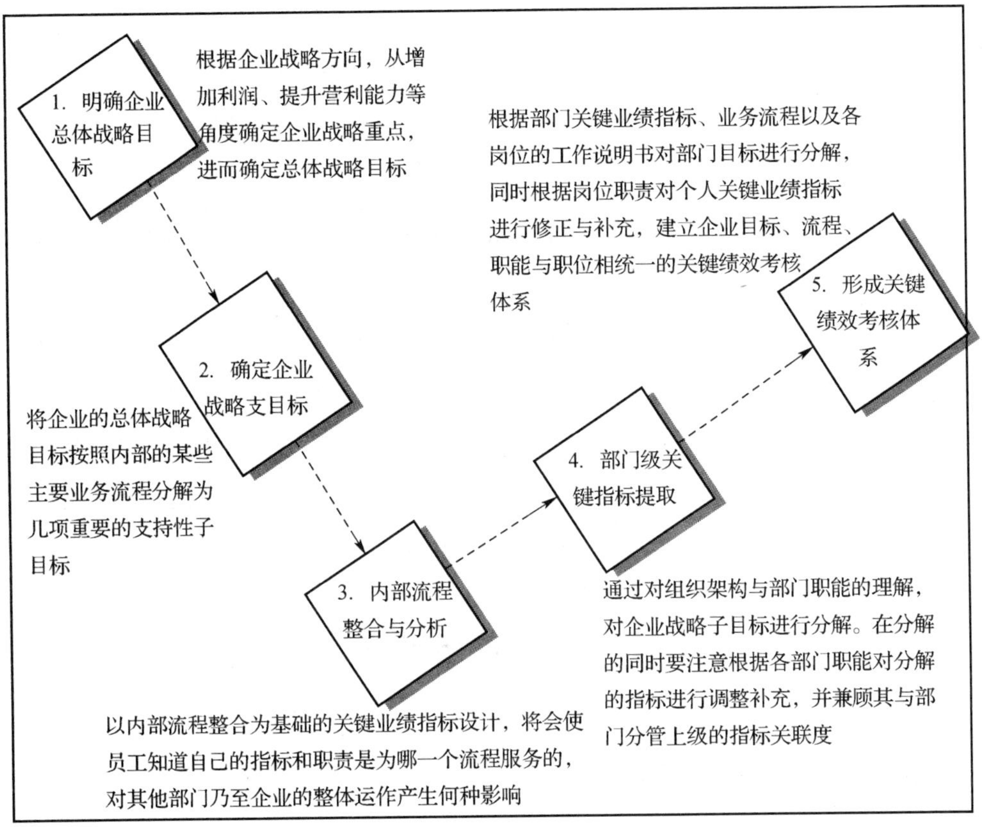

图 5—8　关键绩效考核实施程序

5.3.4　关键绩效考核风险控制

企业要加强对关键绩效考核过程的控制，确保关键绩效考核实施的安全，提高关键绩效考核结果的准确性，就需要对关键绩效考核实施中可能存在的风险进行全面了解。关键绩效考核主要风险点说明表见表 5—6。

表 5—6　　**关键绩效考核主要风险点说明表**

序号	风险点名称	风险点说明
风险点 1	关键绩效指标设置风险	1. 关键绩效指标建立时未充分考虑企业发展的战略、目标、岗位职责等，导致设置的关键绩效指标缺乏统一性，没有起到实现绩效目标的导向作用 2. 未按照 SMART 原则设置指标，导致关键绩效指标缺乏可操作性和可执行性

续表

序号	风险点名称	风险点说明
风险点 2	关键绩效指标数量确定风险	1. 关键绩效指标选取数量过多，未体现指标关键所在，导致工作缺乏重点 2. 关键绩效指标选取数量过少，不能全面涵盖员工的岗位职责 3. 所选取的各指标缺乏连贯性，可能导致背离企业的战略目标
风险点 3	关键绩效指标标准制定风险	1. 指标标准制定过高，背离企业现有的资源，缺乏实现的可能性，导致员工失去信心 2. 指标标准制定过低，不能充分调动员工工作的积极性，失去考核的激励作用

根据关键绩效考核主要风险点说明，人力资源工作人员在使用关键绩效考核方法时应当重点关注关键绩效指标的选取。关键绩效指标的选取主要应注意两方面，一方面是明确关键绩效指标设置的标准及依据，另一方面则是关键绩效指标数量的确定，既要保证指标覆盖的全面性，又要做到精炼。

5.4 平衡计分卡考核

5.4.1 平衡计分卡考核范畴界定

平衡计分卡考核指的是把对企业业绩的评价划分为财务、内部运营、客户及学习与发展 4 个方面。平衡计分卡包括 4 个维度，如图 5—9 所示。

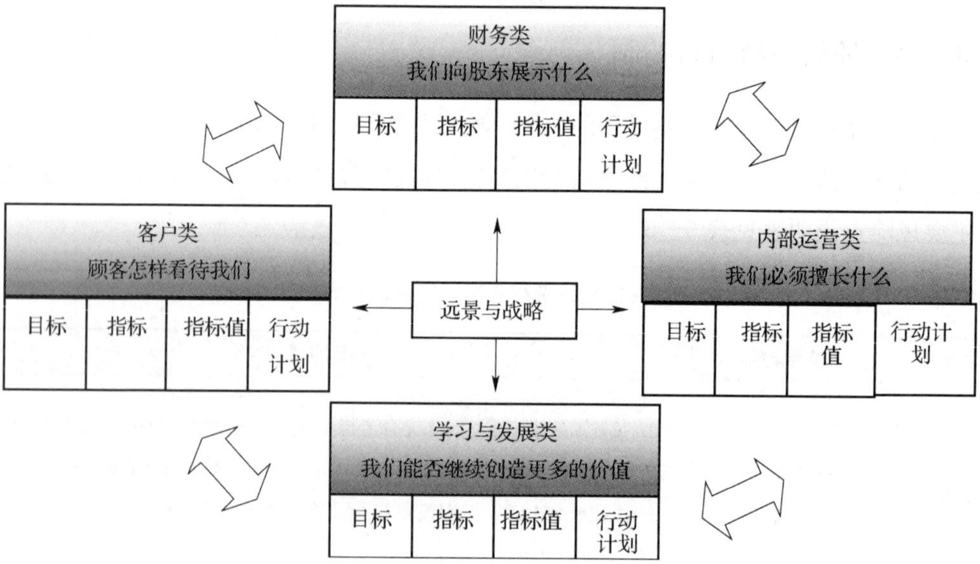

图 5—9 平衡计分卡的 4 个维度

根据平衡计分卡的 4 个维度，可以看出平衡计分卡考核体系主要包括 4 个方面，如图 5—10 所示。

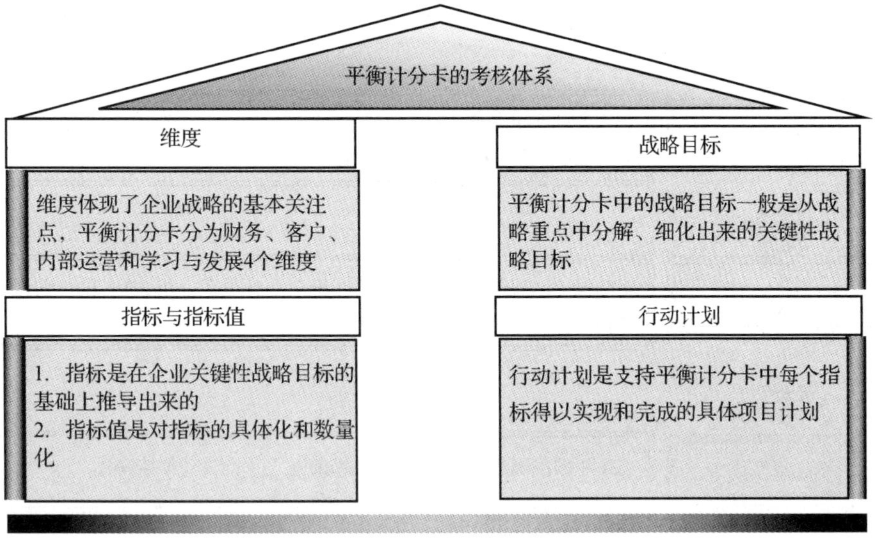

图 5—10　平衡计分卡考核的构成体系

5.4.2　平衡计分卡考核实施程序

要做好平衡计分卡考核实施工作，应该分步骤进行，并且注意建立具体考核指标和修正平衡计分卡指标阶段的工作。平衡计分卡考核实施程序如图 5—11、图 5—12 所示。

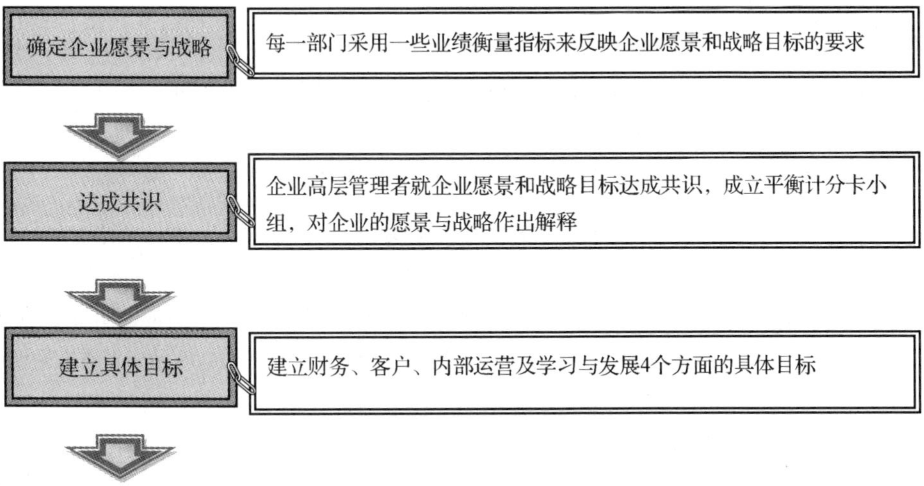

图 5—11　平衡计分卡考核实施程序（一）

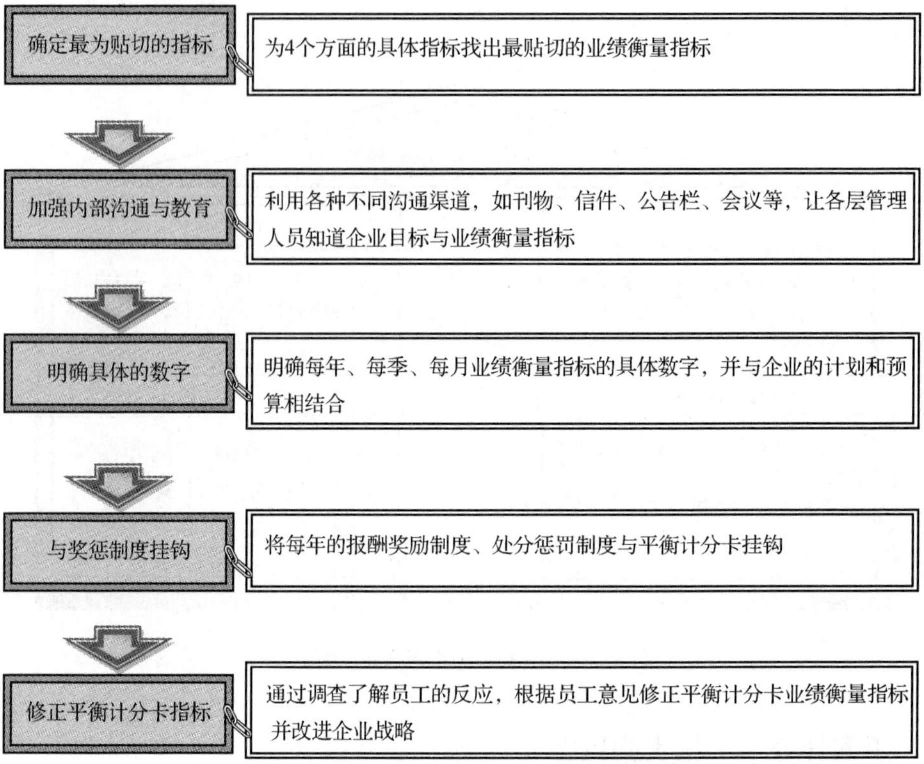

图 5—12　平衡计分卡考核实施程序（二）

5.4.3　平衡计分卡考核执行工具

平衡计分卡考核有严格的流程和实施程序，人力资源工作人员在使用平衡计分卡考核时，制定平衡计分卡考核实施计划书是重要的环节，具体样式如下所示。

平衡计分卡考核实施计划书

一、背景

某企业是一家食品加工企业，由于其生产的食品价格适中且质量优异，所以颇受消费者的欢迎。但随着市场竞争的加剧，大量竞争者涌现，企业高层管理者意识到：单纯地以食品价格取胜并非长远之计，企业需要从多角度制胜才能保持强有力的竞争力，于是决定引进平衡计分卡来加强对企业的管理。

二、引进平衡计分卡的前期准备工作

前期准备工作主要包括成立平衡计分卡项目负责小组、分析企业战略目标、对相关人员进行平衡计分卡知识的培训及确定企业关键业务四大项，具体内容见下表。

引进平衡计分卡前期准备工作一览表

时间	工作事项	内容	主要责任者
××日—××日	平衡计分卡项目负责小组成立	明确项目小组成员的职责与分工	总经理
××日—××日	讨论企业愿景与战略	明确企业的愿景、使命与战略，并用文字表达出来	总经理
××日—××日	组织中高层领导人参加平衡计分卡培训	平衡计分卡培训	人力资源部
××日—××日	发布企业愿景与战略（全体员工分批进行）	企业向全体员工明确企业发展战略和目标	人力资源部
××日—××日	平衡计分卡培训	对员工进行平衡计分卡培训	人力资源部或部门经理
××日—××日	与企业重要股东沟通	了解其对企业账务收益绩效的期望，并撰写报告提交企业高层领导	平衡计分卡项目负责小组
××日—××日	根据 80/20 法则选择企业 20% 中的部分客户代表进行沟通	明确客户需求并撰写成报告，提交给企业高层领导	平衡计分卡项目负责小组
××日—××日	企业关键业务综述	根据企业战略与高层领导进行充分沟通，确定企业关键业务，为平衡计分卡绩效指标的制定提供依据	平衡计分卡项目负责小组

下面重点对企业的战略目标进行分析。

一、企业现状分析

采用 SWOT 分析法从企业自身的优势、劣势、机会和挑战 4 个方面对企业目前的状况进行分析，具体内容如下。

优势	劣势
□具有高素质的管理队伍 □产品已有一定的品牌效应 □生产率高 □拥有 1～2 门核心技术 □产品目前占据较高的市场份额 □专业技术人员占较大的比例	□大量实力雄厚的企业加入到本行业中 □业绩增长缓慢 □客户投诉率上升 □竞争对手挖掘本企业的人才
机会	**挑战**
□部分市场还有待开发 □企业所在地的经济条件发达，有很多机会向其他企业学习先进的管理理念和技术	□冗员较多 □员工潜力开发不足 □部分技术人才流失

二、企业未来的发展战略及目标

1. 处于同行业领先水平。

2. 实施产品领先战略，满足客户不断增长的需求。

3. 在现有市场上保持并提升市场份额。

4. 提高利润，注重资产管理。

三、企业平衡计分卡的建立

在明确了企业的战略目标后，制定出企业的平衡计分卡，从财务、内部经营管理、客户、学习和成长4个方面综合考虑，有效地分解企业的战略目标。企业平衡计分卡指标体系见下表。

企业平衡计分卡指标体系

财务类	内部运营类	客户类	学习与发展类
人均销售增长率 净资产收益率 投资回报率 资产负债率 费用预算达成率	劳动生产率 新产品研发周期 产品准时交货率 采购原料合格率 废品率 客户投诉处理一次成功率	产品市场占有率 老客户保有率 新客户开发率 客户满意度 某重点产品市场占有率	员工满意度 关键员工保有率 高技术人员的比例 培训计划完成率

四、将企业平衡计分卡落实到部门和个人层面

企业的平衡计分卡设计完成后，必须把这些目标逐层分解、落实到各个部门和个人。部门根据企业的平衡计分卡设定部门平衡计分卡，每位员工再根据部门的平衡计分卡设定自己的计分卡。

1. 将企业为实现其战略目标而设计的平衡计分卡落实到部门层面

结合企业战略的影响因素和各部门的主要职能设计出来的销售部门关键业绩考核指标见下表。

销售部门关键业绩考核指标

维度	关键业绩考核指标	权重	目标值
财务类	销售收入	10%	达到____万元
	新产品销售额占现有产品销售额的比重	10%	达到____%
	呆坏账比率	10%	控制在____%
内部经营管理类	销售任务完成率	10%	达到____%以上
	内部销售报表管理	5%	因报表管理不完善造成工作中疏忽次数不得超过__次
客户类	目标市场占有率	10%	达到__%以上
	重要客户满意度	10%	满意度评分达到__分以上
	重要客户保有率	15%	达到__%以上
	新客户开发率	10%	达到__%以上
学习和成长类	培训计划完成率	5%	达到__%
	关键销售人员保有率	5%	达到__%以上

2. 将平衡计分卡从企业层面、部门层面细化到个人层面

根据部门目标设计个人的平衡计分卡见下表。

销售人员关键业绩考核指标

维度	关键业绩考核指标	权重	目标值
财务类	销售收入	15%	达到__万元
	新产品销售额占现有产品销售额比重	15%	达到__%
	呆坏账比率	10%	控制在__%
内部经营管理类	销售任务完成率	15%	达到__%以上
客户类	重要客户满意度	10%	满意度评分达到__分以上
	重要客户保有率	15%	达到__%以上
	新客户开发率	15%	达到__%以上
学习和成长类	培训计划完成率	5%	达到__%

5.4.4　平衡计分卡考核风险控制

为了顺利开展平衡计分卡考核工作，提高平衡计分卡考核的效率，保证平衡计分卡考核的安全，企业进行平衡计分卡考核管理时，须关注如下三大风险（见表 5—7）。

表 5—7　　平衡计分卡考核主要风险点说明表

序号	风险点名称	风险点说明
风险点 1	平衡计分卡考核准备风险	1. 未制定平衡计分卡考核实施的工作方案，导致工作开展无据可依，程序混乱 2. 收集和整理的材料不够充分，增大了平衡计分卡考核实施的困难，可能增加时间成本、财力成本 3. 未明确企业的愿景和战略目标，导致平衡计分卡 4 个维度的具体内容背离企业发展方向
风险点 2	平衡计分卡考核实施风险	1. 缺乏一定周期的模拟考核，导致不能及时发现问题，可能阻碍平衡计分卡考核的顺利实施 2. 平衡计分卡在实施过程中缺乏灵活性，各项指标设置过于均衡，不能根据企业实际情况进行调整，导致考核缺乏公平性、准确性 3. 在实施中未对相关人员进行相关培训，导致缺乏相应的舆论和专业知识支持

续表

序号	风险点名称	风险点说明
风险点 3	平衡计分卡考核评估风险	1. 未明确平衡计分卡考核评估报告形式，可能导致报告内容不全面，缺乏针对性，影响对平衡计分卡考核实施的准确评价 2. 未将评估结果应用到下一轮考核中，导致平衡计分卡考核工作流于形式

根据平衡计分卡考核主要风险点说明表，人力资源工作人员在具体操作过程中应当从 3 个方面着手。首先是实施的准备过程，在准备过程中应当制定一份具有可行性的平衡计分卡考核实施方案。其次是具体实施中应当具有灵活性，根据行业特点、企业发展目标及时调整各指标的权重。最后是对平衡计分卡考核的评估，一定要将评估结果应用到实际中。

5.5 绩效面谈与反馈

5.5.1 绩效面谈与反馈范畴界定

绩效面谈与反馈指的是管理者要对员工的绩效表现进行打分，确定员工本周期绩效表现，然后根据结果，与员工做一对一、面对面的绩效沟通，将员工的绩效表现通过正式的渠道反馈给他们，让员工对自己表现好的方面和不好的方面都有全面的认识，以便在下一个考核周期的绩效做得更好，达到改善绩效的目的。

绩效面谈与反馈的体系如图 5—13 所示。

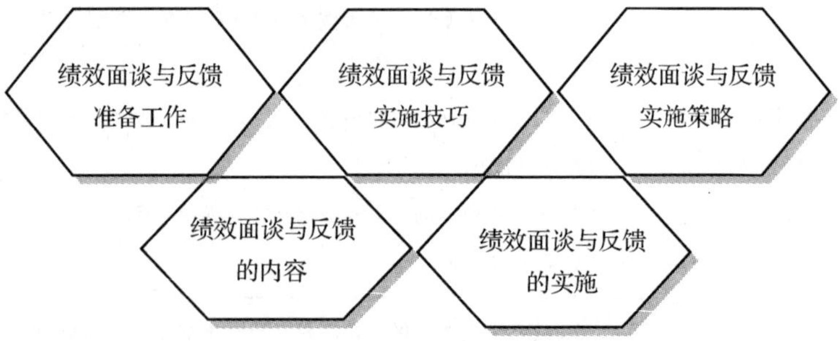

图 5—13　绩效面谈与反馈体系

5.5.2 绩效面谈与反馈实施程序

绩效面谈与反馈实施程序如图 5—14 所示。

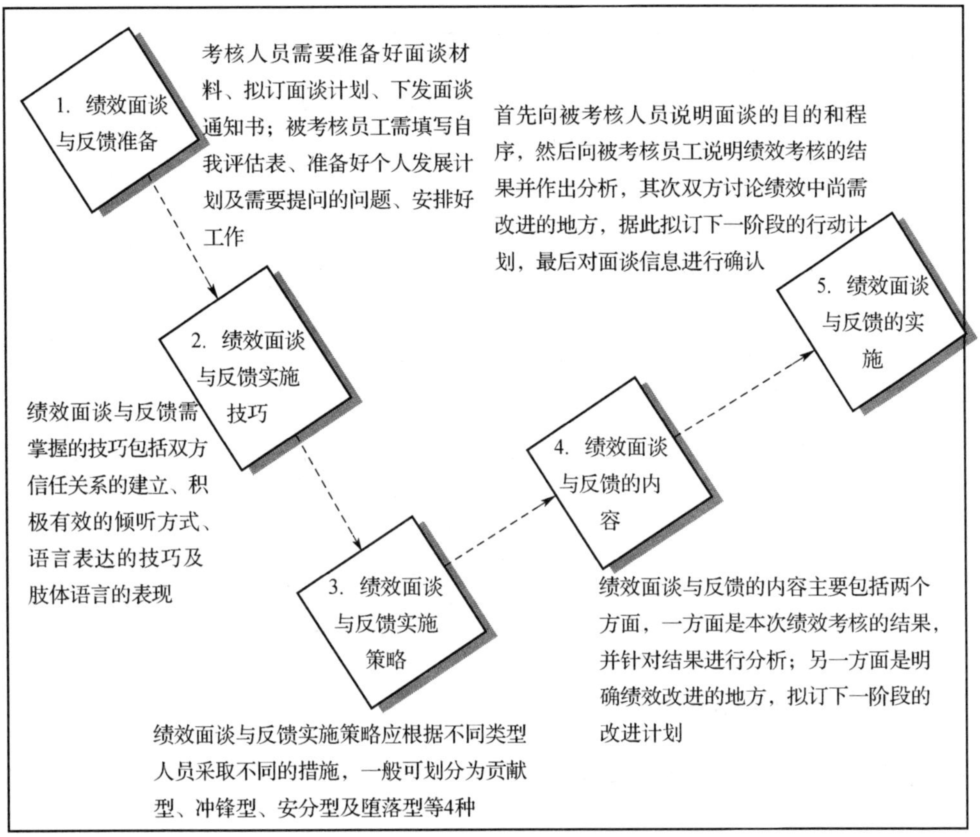

图 5—14　绩效面谈与反馈实施程序

5.5.3　绩效面谈与反馈方法选择

绩效面谈与反馈方法的选择直接影响到绩效面谈的效果，一般而言，绩效面谈与反馈的方法主要包括两大类，见表 5—8。

表 5—8　绩效面谈与反馈方法

类别	方法名称	特点	操作步骤	适用范围	注意事项
对正确行为的反馈	表扬方式	优点：更具有激励作用，不会给被考核者造成沉重的心理负担 缺点：可能会发生过度和不恰当的表扬，使被考核人员不能正确认识自己的不足	1. 指出绩效考核表现优异的地方，进而说明被考核人员创造的价值 2. 表扬被考核人员突出的能力，进而说明通过某些方面的改进可以让这些能力得到进一步提高	适用于安分型员工，对外一般比较沉默、性格比较内向的人员	表扬要及时且经常，要表扬行为价值并且切中要害，最重要的是避免“社会性懈怠”表扬，即表扬应该强调个体的表现和贡献，而不是集体荣誉

续表

类别	方法名称	特点	操作步骤	适用范围	注意事项
对错误行为的反馈	正面批评	优点：被考核人员可以明确知晓自己的不足之处 缺点：容易激起被考核人员的不满和抵制情绪，影响绩效面谈的效果	1. 行为描述，描述被考核人员绩效表现不足的地方 2. 表达后果，说明绩效表现欠佳可能带来的影响 3. 征求意见，向被考核人员询问对这种考核结果有无异议，让其解释出现不佳的原因 4. 着眼未来，双方共同商讨绩效改进的措施，并明确下一轮绩效目标	适用于堕落型和冲锋型员工，这类员工一般性格比较开朗，易于接受批评	1. 批评要掌握分寸和时机，不能火候过大，激起对方的不满 2. 绩效面谈的最终目的是着眼未来，不能将过多的注意力放在行为描述和表达后果上

5.5.4 绩效面谈与反馈执行工具

绩效面谈与反馈执行工具主要包括绩效面谈与反馈实施进程表和绩效面谈表，具体格式和内容如下。

1. 绩效面谈与反馈实施进程表（见表 5—9）

表 5—9　　绩效面谈与反馈实施进程表

面谈步骤	内容	人员	面谈内容要点
暖场	创造良好的谈话氛围	主管	1. 慰问并感谢员工的辛勤工作 2. 建立真诚、信任的气氛，让员工放轻松 3. 说明面谈的目的
面谈正式阶段	告知考评结果	主管	1. 从员工优点开始对其工作表现进行点评 2. 对员工绩效表现不足之处进行分析 3. 肯定员工的进步与努力
	鼓励员工发表意见	主管、员工	1.（主管）多采用开放式的问题 2.（主管）多用肯定或赞美的语气 3.（主管）认真倾听
	双方沟通	主管、员工	1.（主管）了解员工对此次考核的意见 2. 对考核结果再次进行确认，若有偏差之处，可作相应的调整与纠正

续表

面谈步骤	内容	人员	面谈内容要点
面谈正式阶段	绩效改进	主管、员工	1. 共同拟订绩效改进计划 2. 初步确定下一阶段的工作计划目标
结束阶段	总结	主管	1. 上述内容的总结与确认 2. 企业对员工的期望 3. 下次绩效面谈的时间 4. 感谢员工的参与 5. （主管）整理面谈记录

2. 绩效面谈与反馈记录表（见表 5—10）

表 5—10　　　　绩效面谈与反馈记录表

<table>
<tr><th colspan="8">基本情况</th></tr>
<tr><td>姓名</td><td></td><td>考核周期</td><td></td><td rowspan="5">优秀绩效</td><td rowspan="5">1.
2.
3.
……</td><td rowspan="5">需改进绩效</td><td rowspan="5">1.
2.
3.
……</td></tr>
<tr><td>部门</td><td></td><td>考核时间</td><td></td></tr>
<tr><td>职位</td><td></td><td>面谈时间</td><td></td></tr>
<tr><td>工作年限</td><td></td><td rowspan="2">直接上级评价</td><td rowspan="2"></td></tr>
<tr><td>学历</td><td></td></tr>
<tr><th colspan="8">面谈记录</th></tr>
<tr><td colspan="7">1. 你在工作中表现出的长处是什么？优势是什么？</td><td></td></tr>
<tr><td colspan="7">2. 在工作中有哪些需要改善的地方？你打算如何改善自己的绩效？</td><td></td></tr>
<tr><td colspan="7">3. 你觉得你目前的知识和技能能够应付目前的工作吗？你希望得到哪些方面的培训？</td><td></td></tr>
<tr><td colspan="7">4. 从个人长远发展来看，你希望自己朝哪方面发展？你希望从公司或上司处得到何种帮助？</td><td></td></tr>
<tr><td colspan="7">5. 你对本次绩效评价有什么意见？</td><td></td></tr>
<tr><td colspan="7">6. 其他问题</td><td></td></tr>
<tr><td colspan="7">备注</td><td></td></tr>
</table>

受评人：　　　　　　　　面谈人：　　　　　　　　　　审核人：

5.5.5 绩效面谈与反馈风险控制

企业可以通过绩效面谈与反馈制度达到绩效面谈管理的目的，以避免风险发生、减少企业损失。

制度名称	绩效面谈与反馈管理制度			受控状态	
				编　　号	
执行部门		监督部门		编修部门	

第1章　总　　则

第1条　目的

1. 充分发挥各部门负责人在绩效管理工作中的指导、支持作用，使绩效管理工作更加规范、高效。

2. 掌握员工在工作执行过程中出现的问题以及员工发展的需要，拟订有针对性的培训计划。

3. 通过向员工反馈工作执行情况和执行结果，为员工创造了解自身优缺点的机会，培养员工以自我认知为基础的自我发展态度。

4. 帮助员工订立自我发展目标，加深员工对工作的关注，培养员工的责任感。

5. 保持公司与员工的良好沟通，在公司内部形成良好协调、有效沟通的氛围。

第2条　适用范围

本制度适用于公司所有员工的绩效面谈与反馈工作。

第2章　职责分工

第3条　人力资源部的职责

1. 负责绩效面谈与反馈制度的建立、修订、完善工作。

2. 负责对公司绩效面谈与反馈制度运行进行监督，并提供咨询与指导。

3. 负责对公司各部门绩效面谈与反馈的执行情况进行监督。

4. 负责收集员工绩效面谈材料，包括“员工绩效面谈记录表”“绩效沟通会议纪要”等，并备案。

5. 负责分析每个考核周期绩效面谈与反馈的情况，对未按要求进行绩效面谈的部门负责人予以通报批评。

第4条　各主管副总的职责

1. 负责在考核周期末对所辖部门的部门经理进行绩效面谈与反馈，并填写“员工绩效面谈记录表”。

2. 负责对所辖部门相关面谈人员填写的“员工绩效面谈记录表”进行抽查。

第5条　部门经理的职责

1. 负责在考核周期末按规定组织本部门员工开展绩效面谈与反馈工作。

2. 按规定时间向人力资源部递交填写完毕的“员工绩效面谈记录表”“绩效沟通会议纪要”等。

第6条　部门一般员工的职责

1. 配合进行绩效沟通面谈，进行自我工作分析与总结，并作好面谈准备。

2. 结合考核情况和面谈情况，制定个人绩效改进计划和绩效目标。

第3章　绩效面谈与反馈实施

第7条　绩效面谈与反馈时间与方式见下表。

绩效面谈时间与方式规定一览表

面谈人员	具体工作要求
主管副总	考核结果确定后 5 日内，完成对所辖所有部门的部门经理进行绩效面谈与反馈
部门经理	按规定要求完成对所辖部门员工的绩效面谈与反馈
授权人员	各部门经理可授权主管等基层管理人员按要求对所辖员工开展绩效面谈与反馈
备注	1. 员工人数在 20 人以下的部门，需对所有员工进行绩效面谈 2. 员工人数在 20 人以上的部门，对考核评分较差的员工必须进行绩效面谈 3. 对考核评分较好的员工，根据实际情况有选择地进行绩效面谈 4. 销售部门需召开部门绩效沟通会，非业务部门可根据情况选择性地召开绩效面谈

第 8 条　绩效面谈与反馈的主要内容与目的

1. 反馈。面谈人员对员工当期的工作业绩与工作目标加以对比，并进行反馈，评估其工作业绩与工作态度，对积极因素予以肯定，对不足之处予以指出。

2. 沟通。面谈人员与员工交换意见，面谈人员认真倾听员工对考核结果及当期工作情况的看法，并及时解答和记录。

3. 改进。对于员工的工作业绩、能力及态度与标准要求有差距的情况，面谈人员要与员工探讨改进方式，使其以后的工作业绩能够达到预期目标。

第 9 条　绩效面谈准备工作

1. 面谈人员收集、准备并熟悉面谈的资料，包括绩效面谈提纲、员工绩效面谈记录表、面谈对象当期考核情况资料、以往考核情况资料、当期工作计划、日常工作表现记录、所在岗位的岗位职责、职业发展规划等，为面谈做好准备。

2. 面谈人员同员工协商确定适当的面谈时间和面谈地点。

3. 员工总结当期工作过程中遇到的困难、需要的支持和对考核存在的疑问，以寻求解答与帮助。

第 10 条　面谈人员实施绩效面谈的步骤如下图所示。

1. 考核人员首先向被考核员工说明面谈的目的和程序
2. 引导员工回顾工作情况，对工作表现进行客观、全面的自我评估。评估内容包括工作成果、工作效率、工作能力、工作积极性等
3. 告知员工考核结果；讨论考核结果与自我评估差异；对考核结果确有片面、不客观的情况，要及时调整，达成一致意见
4. 通过对员工工作的总结，共同分析存在的问题和需要改进之处，商讨和拟订改进计划，共同确定下阶段的工作任务和目标
5. 面谈人员在面谈结束后，填写“员工绩效面谈记录表”，经过被面谈人员确认后，双方签字

绩效面谈与反馈实施步骤

第 11 条　面谈结束后两日内，面谈人员将填好并经双方签字确认的“员工绩效面谈记录表”交由人力资源部存档。

第 12 条　面谈人员在绩效面谈工作中，需要掌握的技巧及需明确的注意事项见下表。

绩效面谈工作技巧与注意事项一览表

序号	面谈阶段	工作技巧与注意事项
1	面谈前准备阶段	（1）需要预先安排合适的时间、场所，给员工平等、轻松的感觉 （2）材料准备充分，并在面谈前进行熟悉，做到心中有底，在面谈时不致手忙脚乱、尴尬冷场
2	暖场阶段	（1）创造轻松、融洽的气氛，让员工心情放松 （2）设计一个缓冲带，时间不宜太长，可先谈谈工作以外的其他事情
3	员工自评阶段	（1）认真倾听员工解释，撇开偏见，控制情绪，耐心倾听 （2）不时地概括或重复对方的谈话内容，鼓励员工讲下去，帮助分析原因
4	面谈人员评价阶段	对员工的业绩进行评价，指出成绩和不足，对其能力进行评价，指出优势和劣势
5	讨论并确定评价结果阶段	先从共识的地方谈起，在意见不统一时，不与员工形成对峙，耐心沟通，并关注绩效标准及相关事实而不是其他内容
6	拟订改善计划	先让员工提出改进方案，并需注意计划的可衡量性和可行性
7	确定下阶段工作目标	确认目标的实现期限，并注意目标的可衡量性及可行性
8	结束阶段	给员工以鼓励并表达谢意

第 4 章　绩效面谈与反馈工作考核与资料归档

第 13 条　人力资源部需将绩效面谈作为辅助考核指标纳入部门负责人的考核方案中，对未按规定要求进行绩效面谈或者召开绩效沟通会的，人力资源部进行统计分析，并对部门负责人予以公开通报批评。

第 14 条　本制度产生的“员工绩效面谈记录表”“绩效沟通会议纪要”等需由人力资源部进行整理归档，归档管理工作参照公司的档案管理规定。

第 5 章　附　　则

第 15 条　本制度由人力资源部制定，解释权归人力资源部所有。

第 16 条　本制度经公司总经理批准之日起执行，如与原制度相抵触，则以本制度为准。

编制日期		审核日期		批准日期	
修改标记		修改处数		修改日期	

5.6　绩效差距分析与改进

5.6.1　绩效差距分析与改进范畴界定

绩效差距分析与改进指的是通过确认绩效考核结果，分析工作绩效存在不足和差距的原因，据此制定一系列改进绩效方法和策略。绩效差距分析与改进是绩效考核的后续应用阶段，是连接绩效考核和下一循环计划目标制定的关键环节。

绩效差距分析与改进体系如图 5—15 所示。

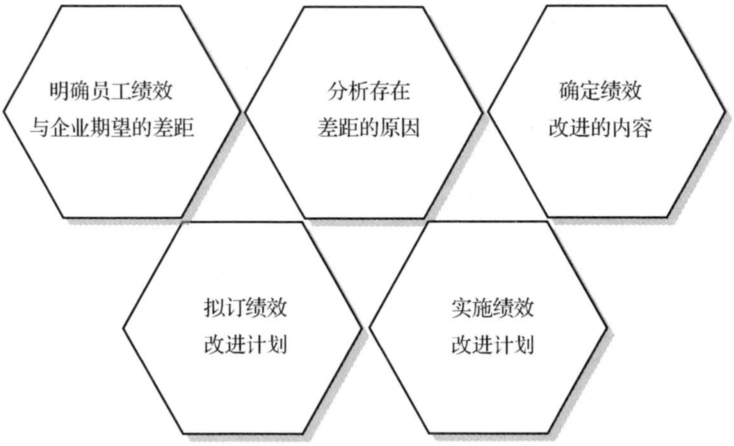

图 5—15　绩效差距分析与改进构成体系

5.6.2　绩效差距分析与改进实施程序

员工招聘甄选的实施分为明确员工绩效与企业期望的差距、分析存在差距的原因、确定绩效改进的内容、拟订绩效改进计划及实施绩效改进计划 5 个阶段。其中，分析存在差距的原因阶段是后续各阶段的前提条件。

绩效差距分析与改进实施程序如图 5—16 所示。

5.6.3　绩效差距分析与改进方法选择

常用的绩效差距分析与改进方法有两种，包括六西格玛管理和标杆超越。各方法有其自身的特点和适用范围，见表 5—11。

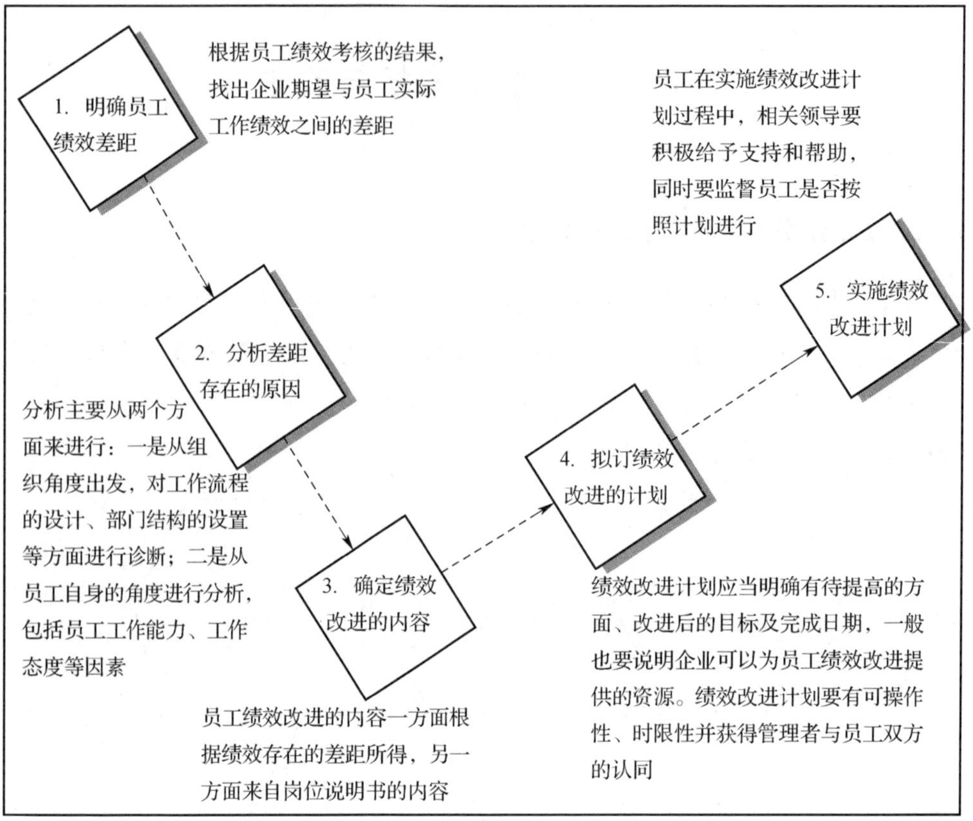

图 5—16 绩效差距分析与改进实施程序

表 5—11 **绩效差距分析与改进方法**

方法名称	特点	操作步骤	适用范围	注意事项
六西格玛管理	优点：全新的管理模式，充分体现着量化科学管理的思想理念 缺点：成本要求较高，工作量大	1. 定义：辨认需改进绩效，确定项目所需的资源 2. 测量：定义缺陷，收集产品或过程的表现作底线，建立改进目标 3. 分析：分析测量阶段所收集的数据，以确定一组按重要程度排列的影响质量的变量 4. 改进：优化解决方案，并确认该方案能够满足或超过项目质量改进目标 5. 控制：确保过程改进一旦完成就能继续保持下去，而不会返回到先前的状态	适用于企业核心业务工作人员的绩效改进	对需要改进的流程进行区分，找到高潜力的改进机会，优先对其实施改进。如果不确定优先次序，企业多方面出手，就可能分散精力，影响六西格玛管理的实施效果

续表

方法名称	特点	操作步骤	适用范围	注意事项
标杆超越	优点：通过以先进企业为标杆，可以使目标更加明确 缺点：先进企业的管理方式、组织结构及工作流程与本企业可能存在很大差别，导致绩效改进目标实现可能性很小	1. 明确同行中领先的赶超对象及水平 2. 确定使顾客满意、企业成功的关键绩效指标 3. 明确自身的水平 4. 分析企业自身与确定的标杆企业之间的差距并了解产生差距的原因 5. 确定并实施绩效改进方案	适用范围较广，不受企业性质和规模的限制，但要求企业战略目标明确	1. 标杆超越中的标杆不一定是最优标准，应以自身实际选择标杆 2. 标杆超越法注重不断比较和衡量

5.6.4　绩效差距分析与改进执行工具

绩效差距分析与改进计划表的标准样式见表 5—12。

表 5—12　　　　绩效差距分析与改进计划表

<table>
<tr><td>所在部门</td><td></td><td>考核时间</td><td></td></tr>
<tr><td>被考核人姓名</td><td></td><td>被考核人职位</td><td></td></tr>
<tr><td>直接上级姓名</td><td></td><td>直接上级职位</td><td></td></tr>
<tr><td colspan="4">待改进绩效描述（含业绩、行为表现和能力目标，请用数量、质量、时间、成本等具体标准进行描述）
1.
2.</td></tr>
<tr><td colspan="4">原因分析
1. 个人原因
2. 组织原因</td></tr>
<tr><td colspan="4">优秀绩效标准
1.
2.</td></tr>
<tr><td colspan="4">绩效改进计划/措施
直接上级：　　　　被考核人：　　　　____年____月____日</td></tr>
</table>

续表

改进计划/措施实施记录 直接上级：　　被考核人：　　____年____月____日
期末评价/目标达成情况 直接上级：　　被考核人：　　____年____月____日
绩效提高奖励 直接上级：　　被考核人：　　____年____月____日

期末签字：　　被考核人：　　直接上级：　　考核专员：

第 6 章

员工培训与潜能开发

员工培训与潜能开发指的是通过培训者精心策划的一整套活动方案，激发学员的学习热情，增强他们的觉悟，扩充他们的知识，提高他们的技能，总结他们的经验，改善他们的态度，开发他们的潜能，从而提高学员工作知识与能力的一种训练活动。

职业生涯规划管理的基本条件就是员工知识和技能的提高，各类岗位培训体系的建立、人员素质测评管理及各类人员潜能开发等是员工培训与潜能开发的关键业务，其中人力资源管理问题分析与解决实施难度较大，人力资源管理人员需在实践工作中给予重点关注。

员工培训与潜能开发的关键业务如图 6—1 所示。

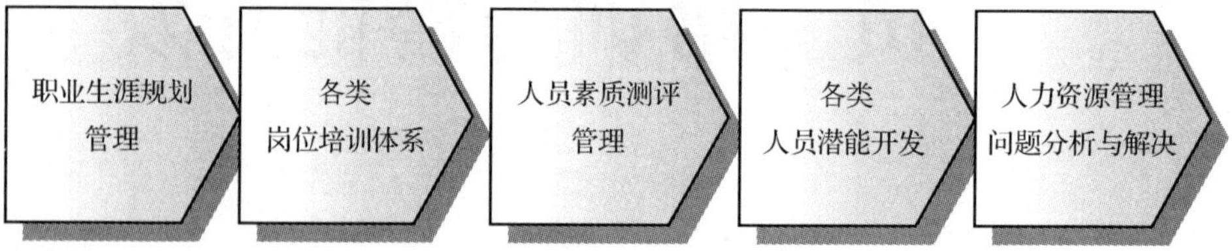

图 6—1　员工培训与潜能开发的关键业务

6.1　职业生涯规划管理

6.1.1　职业生涯规划范畴界定

职业生涯规划，是指组织和员工基于企业组织和员工个人两方面的需求共同制定的个人发展目标与发展道路的活动。职业生涯规划管理体系如图 6—2 所示。

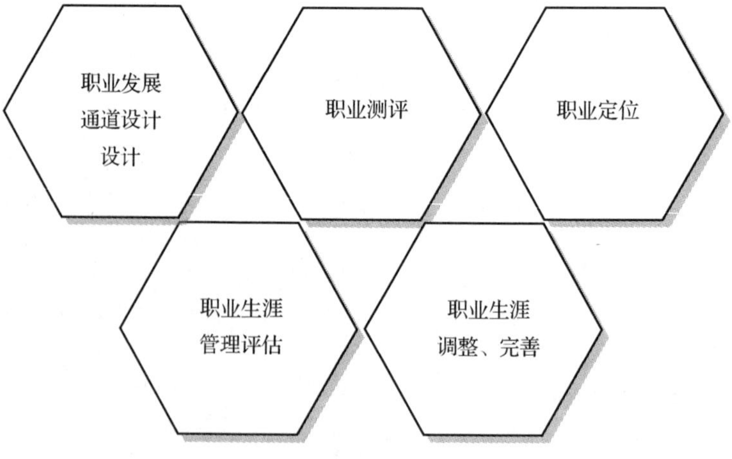

图 6—2　职业生涯规划管理体系

6.1.2　个人职业生涯规划程序

个人职业生涯规划程序如图 6—3 所示。

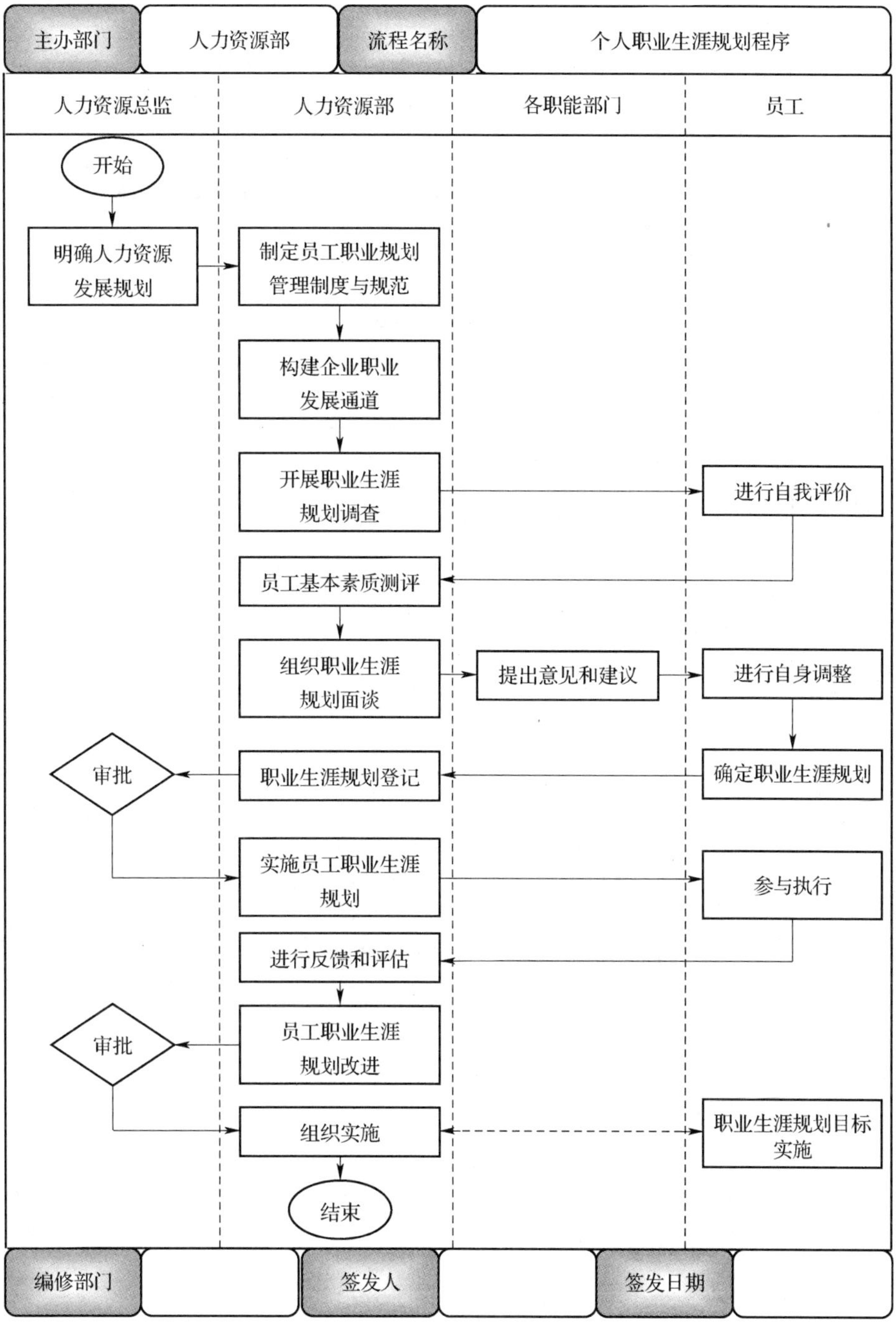

图 6—3　个人职业生涯规划程序

6.1.3 组织职业生涯规划程序

组织职业生涯规划程序如图 6—4 所示。

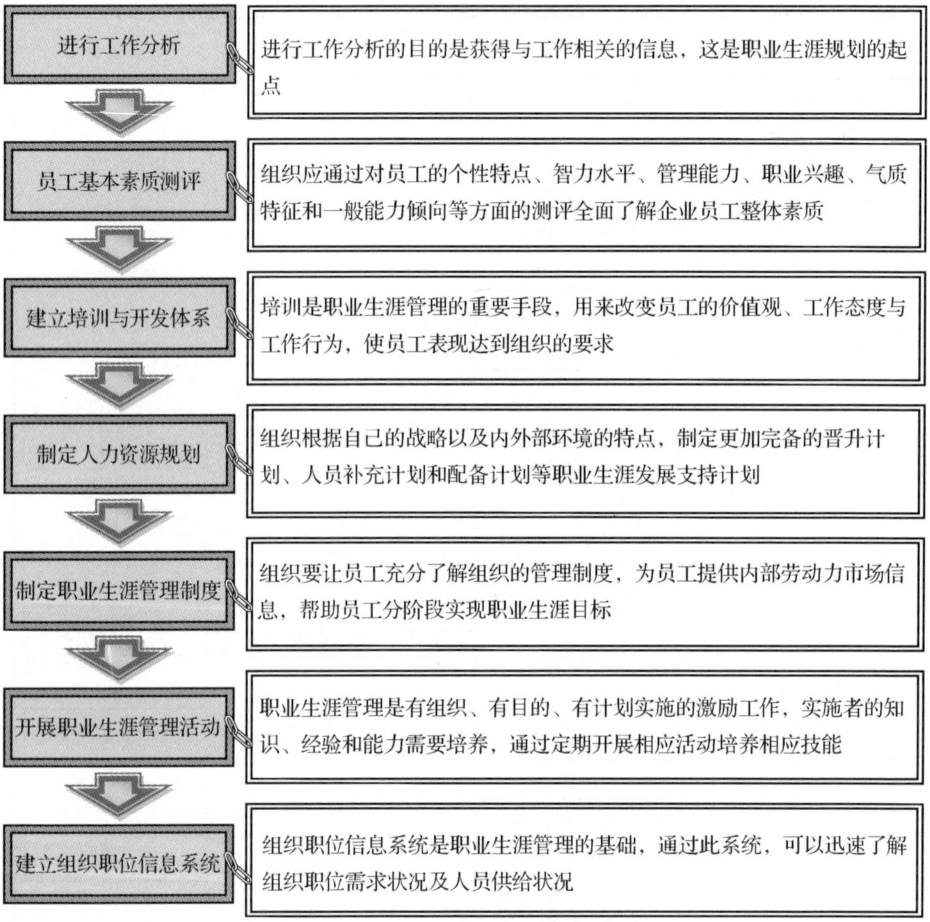

图 6—4　组织职业生涯规划程序

6.1.4 职业生涯规划方法选择

常用的绩效差距分析与改进方法有 2 种，包括 SWOT 分析法和五 what 法。各方法有其自身的特点、适用范围及操作步骤，见表 6—1。

表 6—1　　职业生涯规划方法

类别	特点	操作步骤	适用范围	注意事项
SWOT分析法	优点：SWOT 分析是一种功能强大的分析工具，是检查个人技能、能力、职业、喜好和职业机会的有用工具 缺点：主要通过个人评价实现，可能存在评价不客观的情况	1. 评估自己的长处和短处 2. 找出职业机会和威胁 3. 列出今后5年内职业目标 4. 列出今后5年内的职业行动	适用范围较广，员工与组织职业生涯规划均可适用，不受自身条件的约束	考虑到SWOT分析法强调个人的评价，应当讲求客观性，以事实为依据
五 what 法	优点：五 what 法是一种归零思考的模式，可以全面地对自己进行剖析 缺点：这种自我剖析形成的职业发展方向有可能与企业期望相背离	1. “我是谁”，将自己的优点和缺点列出来 2. “我想干什么”，对自己职业发展的心理趋向进行检查 3. “我能干什么”，对自己的能力和潜力全面总结 4. “环境支持或允许我干什么”，对企业所提供的资源进行分析 5. “自己最终的职业目标是什么”，明确自己的发展方向	适用于员工的职业生涯规划，不受员工自身条件的约束	使用此法时，应当更多地使用定量描述，避免定性描述含糊
内外匹配分析法	优点：运用这一方法往往取得较好的职业指导效果，且成功率高 缺点：过分地强调对个性特点的适应。这种过于机械的做法容易导致有些人难于找到适合自己“特点”的工作，而有些工作又找不到“合适”的人	1. 特性评价，包括被指导者的心理特性、职业能力测验、职业兴趣评价及人格测验等 2. 职业因素分析，包括各类职业内容、特点，提出对从业人员的具体要求 3. 个人特性与职业因素的匹配	适用于岗位职责明确、员工人格测验系统完善的企业	应当注意平衡个性特点与工作要求两者之间的关系，明确完全的匹配并不存在

6.1.5 职业生涯规划执行工具

下面是某企业职业生涯规划实施方案。

职业生涯规划实施方案

一、背景介绍

××技术工程有限公司成立于1999年10月12日，主营业务为工业电气自动化控制系统的研究开发、工程设计、设备供货及施工安装的总承包服务。

由于经营战略定位准确，××技术工程有限公司在最初发展的几年中取得了可观的成绩，市场范围不断扩大，经营业务持续发展，员工经常是超负荷工作，人力资源出现了供给不足的情况。

为了满足市场不断扩大的需求并为开拓国外市场奠定基础，公司实施了“人才工程建设”，在2005年中所招聘的技术人员就从2004年的45人增加到了68人，销售、生产部门的工作人员也增加了300多人，急剧扩张的人员规模并没有给企业带来良好的预期，由于人员管理不到位，员工的流失率加大，不仅没有提高工作效率和工作质量，反而导致工作效率的下降。

公司人力资源部经理凭借多年的工作经验意识到，尽管随着人员规模的扩张和公司业务的急剧扩充，会出现一些人员管理不到位的情况，但是，这种情况存在的时间却与人力资源部一系列的人员管理措施实行的有效性密切相关。为了改变这种情况，经理决定从职业生涯规划体系的建立入手，从根本上解决公司存在的问题。

二、问题诊断

（一）诊断因素

要构建公司的职业生涯规划体系需考虑两大因素。

1. 公司价值基础。

2. 个人价值追求。

（二）诊断的实施

1. 针对公司价值

针对公司价值基础，进行组织环境与管理现状诊断，以期发现公司价值追求和现实基础的差距。诊断时间为15天，诊断方法包括公司常规文件资料调研、关键人员访谈和问卷调查等。

通过调研发现公司具有以下4个基本特征。

（1）公司具有技术型和知识型特性

除了生产一线的工人以外，公司100%的员工具有本科及以上学历；技术人员在公司中占据主导和核心的地位，所有职能部门的管理人员也都来自技术骨干。由此看出，技术的权威在公司发挥着更为重要的作用和影响力。

（2）公司正处于业务成长期

业务成长期的特点表现为，公司业务和公司规模的急剧扩张。公司在2006年制定的经营目标是3亿元人民币，但是在年终时完成了4亿元的销售额，公司的固定客户由2006年的36家增加到了2007年的78家，这给公司的人力资源管理带来了挑战。

（3）人力资源管理体系的滞后性

由于公司在初创时期注重公司业务的拓展，而忽视了人力资源管理体系的建设，在人力资源体系中，又较多地考虑了薪酬和绩效的作用，却忽略了对人员可持续利用的深入探索。

（4）正处于整合时期的企业文化

整合时期的企业文化主要表现为下表所示的3个特征。

整合时期企业文化的表现特征

序号	内容
1	公司人员结构复杂，既有学历低的一线生产员工，也有从事研发设计的高端人才；既有工作经验丰富的高级技师，也有刚刚毕业的个性较强的大学生
2	没有形成主导的公司文化，在不同部门、不同生产单位，公司文化存在差异
3	公司项目地区跨越范围广，不少员工一年中在公司待的时间很短暂，缺少了解公司文化的时间和机会

2. 针对个人价值

针对个人价值追求，实施了职业发展调查与人才测评，以发现个人的价值追求和现实素质的差距。

实施人才测评和评价的目的在于全面、深入测量个人的能力状况、动力状况和个性倾向，准确探寻每位员工能力区域、愿望区域和适合区域，以达到“能做、想做及适合做”的高效统一模式。

（1）员工能力评价

员工能力水平普遍较高，具有很强的逻辑思维能力和解决问题的能力。但人际技能普遍偏弱，尤其是语言表达和沟通能力均表现不足。

（2）员工动力评价

员工对于自我成就期望和目标设置较低，缺乏积极进取的动力，更喜欢安稳，同时回避矛盾和挫折，缺乏积极决策的胆识和魄力。在组织层面的表现更多的是一种本位意识和任务导向，公司员工具有较强的服从愿望，而积极影响和控制他人的愿望普遍较低。

（3）员工个性评价

①有____%的员工性格偏向内向型，在组织活动中更多的是关注自己的内心活动，风格较为独立。

②有____%的员工性格偏向直觉型，有很好的系统性和完整性，关注变化，对于现实、具体问题关注不够，比较粗心。

③有____%的员工性格偏向理智型，注重通过理智的分析和逻辑推理解决问题，对待工作事务比较客观，但对于人际关系不敏感，较为忽略他人的情绪感受，刚性有余，柔性不足。

④有____%的员工性格偏向判断型，做事有很强的条理性和计划性，遵从规范和程序，但处理变化的能力稍弱，灵活性和适应性不足。

（4）员工职业性向评价

绝大部分员工喜欢技术操作型和研究型的工作和活动，缺乏社交和经营管理的兴趣，导致公司信息沟通不畅和对经营管理工作的忽略。

三、职业生涯规划的实施

针对诊断过程中发现的问题，提出了针对个人、团队和组织3个层面的职业生涯规划和开发的实施方案。

（一）个人层面

1. 帮助员工加强自我认知。客观审视自我，明晰自我发展的能力、动力和个性适合范围。

2. 开展职业生涯规划和开发的系列培训，培训内容包括自我认知与管理的技巧。

3. 明确员工在知识、技能、个性、动力等方面的差距，包括与现任岗位要求的差距、与企业发展战略和创新变革发展的差距、与自我价值实现要求的差距等。

4. 实施员工职业生涯规划管理。

（1）确定职业发展目标、发展重点和实施步骤。

（2）制定详细的年度工作目标和工作计划。

（3）制定月度职业生涯规划评审办法和选择生涯规划合作伙伴。

（4）拟订个人培训计划，员工根据个人培训计划向公司提出培训申请，公司根据培训体系的安排尽可能地给予满足。

5. 定期接受职业顾问咨询和辅导。

（二）团队层面

1. 实施内部团队管理

（1）确定员工在工作上的合作伙伴，组建互助小组。

（2）配合公司知识管理，确立公司内部技术方向的导师制度，以“师带徒”的方式进行人才培养。

2. 确定内部讲师制度

提高关键员工的人际技能和沟通技能，适时在关键员工中培养内部讲师，促进公司专业团队的建设。

3. 加强小组研讨活动

以专业和项目为单位定期或不定期组织讨论活动，在解决问题过程中加强不同风格人员的磨合和高效团队的培养。

4. 修订现有培训管理规定，兼顾组织和个人发展需要，拟订统一的有时效性的培训计划。

（三）组织层面

1. 成立职业生涯规划领导小组，领导小组的成员包括外聘专业规划单位、公司高层管理者和人力资源主管等。领导小组指导全公司的职业生涯规划，提供职业生涯规划的组织保证。

2. 构建公司内部的信息网络平台，制定统一的信息发布标准。

3. 建立公司“人才评价中心”，提供对个人和团队管理的资源支持和咨询辅导，并以“人才评价中心”为基础，建立和完善以提高内部员工满意度为目标的职业生涯规划服务体系。

6.2 各类岗位培训体系

6.2.1 各类岗位培训体系范畴界定

各类岗位培训体系指的是通过调查培训需求，编制培训计划，按照培训计划实施各岗位培训，并对培训过程和效果进行评估。岗位培训体系建设应与组织的经营管理过程相融合。

各类岗位培训体系构成如图 6—5 所示。

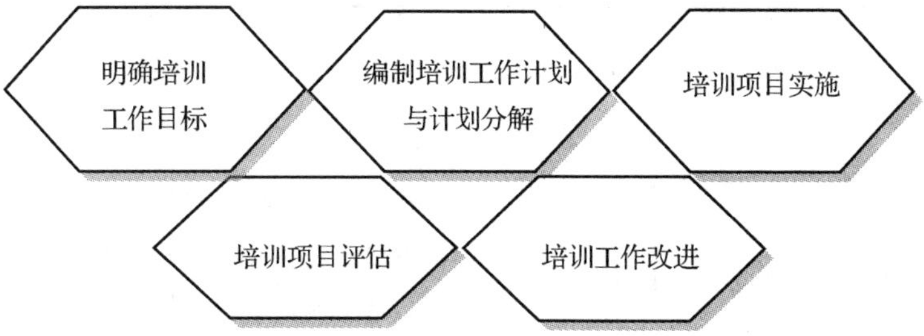

图 6—5　各类岗位培训体系构成

6.2.2　岗位培训体系设计程序

要做好岗位培训体系设计工作，应该分步骤进行，并且注意培训工作计划、工作计划分解，以及培训项目评估与改进方面的工作。

岗位培训体系设计程序如图 6—6 所示。

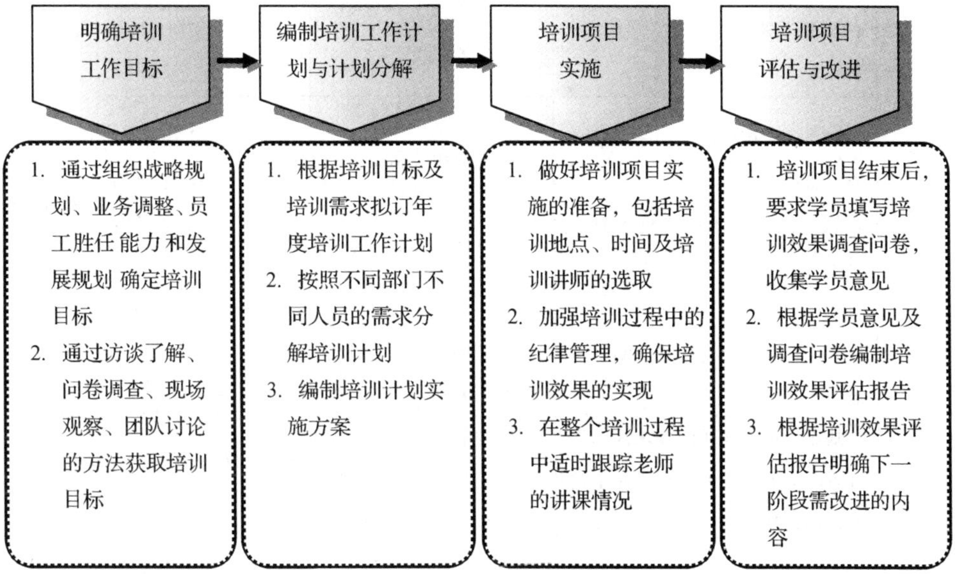

图 6—6　岗位培训体系设计程序

6.2.3　各类岗位培训方法选择

常用的各类岗位培训方法有 6 种，各方法有其自身的特点、适用范围及操作步骤，具体内容见表6—2。

表6—2　各类岗位培训方法

类别	特点	操作步骤	适用范围	注意事项
讲授法	优点：传授内容多，知识系统全面 缺点：学员难以完全消化吸收，单向传授不利于双方互动，培训方式较为枯燥单一，不能满足学员的个性需求	1. 根据需求选择讲授的方式，包括灌输式讲授、启发式讲授、画龙点睛式讲授 2. 教师按准备好的讲稿系统地向受训者传授知识	适用于知识类、事实、概念类培训	讲课教师是培训成败的关键，注意教师选取的标准
研讨法	优点：多项式信息交流，员工积极参与，有利于培养员工的综合能力 缺点：对研讨题目、内容准备的要求较高	1. 选择研讨方式，包括以教师或受训者为中心的研讨，以任务或过程为取向的研讨 2. 在教师的指导下，员工围绕某个或几个主题进行交流，相互启发	适用于知识类、事实、概念类培训，可针对不同的培训目的	注意选取的研讨的题目应具代表性、启发性，难度适当
工作指导法	优点：应用广泛，用于基层人员、管理人员 缺点：没有详细完整的教学计划	1. 选取相关岗位富有经验的员工 2. 对培训人员进行工作指导	适用于以掌握技能为目的的实践培训	注意把握培训中的关键环节
头脑风暴法	优点：员工参与性强，集中智慧，相互启发 缺点：对培训顾问要求高，受训者的水平直接关系到研究主题能否得到解决	1. 准备好主题，并对参与人员进行事前培训 2. 控制时间，在规定时间内培训人员自由发表意见 3. 对讨论结果进行论证	适用于综合性能力提高的参与式培训	注意主题选择恰当，不能过于简单，也不能太难
角色扮演法	优点：模拟场景降低了培训的实际效果 缺点：模拟场景不代表现实工作环境的多变性，问题分析仅限于个人，不具有普遍性	1. 准备阶段，培训讲师分配角色 2. 角色扮演阶段，模拟人员按照要求完成任务 3. 培训讲师对模拟人员进行评分并点评	适用于行为调整和心理训练	注意要根据培训对象确定培训内容，进而选取培训场景

续表

类别	特点	操作步骤	适用范围	注意事项
网上培训法	优点：节省培训费用，可及时、低成本地更新培训内容 缺点：需要大量资金，某些内容不适用于网上培训	1. 完善企业内部人力资源开发领域的现代网络技术 2. 按照需求及网上培训的特点选择合适的网上培训课程 3. 给参与培训人员分配账号 4. 规定时间内参训人员学完课程内容并接受评估	网络系统成熟的企业	注意正确选择培训课程

6.2.4　各类岗位培训执行工具

各类岗位培训执行工具涉及较多，按照岗位培训体系划分，常用表格主要有以下几项。

1. 培训需求调查问卷

为了更好地提升员工技能，近期将对部分岗位开展培训，请您结合实际填写此调查问卷，谢谢合作！

一、基本情况					
姓名		性别		年龄	
部门		职务		入职时间	
教育背景（最高）	时间	学校名称		专业	学历
培训经历	培训时间	培训机构		培训内容	所获证书
二、对以往培训的感知（可复选）					
1. 以往培训形式	□课堂讲授式	□小组讨论式	□角色扮演式	□游戏训练	□案例分析
2. 以往参加的培训	□自己要求	□领导指派	□企业要求	□自费学习	
3. 是否做过受训需求调查	□是	□否	□偶尔		
4. 培训后技能、绩效提升	□明显提升	□稍有提升	□基本无效	□不了解	
5. 受训结果是否与个人绩效关联过	□是	□否			
6. 目前工作中遇到的困难					
7. 职业生涯规划					

三、你对哪种培训方式感兴趣						
内部培训	□课堂讲授	□小组讨论	□案例分析	□角色扮演	□会议	□其他
外部培训	□去同行单位交流	□院校合作	□全脱产	□其他		

四、对未来培训的建议和想法（请在方框内填写数字1～7以表示您的选择顺序）				
1. 您最喜欢、最有效、最理想的培训方式排序是	□课堂讲授 □户外拓展训练	□小组讨论式 □案例分析	□角色扮演式 □游戏训练	□头脑风暴法
2. 最能接受的培训时间排序是	□上班时间	□休息日	□下班后	□无所谓
3. 最想要接受的培训课题排序为	□专业技术知识	□沟通技巧	□销售技巧	□管理技能
4. 合适的培训频率是	□每月一次	□每两月一次	□每季度一次	□每半年一次
5. 请列明以上未提及，但您目前急需的其他培训项目、知识、技能等				

2. 培训项目计划表（见表6—3）

表6—3　　培训项目计划表

培训名称		年度班次		主办部门		培训讲师	
培训目的		培训性质		培训方式		预算费用	
培训对象		培训人数		培训时间		培训地点	
培训科目	科目名称	授课时数	讲师名称	教材来源	教材大纲	器材准备	备注
培训进度	周次	主要培训内容					备注
	第一周						
	第二周						
	第三周						

3. 培训效果反馈表（见表6—4）

表6—4　　培训效果反馈表

培训名称			培训内容				
培训讲师			培训时间				
员工姓名			部门及职位				
评估项目			评估得分（满分100分）				
			非常好（5）	很好（4）	好（3）	一般（2）	差（1）
培训内容	难度适中、易于理解						
	切合实际、便于应用						
	能提高客户服务技巧						
	有助于提高工作沟通能力						
	有助于应对特殊问题						
	有助于纠正不良工作习惯						
	有助于提高工作规范						
	有助于把握客户需求						

<table>
<tr><td colspan="2" rowspan="2">评估项目</td><td colspan="5">评估得分（满分100分）</td></tr>
<tr><td>非常好（5）</td><td>很好（4）</td><td>好（3）</td><td>一般（2）</td><td>差（1）</td></tr>
<tr><td rowspan="5">培训讲师</td><td>教学方法得当</td><td></td><td></td><td></td><td></td><td></td></tr>
<tr><td>课堂现场气氛良好</td><td></td><td></td><td></td><td></td><td></td></tr>
<tr><td>内容讲授清晰、有条理</td><td></td><td></td><td></td><td></td><td></td></tr>
<tr><td>能够与培训学员进行互动</td><td></td><td></td><td></td><td></td><td></td></tr>
<tr><td>讲解语言准确、易懂</td><td></td><td></td><td></td><td></td><td></td></tr>
<tr><td rowspan="5">培训组织</td><td>培训时间安排得当</td><td></td><td></td><td></td><td></td><td></td></tr>
<tr><td>培训课程安排合理</td><td></td><td></td><td></td><td></td><td></td></tr>
<tr><td>培训设备运行良好</td><td></td><td></td><td></td><td></td><td></td></tr>
<tr><td>培训资料齐全</td><td></td><td></td><td></td><td></td><td></td></tr>
<tr><td>培训场所安全、舒适</td><td></td><td></td><td></td><td></td><td></td></tr>
<tr><td rowspan="2">培训形式</td><td>培训形式与工作需要相符合</td><td></td><td></td><td></td><td></td><td></td></tr>
<tr><td>培训形式新颖</td><td></td><td></td><td></td><td></td><td></td></tr>
<tr><td colspan="2">培训对本人工作的帮助</td><td colspan="5"></td></tr>
<tr><td colspan="2">对此次培训工作的整体评价</td><td colspan="5"></td></tr>
<tr><td colspan="2">对下次培训工作的建议</td><td colspan="5"></td></tr>
<tr><td colspan="2">还希望公司组织哪些培训</td><td colspan="5"></td></tr>
</table>

6.2.5　各类岗位培训风险控制

企业可以通过制定岗位培训实施细则达到完善岗位培训体系的目的，以避免风险发生，减少企业损失。

<table>
<tr><td rowspan="2">制度名称</td><td colspan="3" rowspan="2">培训管理实施细则</td><td>受控状态</td><td></td></tr>
<tr><td>编　　号</td><td></td></tr>
<tr><td>执行部门</td><td></td><td>监督部门</td><td></td><td>编修部门</td><td></td></tr>
<tr><td colspan="6">第1章　总则
第1条　目的
为了规范培训管理实施工作，提高培训部人力资源的工作效率，建立完善的培训管理体系，特制定本细则。
第2条　适用范围</td></tr>
</table>

本细则适用于公司范围内所有培训的管理实施工作。

第2章 培训方式选择

第3条 培训形式

1. 内部培训

由公司自己组织，由企业内部讲师或外聘讲师进行培训。

2. 外部培训

由外部服务机构组织，公司派遣员工进行培训，分为全脱产、半脱产和在职培训3种。

第4条 培训部应根据培训类别选择培训方式与内容。培训类别包括新员工培训、岗位技能培训和转岗培训等，具体见下表。

公司培训分类表

培训类别	培训对象	培训目的	培训内容	培训方式
新员工培训	新员工	帮助新员工尽快了解和熟悉公司，尽快融入公司环境、进入角色	1. 公司概况、企业文化、组织结构、管理层人员 2. 公司发展战略、方针 3. 公司各项规章制度 4. 岗位业务知识与技巧	授课 参观 操作指导
岗位技能培训	在职员工	增强员工技能，提高工作质量和效率，减少工作失误	1. 岗位技能 2. 相关知识技能拓展	授课 操作指导
转岗培训	岗位调动人员	为工作轮换、横向调整和晋升作准备	1. 新岗位基本情况 2. 新岗位技能培训	操作指导
部门内部培训	部门内部员工	为了满足实际工作要求，对员工进行小规模、灵活实用的培训	部门内各项工作、流程培训	操作指导
继续教育培训	专业技术工作人员	提高专业技能，提高公司整体技术水平	公司外部专业培训机构的专业技术技能培训	授课 操作指导
员工自我培训	员工自身	提高自身素质和业务能力	员工自身相关知识、技能	自我培训

第3章 培训实施准备

第5条 培训项目设计

1. 培训部应根据年度培训计划做好培训项目计划，与参训部门沟通，设计出具体培训项目和课程，填写“培训项目计划表”。

2. 当需要增加计划外培训项目时，由各部门提前3周向培训部提出培训申请，填写“培训申请表”，由培训部进行审批。

第6条　培训讲师选择

1. 培训讲师应聘用了解公司发展战略、热爱公司、认同公司文化的优秀员工担任，部分内部培训讲师由公司各级管理者和业务骨干构成，各级管理者负有培训员工的业务和责任。

2. 培训需外聘培训师的，报请人力资源部总监批准后，由培训部组织有关部门进行考察，权衡培训师的理论知识和实际能力水平，依据培训课程的不同类型和要求联系培训讲师。

第7条　培训教材来源

培训教材包括内部教材和外部教材，教材的形式可以是书面文字、电子文档、录音、录像等，教材由培训部统一管理。

1. 内部培训教材的获取

(1) 工作过程中的经验分享与教训总结。

(2) 公司重大事件案例。

(3) 培训师组织开发培训教材。

(4) 培训部组织开发培训教材。

2. 外部培训教材的引入

(1) 公司聘请外部培训机构进行培训时，外部培训机构提供的教材由培训部统一归档管理。

(2) 公司员工参加外派公开课程的，应在培训结束一周内将教材的原件或复印件交到培训部存档。

第8条　培训时间与场地确定

培训部与参训部门沟通确定培训日期、具体时间及课程时长，根据培训项目的形式、方法、对象、人数、时长、预算等选择培训场地。

第9条　发布培训通知

培训部应提前一周列出培训人员名单并及时发出培训通知。

第10条　布置培训场地

培训部在培训前一天应布置好培训场地及培训设备，打印各类表单，并再次提醒培训讲师及所有参训人员培训时间。

第4章　培训实施监督

第11条　培训纪律管理

培训部应协助培训讲师管理课堂考勤，整顿课堂纪律。

第12条　培训进程监控

培训部根据培训计划督导培训讲师授课进程，作好培训记录，保证培训工作顺利进行。

第13条　培训经费控制

1. 培训经费要做到专款专用。

2. 培训费用的报销范围包括学费、报名费、资料费等。

3. 为了便于管理，培训所发生的交通、餐饮费用在各部门预算费用中列支，按公司标准报销。

第5章　培训考核与评估

第14条　培训结束后，人力资源部应组织人员对培训讲师、培训课程、培训组织和培训效果进行评估，采取的方式可以是观察法、测试法、问卷调查与成本收益分析法等。

第15条　培训效果评估与考核的内容包括以下几点。

1. 培训课堂考核（纪律和态度考核）。

2. 培训考试、总结、工作笔记、案例分析。

3. 现场操作。

4. 日常工作应用（有记录或成果）。

5. 工作改善计划或方案。

6. 分享、授课或主持研讨会。

7. 工作业绩考核。

第6章 附则

第16条 本细则由公司人力资源部负责制定，修改亦同。

第17条 本细则自公布之日起执行。

编制日期		审核日期		批准日期	
修改标记		修改处数		修改日期	

6.3 人员素质测评管理

6.3.1 人员素质测评项目范畴

人员素质测评指的是测评主体采用科学方法收集被测评者在主要活动领域的表征信息，针对某一素质测评目标作出量值或价值判断的过程，或者推断被测者某些素质特性的过程。人员素质测评项目一般包括能力因素、动力因素及个人风格因素等。

人员素质测评项目体系如图6—7所示。

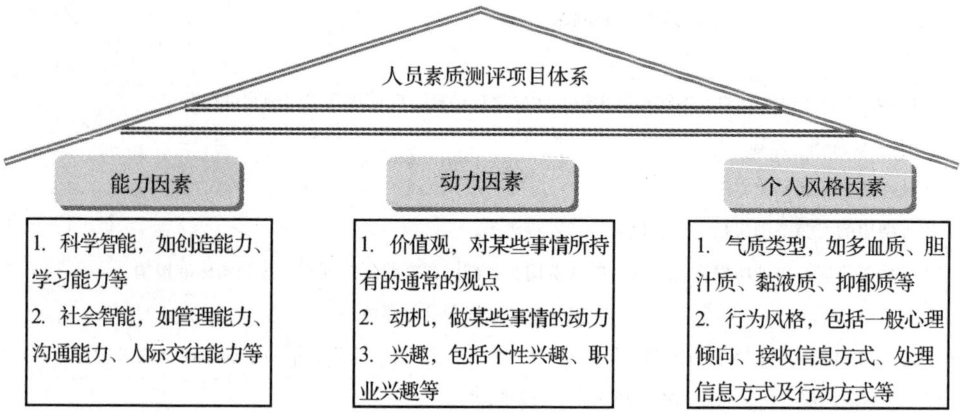

图6—7 人员素质测评项目体系

6.3.2　人员素质测评实施程序

人员素质测评实施程序如图6—8所示。

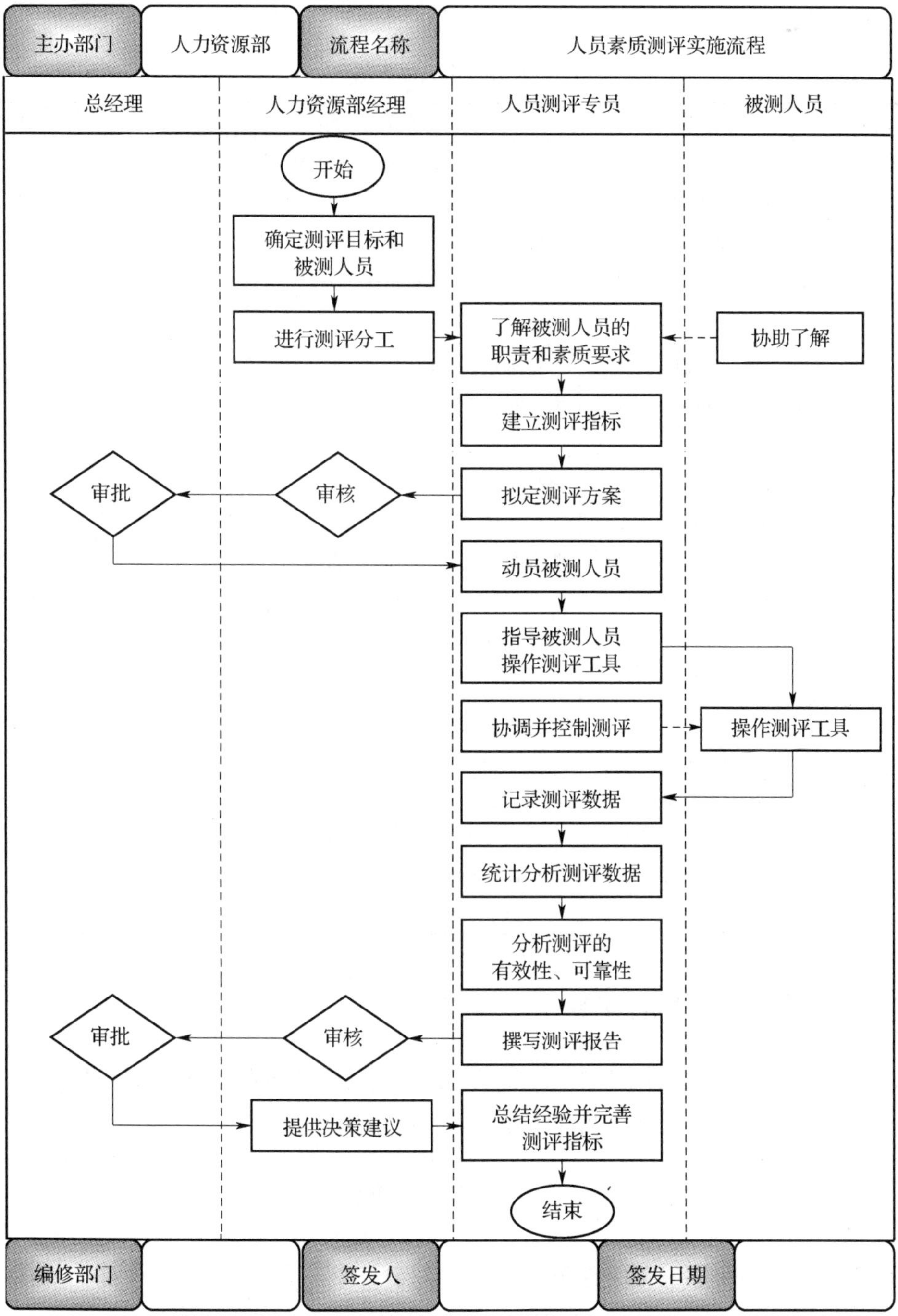

图6—8　人员素质测评实施程序

6.3.3 人员素质测评方法选择

常用的人员素质测评方法有3种，各方法有其自身的特点、适用范围及操作步骤，具体内容见表6—5。

表6—5　　人员素质测评方法

类别	特点	操作步骤	适用范围	注意事项
心理测验	优点：成本较低，可供选择试题范围较广 缺点：单靠一份心理测验试卷很难全面了解被测人员	1. 按照测验目的及内容，编制心理测验试题 2. 实施测验，告知被测验人时间限制，让其在放松状态下回答问题	适用于教育评估、职业发展及人才招聘选拔	心理测验试题的编制应做到难度适中
面试法	优点：面对面的直接交流，更容易通过被测人员的言语和肢体语言挖掘潜在的特质 缺点：时间成本比较大，面试中被测人员可能因紧张不能正确表现自己	1. 面试官提前按照面试目的和内容准备好面试题目 2. 面试过程中，应当积极引导被测人员详细、准确描述自己 3. 面试结束后，应当表示对被测人员的尊重，说一些积极的话语	适用于绩效面谈、人才招聘选拔中	考虑到面试官的主观性，应结合其他测评方法一起使用
评价中心	优点：评价中心具有综合性、灵活性、标准化、效度高的优点 缺点：由于评价中心的综合性、复杂性、费时性，评价中心的费用相对于其他测验来讲要明显高些	1. 确定评价中心要测评的素质 2. 分析企业可用资源 3. 设计或选择测评方法的组合 4. 培训并协调测评项目相关人员 5. 制定详细的测评日程表 6. 制定详细的实施方法 7. 监督并评估执行过程	适用于管理岗位的人员选拔和晋升、管理潜能的前期鉴定、确定培训计划、职业发展规划等	评价中心要求实施人员具有很高的专业素质，因此使用该测评方法一定要注意前期的培训

6.3.4 人员素质测评执行工具

人员素质测评常用的工具是测评问卷，一份完整的测评问卷应当由指导语、测评试题及评分标准构成。下面以沟通能力测评问卷为例进行介绍。

沟通能力测评问卷

一、指导语

本次测试包含30道测试题。请仔细阅读，若与自己相符，则选“是”，否则选“否”。

二、测评试题

公司针对沟通能力的测评试题见下表。

沟通能力测评试题设计

项次	题目	判断	
1	我在与人谈话时喜欢掌握话题的主动权	□是	□否
2	当我和别人谈话时，自己的注意力一向集中		
3	我认为自己的电话沟通能力很强		
4	在交谈中，我会等别人说完之后，再对他说的内容做出反应		
5	在交谈中，让我从他人的观点中获得新信息并不困难		
6	我讲话时特别注意察言观色，对不同的人采取不同的说话方式		
7	即使认为别人不会理解我，我也会表达自己的真实感受		
8	我会很认真地听别人说话		
9	当我说话的时候，经常以我为中心		
10	当别人在说话的时候，我总是在试着弄清楚他的意思		
11	别人问我一些复杂的事时，我会很乐意跟他多谈		
12	在交谈中，即使我不同意对方的观点，也不轻易打断对方的谈话		
13	在交谈中，我总是用自己喜欢的方式说话		
14	在交谈中，我会试着把自己放在别人的位置上		
15	当自己生别人气的时候，我依然能够很清楚地思考		
16	对我来说，向别人表达自己的看法很容易		
17	当他人和我的观点不一致时，我要表达自己的想法并不困难		
18	在与别人沟通强调我的观点时，我经常使用比较委婉的说法		
19	与一大群人或朋友在一起时，我很少感到孤寂或失落		
20	在交谈中，我会找到自己和他人都感兴趣的话题		
21	在听他人讲话时，如果非插话不可，我总是在向对方表示抱歉并征得对方同意后再讲		
22	当我知道某些话会伤害别人时，我会克制着自己不说		
23	让我和其他人交谈一点也不困难		
24	其他人能理解我的感受		
25	我对自己调停与别人的分歧的方式很满意		
26	人们经常听我讲话		
27	当某人反对我时，我绝不会心烦		
28	当自己和他人之间发生问题时，我会和对方心平气和地讨论		
29	当有人干扰我时，我不会长时间生气		
30	当要说重要事情的时候，我能够完全表达自己的意思		

三、评价标准

选择“是”得2分，选择“否”得1分，分数相加即得出总分数。

1. 总分数在50分以上，说明被测人员很善于沟通，喜欢与别人交流并能够倾听别人，善于有效地收集反馈信息，能用不同的交流方式保证信息传递且引人注意。

2. 总分数在30～49分之间，说明被测人员有一定的沟通能力。

3. 总分数在30分以下，说明被测人员的沟通能力比较差，在必要的场合，可能会错失交流的机会，并且在沟通时不能有效传递和接受信息。

6.3.5 人员素质测评风险控制

企业可以通过制定人员素质测评制度来提高员工素质，以避免风险发生、减少企业损失。

制度名称	人员素质测评制度			受控状态	
				编　　号	
执行部门		监督部门		编修部门	

第1章　总则

第1条　目的

为合理、优化配置人力资源，顺利开展人才培养与开发工作，提高员工的素质和技能，加强本公司的人力资源竞争力，特制定本制度。

第2条　适用范围

本制度适用于公司各类人员的素质测评工作。

第2章　人员素质测评规划

第3条　确定测评重点

测评的目的不同，测评的重点也不相同，测评人员应当以测评目的和测评对象的特点为依据确定测评的重点。一般情况下，可以根据以下三项原则选择测评重点。

1. 考核性测评的内容一般范围越广越好。

2. 诊断性测评的内容一般要求精细和具有针对性。

3. 区分性测评则要求选择那些开放型的问题作为测评内容。

第4条　确定测评内容

1. 测评人员应当分析测评对象的结构，找出所有值得测评的因素。人员素质测评的主要内容包括能力、动力及个人风格三个方面。

2. 根据测评目的与岗位要求筛选测评内容。

3. 借助内容分析表进行内容分析。内容分析表的纵向列出被测对象的结构因素，横向列出每个结构因素的不同层次或不同层面，在表的主体部分具体列出测评点。

第5条　确定测评目标和指标

1. 确定测评内容后，测评人员需依据测评内容和工作岗位的要求将其进一步细化为测评目标。

2. 测评目标确定后，测评人员应将测评目标细化为测评指标，具体测评指标的构成如下。

测评指标＝测评要素＋测评标志＋测评标度

3. 测评要素为测评受测者的基本单位，测评标志为揭示测评要素的关键可辨特征，测评标度为测评要素或要素标志的程度差异与状态的顺序和刻度。

第 6 条　确定测评要素

测评要素反映受测者各个方面的素质内容，因岗而异。确定测评要素的方法见下表，测评人员可根据实际情况选择一种或多种测评要素。

测评要素确定方法一览表

序号	方法	具体说明
1	工作分析法	测评人员采用科学的方法收集工作信息，并通过分析与综合找出主要工作因素，即从对不同个人职业生涯与职业活动的调查入手，顺次分析员工、职务、职位、职责、任务与要素，并由此确定工作性质与任职条件
2	个案研究法	长时间里对某个体、群体或组织进行调查研究，并从典型个案中推导出普遍规律
3	专题访谈法	专题访谈主要围绕下述三个问题展开 （1）你认为具备什么条件的人最适合担任××岗位 （2）××岗位的主要特点是什么 （3）××岗位工作成效检验的主要指标是什么
4	问卷调查法	设计者根据需要把要调查的内容设计在一张调查表上，写好填表说明和要求，分发给有关人员填写，收集和征求不同人员的意见

第 7 条　测评标志

测评标志分为评语短句式、设问提示式、方向指示式三种，测评人员应根据具体需要选取。

1. 评语短句式是指针对所考评的要素，做出优劣、好坏、是非、大小、高低等来判断与评论的句子。

2. 设问提示式是以问题形式提示测评者把握测评要素的特征。

3. 方向指示式只规定了从哪些方面去测评，未具体规定测评标志与标度，让测评主体自己把握。

第 8 条　确定考评标度

考评标度的形式包括量词式标度、等级式标度、数量式标度，测评人员需根据实际需要选择。

第 3 章　测评实施控制

第 9 条　确定标准化指示语

指示语是在测评过程中说明测评进行方式及如何回答问题的指导性语言，一般情况下对被测评者的指示语应包括以下内容。

1. 如何选择反应方式（如画圈、打钩、填数字、口答、书写等）。

2. 如何记录这些反应（如答卷纸、录音、录像等）。

3. 时间限制。

4. 如果不能确定正确反应时该如何去做（是否允许猜测等），计分方法是怎样的。

5. 当题目形式比较生疏时，应该给出附有正确答案的例题。

6. 某些情况下告知被测评者测验目的。

第 10 条　确定恰当的测评时限

因为多数测评要考察被测评者在规定时间内解决有较大难度题目的能力，所以应确定合适的测评时间。

第 11 条　创造适宜的测评环境

测评场所必须具有良好的环境，包括安静宽敞的地点、适当的光照和通风条件、适宜的温度和湿度等。

第 12 条　选派经验丰富的主试人

主试人是控制测评进度的主要人员，主试人的经验和知识对测评结果影响很大。

第 4 章　测评结果分析和运用

第 13 条　测评结果分析

测评人员应从满足本公司需求的角度把握信息价值、整合评估结果，分析被测评者的个体特性、人岗匹配程度等。测评数据结果需要从以下三个角度进行解读。

1. 分析、明确测验分数背后的含义。
2. 对不同测验分数进行整合。
3. 对不同评估方法所得的结果进行整合。

第 14 条　测评结果运用

人员测评的结果运用包括但不限于以下四种情况。

1. 人力资源补充计划与甄选。
2. 人员分类、安置和选拔。
3. 团队分析与建设。
4. 培训需求分析、员工发展评估和职业生涯规划。

第 5 章　附则

第 15 条　本制度由公司人力资源部负责制定，修改亦同。

第 16 条　本制度自公布之日起执行。

编制日期		审核日期		批准日期	
修改标记		修改处数		修改日期	

6.4　各类人员潜能开发

6.4.1　各类人员潜能范畴界定

潜能指的是潜藏在体内的一种能力或能量。根据麦克莱兰（McClelland）的冰山素质模型，各类人员的潜能是冰山水平面以下部分，包括价值观、态度、自我认知、品质及动机等潜在内容。

各类人员的潜能体系由创造潜能、个人潜能、社会潜能和精神潜能等构成。各类人员潜能构成体系如图 6—9 所示。

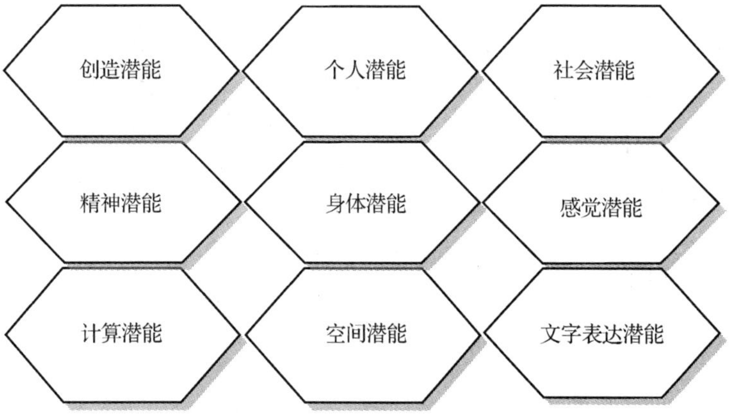

图 6—9　各类人员潜能构成体系

6.4.2　各类人员潜能开发程序

各类人员潜能开发程序如图 6—10 所示。

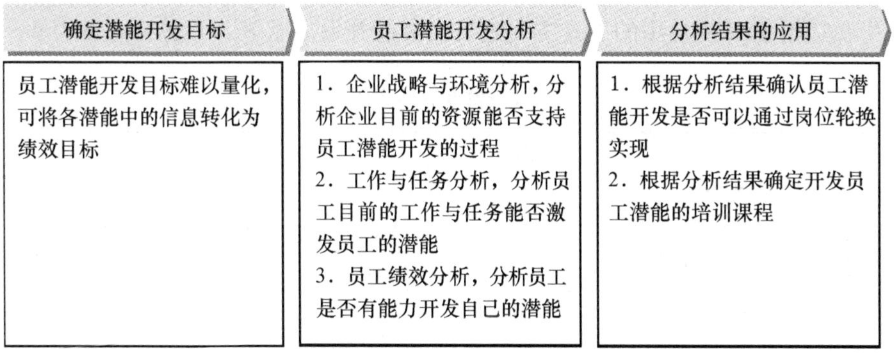

图 6—10　各类人员潜能开发程序

6.4.3　各类人员潜能开发方法

常用的潜能开发方法有两种，各方法有其自身的特点、适用范围及操作步骤，具体内容见表 6—6。

表 6—6　　**各类人员潜能开发方法**

类别	特点	操作步骤	适用范围	注意事项
潜能开发培训法	优点：具有针对性，并且可以充分利用企业现有资源	1. 明确潜能开发的目标 2. 拟订潜能开发培训计划	适用于培训体系完善的企业	培训形式的选择影响潜能开发的效果，注意掌握选择培训形式的标准

续表

类别	特点	操作步骤	适用范围	注意事项
潜能开发培训法	缺点：对企业自身培训体系要求较高	3. 选择培训形式，如头脑风暴或者拓展训练法 4. 实施培训计划		
自我意识法	优点：成本低，可以充分调动员工本人的积极性 缺点：缺乏正确实施的标准，可能无法实现监督	1. 员工本人应当树立信心，摆正心态 2. 在工作中经常给予自己正面的暗示 3. 以成功事件为基础，强化自己有更高潜能开发能力的意识	适用于企业中具有极高自信心的员工	注意员工上级应当适时与员工本人谈话，增加其潜能开发的自信

6.4.4 各类人员潜能开发工具

企业中员工潜能开发常用的工具主要是员工潜能开发需求表，具体格式见表6—7。

表6—7 员工潜能开发需求表

姓名		所在部门		岗位名称	
所承担的工作	工作内容				
	自我评价	□完全胜任　□胜任　□不能胜任			
	上级评价	□完全胜任　□胜任　□不能胜任			
	上级评价依据				
员工对工作的希望和想法			工作希望和想法的实施情况		
达到目标所需的知识和技能			需要掌握但目前尚欠缺的知识和技能		
所需培训的课程名称			通过培训掌握的知识和技能		
已培训的课程名称			对培训实施效果的意见		
需要公司提供的非培训方面的支持			上级意见及依据		
备注					

6.5　人力资源管理问题分析与解决

6.5.1　人力资源管理问题范畴界定

人力资源管理问题指的是企业人力资源管理各个环节在准备、计划、运行、实施、改进等过程中出现的各种问题。人力资源管理各阶段存在的问题，会产生企业关键人员流失、企业经营受挫、企业形象受损等风险。

人力资源管理问题包括人力资源管理方针政策问题、人力资源组织问题、招聘与录用问题、人力资源考核问题、培训与开发问题、薪酬体系建立问题等。

人力资源管理问题体系如图 6—11 所示。

图 6—11　人力资源管理问题体系

6.5.2　HRM 问题分析与解决方法

常用 HRM 问题分析与解决方法有以下几种，各个方法有其优缺点、操作步骤及适用范围，具体见表 6—8 和表 6—9。

表 6—8　HRM 问题分析方法

类别	特点	操作步骤	适用范围	注意事项
鱼骨图分析法	优点：该方法具有系统性，以图表形式展现更加直观 缺点：要求企业培训与开发体系较为成熟，否则在分析过程中可能出现主次问题难以辨别的情况，最终导致鱼骨图混乱	1. 首先确定要分析的问题 2. 找出问题发生的大的原因，如培训制度建设问题、培训需求分析问题等 3. 找出造成大问题的小问题，如造成培训需求分析不准确的原因可能是培训需求调查问卷设置不合理 4. 逐步过滤，圈出主要问题 5. 对主要问题进行再分析 6. 依据提出的问题拟订改善计划，直至取得成果	适用于培训与开发流程完善且明确的企业	该方法的分析人员应当对企业培训与开发流程非常熟悉
是—非矩阵法	优点：该方法通过分离事情的影响因素来缩小调查范围，减少了非影响因素，有利于找到真正的问题 缺点：主要是定性描述，缺乏定量标准	1. 清楚地描述问题，使大家明白问题是什么 2. 确定发生了什么情况，并填入"是"那一列 3. 确定可能发生而没有发生的情况，并按照对象、地点、时间、范围和相关人员等顺序逐一填写 4. 对"是"和"非"两列内容进行对比，找出两者不同或异常的地方 5. 对每个区别进行分析，探寻这个区别能否引发问题 6. 确定最有可能的问题，从其入手寻找解决问题的方案	适用于从众多问题中找出真正问题的情况	从多种角度摄取信息，避免分析的片面性

表 6—9　HRM 问题解决方法

类别	特点	操作步骤	适用范围	注意事项
业务流程再造法	优点：具有根本性、彻底性 缺点：需要较大的人力、物力和财力，成本很高	1. 营造环境，获取领导支持，编制改造计划 2. 流程分析、诊断和重新设计 3. 人力资源组织的重新设计 4. 试点与检验阶段，选定需要重新设计的流程并监督实施再造，最后对再造情况进行检验	适用于管理比较开放、资源比较集中的企业	改造的是人力资源管理工作流程，不是组织结构

续表

类别	特点	操作步骤	适用范围	注意事项
业务流程再造法		5. 实现愿景，通过流程再造，使人力资源管理问题得以解决		
PDCA（P，Plan，计划；D，Do，执行；C，Check，检查；A，Act，行动和改进）循环法	优点：具有持续改进的指导意义 缺点：不能一次解决问题，需要周而复始进行	1. 分析现状，找出需要改进的地方和有关的影响因素 2. 针对主要原因拟订改进计划 3. 执行、实施计划 4. 检查计划的执行效果 5. 总结成功经验，制定相应的标准，修改工作规程及其他有关规章制度 6. 在下一个PDCA循环中解决未解决的问题或新出现的问题	适用于对培训与开发的经常性改进中	PDCA循环法的四个阶段缺一不可，先后次序不可颠倒，并紧密衔接、连为一体

6.5.3 HRM问题分析与解决工具

1. 与HRM问题分析常用方法配套的执行工具，包括鱼骨图分析诊断模型及是—非矩阵模型，具体格式如下所示。

（1）因果分析的鱼骨图诊断模型（见图6—12）

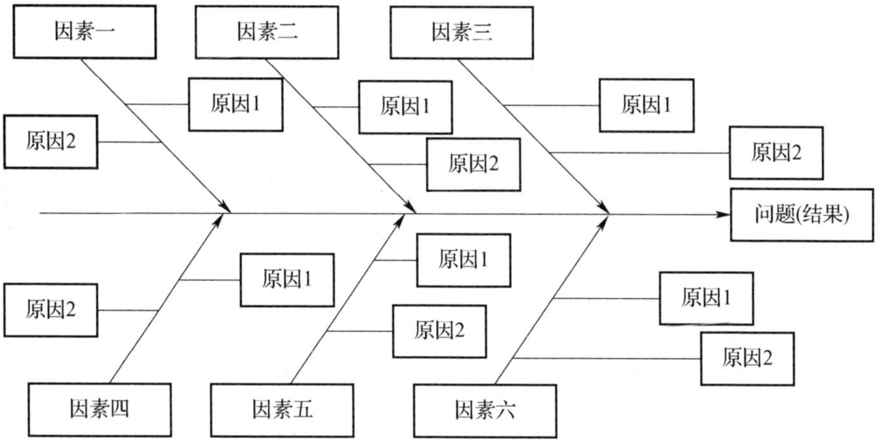

图6—12 因果分析的鱼骨图诊断模型

（2）5W2H鱼骨图分析诊断模型（见图6—13）。

（3）是—非矩阵诊断模型（见表6—10）

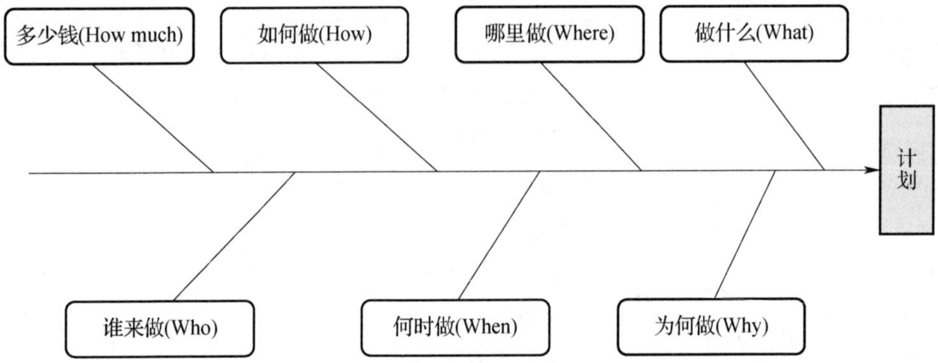

图 6—13　5W2H 鱼骨分析诊断模型

表 6—10　　是—非矩阵诊断模型

问题陈述	是发生了什么	非可能发生而没有发生	区别不同或异常之处
影响对象是什么 发生了什么情况			
问题发生的地点 地理位置/物理位置/具体位置 发生的地点重要吗 可能在其他地点发生吗			
问题发生的时间 什么时间、多长时间 什么先发生、什么后发生 与其他事情的关系（之前、期间、之后）			
问题的范围 问题有多少 问题严重程度如何 问题是否被限制在某一范围			
问题涉及谁 谁拥有这一问题 谁引发了这一问题 谁第一个注意到这一问题			

2. 在解决人力资源管理问题过程中常用的方法是业务流程再造法及 PDCA 循环法，与之相配套的执行工具主要是培训与开发管理流程清单及 PDCA 循环模型，具体格式如下所示。

（1）培训与开发管理流程清单（见表 6—11）

表 6—11　　培训与开发管理流程清单

岗位职责/任务	工作/业务活动	包含的流程	输入	输出	责任主体	流程走向	相关文件

（2）PDCA 循环模型

1）大环套小环，环环相扣，具体如图 6—14 所示。

2）PDCA 循环不是在同一水平上循环，而是阶梯式上升，每循环一次，就解决一部分问题，使质量得以改进和提升，具体如图 6—15 所示。

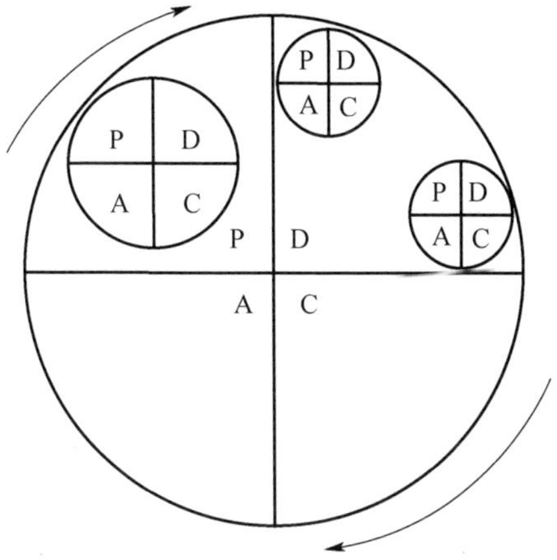

图 6—14　大环套小环

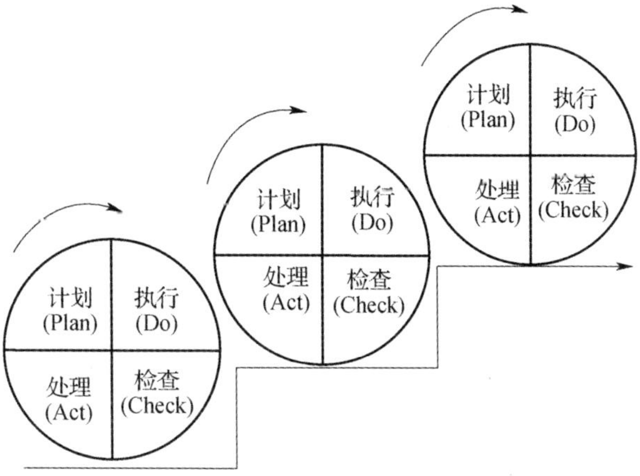

图 6—15　循环的阶梯式上升

第 7 章

员工关系管理

员工关系指的是企业与员工之间在劳动过程中发生的关系。员工关系管理的关键业务包括劳动保护管理、安全卫生与职业健康、集体协商、劳动争议管理等，具体如图 7—1 所示。

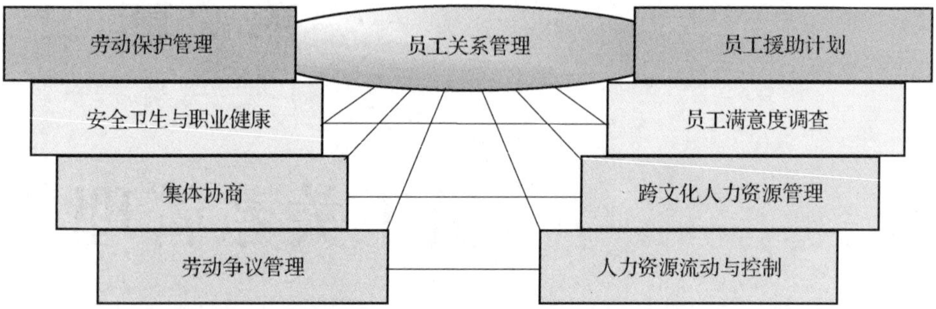

图 7—1　员工关系管理的关键业务

其中，劳动保护管理、安全卫生与职业健康是员工工作安全的重要保障，有效的集体协商、员工援助计划和员工满意度调查是提升员工关系管理水平的重要途径。员工援助计划、员工满意度调查、跨文化人力资源管理及人力资源流动与控制是员工关系管理的关键业务，其中员工援助计划、员工满意度调查、人力资源流动与控制实施难度较大，人力资源管理人员在实践工作中要给予重点关注。

7.1　劳动保护管理

7.1.1　劳动保护管理范畴界定

劳动保护指的是在生产过程中，为保证员工安全与健康，改善劳动条件，防止职业病和工伤事故所采取的一系列措施。

劳动保护管理指的是从立法和组织管理措施的角度来研究如何处理好生产（经营）活动中人与人之间的社会组织关系，实现安全生产，保障员工的安全和健康，促进生产（经营）活动的发展。

劳动保护管理体系包括制定劳动保护制度、编制安全技术措施计划、实施劳动防护用品管理、检查安全生产、特殊作业环境的劳动保护管理、职业卫生与防护等，其具体内容如图 7—2 所示。

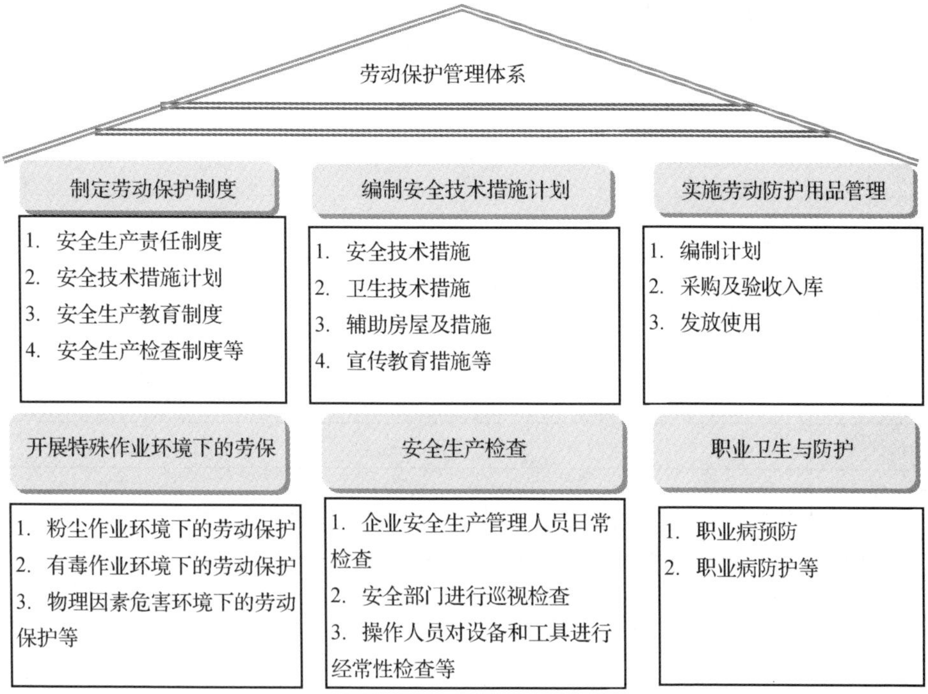

图 7—2　劳动保护管理体系

7.1.2　劳动保护用品管理实施程序

劳动保护用品管理实施程序如图 7—3 所示。

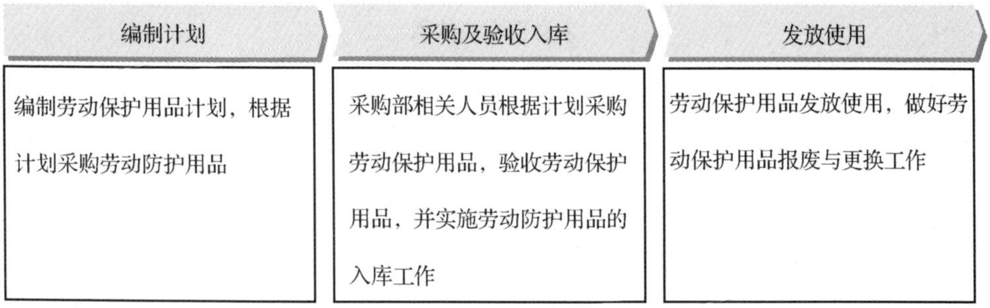

图 7—3　劳动防护用品管理实施程序

7.1.3　劳动保护管理执行工具

下面具体介绍事故报告表和人身安全事故表两个劳动保护管理执行表单。

1. 事故报告表（见表7—1）

表7—1　　事故报告表

事故概述	
发生部门	
发生地点	
工作名称	
发生时间	
受伤人数	
受伤者姓名	
受伤部位	
受伤程度	
医院名称	
地址	
事故原因	
处理意见	签字： 日期：______年___月___日
联络	

2. 人身安全事故表（见表7—2）

表7—2　　人身安全事故表

当事人		员工工号	
事故发生时间		事故发生地点	
目击者			
事故发生经过			
责任分析			
处理方案			
处理结果			
当事人签字	目击者签字	当事人部门主管签字	人力资源主管签字

7.1.4 劳动保护管理风险控制

企业可以通过劳动保护管理制度来确保员工的安全与健康，保障企业生产安全稳定，以避免风险发生、减少企业损失。

<table>
<tr><td rowspan="2">制度名称</td><td colspan="3" rowspan="2">劳动保护管理制度</td><td>受控状态</td><td></td></tr>
<tr><td>编号</td><td></td></tr>
<tr><td>执行部门</td><td></td><td>监督部门</td><td></td><td>编修部门</td><td></td></tr>
</table>

第1章 总则

第1条 为加强劳动保护的管理，保障员工的安全与健康，保障企业生产经营工作的顺利进行，根据相关规定并结合企业实际情况，特制定本制度。

第2条 本制度适用于公司全体员工。

第2章 安全生产责任

第3条 安全生产责任是指企业关于各级领导、各职能部门、有关工程技术人员和在一定岗位上的员工个人对生产工作应负的安全责任。

第4条 安全生产责任在不同岗位层次会存在一定的差异，具体内容如下所示。

1. 企业法定代表人对本单位安全生产负全面责任。
2. 安全生产负责人和专职人员对安全生产负直接责任。
3. 总工程师负安全生产技术领导责任。
4. 各职能部门、各级生产组织负责人负分管范围安全生产责任。
5. 工人在各自岗位上承担严格遵守劳动安全技术规程的义务。

第3章 安全技术措施计划

第5条 安全技术措施计划指的是企业在编制年度生产、技术、财务计划时，必须编制以改善劳动条件、防止伤亡事故和职业病为目的的技术措施计划。

第6条 安全技术措施计划的项目主要包括安全技术措施、卫生技术措施、辅助性设施建设措施和宣传教育措施四个方面，具体内容见下表。

安全技术措施计划的四个项目

序号	措施	内容
1	安全技术措施	防止工伤事故为目的的一切技术措施，如机器设备、设施的安全防护装置、保险装置、信号装置和安全防爆装置等
2	卫生技术措施	改善有害职工身体健康的作业环境，采取以预防职业病为目的的一切措施，如防尘、防毒、防噪声及防辐射危害的隔热、通风、降温和防寒设施
3	辅助性设施建设措施	有关保证生产卫生方面所必要的房屋及一切设施，如为高温、易脏和在粉尘、化学物品或毒品的环境中工作的职工设置淋浴、更衣室、消毒设备和休息室等设施
4	宣传教育措施	安全教育所需的设施、教材、仪器及安全技术训练班、展览会等

第4章　安全生产教育

第7条　安全生产教育是指企业对员工进行安全技术知识、安全技术法制观念的教育、培训和考核，是防止发生工伤事故的重要措施。

第8条　进行安全生产教育，要采取多种多样的形式，通过各项安全工作，激发职工做好安全生产的积极性，使全体职工重视并执行安全生产。安全生产教育主要包括入厂教育、特殊教育、日常安全教育和管理人员安全教育四种类型，具体内容见下表。

安全生产教育的类型

序号	类型	内容
1	入厂教育	新入厂人员（新员工、临时工、外单位调入本厂人员等），均需经过厂、车间（科）、班组（工段）三级安全
2	特殊教育	从事电气、锅炉、焊接、爆破等特殊工种的工人必须接受专业的安全操作技术训练，经过考试合格后，取得特种作业后，才能被准许操作
3	日常安全教育	（1）在每天的班前班后会上说明安全注意事项，讲评安全生产情况
		（2）安排安全活动日，进行安全教育、安全检查、安全装置的维护
		（3）召开安全生产会议，专题计划、检查、总结、评比安全生产工作
		（4）召开事故现场会，分析造成事故的原因及教训，确认事故的责任者，制定防止事故重复发生的措施
		（5）总结发生事故的规律，有针对性地进行安全教育
		（6）组织工人参加安全技术交流，观看安全生产展览与劳动安全卫生电影、电视等，张贴安全生产宣传画、宣传标语及安全标志等
4	管理人员安全教育	（1）企业法定代表人、厂长和经理。主要包括安全生产方针、政策、法律法规、规章制度、基本安全技术知识、基本安全管理知识的教育等
		（2）技术干部。主要包括安全生产方针、政策和法律法规，本职安全生产责任、典型事故案例剖析，系统安全生产工程知识，基本的安全技术知识等
		（3）安全生产管理人员。主要包括国家有关的安全生产方针、政策、法规和标准，企业安全生产管理，安全技术，劳动卫生知识，安全文化，工伤保险，事故应急处理措施等

第5章　安全生产检查

第9条　安全检查是消除事故隐患、落实整改措施、防止伤亡事故、改善劳动条件的重要手段。

第10条　安全检查的内容主要包括3个层次，见下表。

安全生产检查的层次

序号	安全生产检查制度层次	说明
1	对规章制度建立完善程度的检查	企业安全工作的基本保证来自健全的规章制度，虽然员工按照规程进行生产并不能绝对保证不发生事故，但不按照安全规章制度操作，发生事故的可能会增加
2	对规章制度的执行情况的检查	企业不能只有安全生产的规章制度的空架子，要组织公司全员执行规章制度，切实重视和防止安全事故的发生
3	对安全隐患的检查	在规章制度规定的安全生产规程以外，会存在一些人们未知的危险因素，所以要对安全隐患进行检查，消除危险因素
备注	（1）安全检查按时间长短可分为年检、季检、月检、周检、日检等 （2）安全检查的方式可分为听、问、看、评等	

第 6 章　重大事故隐患管理

第 11 条　对企业可能导致重大人身伤亡或重大经济损失，潜伏于作业场所、设备设施以及生产、管理行为中的安全缺陷进行预防、报告和整改。

第 12 条　存在重大事故隐患的企业应成立隐患管理小组，小组由企业法定代表人负责。隐患管理小组要履行以下职责，具体内容如下所示。

1. 掌握本单位重大事故隐患的分布、发生事故的可能性及其程度，负责重大事故隐患的现场管理。

2. 编制应急计划，并报当地人民政府和劳动行政部门备案。

3. 进行安全教育，组织模拟重大事故发生时应采取的紧急处置措施，必要时组织救援设施、设备调配和人员疏散演习。

4. 随时掌握重大事故隐患的动态变化。

5. 保持消防器材、救护用品完好有效。

第 7 章　安全卫生防护用品管理

第 13 条　为了保障员工在职业劳动中免遭、减轻事故伤害或职业危害而采用相应的防护用品，对防护用品的管理则是安全卫生防护用品管理。安全卫生防护用品管理包括安全卫生防护用品的采购、安全卫生防护用品的验收、安全卫生防护用品的保管、安全卫生防护用品的发放及安全卫生防护用品的使用等五项内容。

第 14 条　企业采购安全卫生防护用品时应注意的事项

1. 选用符合国家标准，并有产品检验认证的安全卫生防护用品。

2. 特种安全卫生防护用品有相应的生产许可编号、产品合格证和安全鉴定证。

3. 根据工作场所的有害因素选用安全卫生防护用品。

4. 根据作业类别选用安全卫生防护用品。

5. 根据工作场所有害因素的测定值选用安全卫生防护用品。

6. 根据有害物对人体作用部位选用安全卫生防护用品。

7. 根据劳动强度选用安全卫生防护用品。

8. 根据人体尺寸选用安全卫生防护用品。

第 8 章　女职工特殊保护时期及措施

第 15 条　女职工的特殊保护时期是对女职工特殊时期生理变化过程中的保护，主要包括经期保护、孕期保护、产期保护和哺乳期保护。

第 16 条　经期保护

女职工在月经期间，企业不得安排其从事以下三种作业：

1. 食品冷冻库内及冷水等低温作业。

2.《体力劳动强度分级》标准中第三级体力劳动强度的作业。

3.《高处作业分级》标准中第二级（含二级）以上的作业。

第 17 条　孕期保护

女职工在孕期期间，企业不得安排其从事以下作业，具体内容如下所示。

1. 作业场所空气中铅及其化合物、汞及其化合物、苯、镉、铍、砷、氰化物、氮氧化物、一氧化碳、二硫化碳、氯、己内酰胺、氯丁二烯、氯乙烯、环氧乙烷、苯胺、甲醛等有毒物质浓度超过国家卫生标准的作业。

2. 制药作业中从事抗癌药物生产的作业。

3. 作业场所放射性物质超过《放射防护规定》中规定剂量的作业。

4. 人力进行的土方和石方作业。

5.《体力劳动强度分级》标准中第三级体力劳动强度的作业。

6. 伴有全身强烈振动的作业，如风钻、捣固机、锻造等作业，以及拖拉机驾驶等。

7. 工作中需要频繁弯腰、攀高、下蹲的作业。

8.《高处作业分级》标准中所规定的作业。

9. 禁止夜间劳动和剥夺女职工的休息权。

第 9 章　附则

第 18 条　本制度由公司人力资源部制定。

第 19 条　本制度由公司总经理批准实施。

编制日期		审核日期		批准日期	
修改标记		修改处数		修改日期	

7.2　安全卫生与职业健康

7.2.1　安全卫生与职业健康范畴界定

安全卫生与职业健康指的是从事各种职业劳动过程中的安全卫生问题，它以员工的健康在职业活动过程中免受不安全因素危害、有害因素侵害为目的，其中包括劳动环境、劳动条件、劳动工具等对劳动者健康的影响及防止职业性危害的对策。

安全卫生与职业健康体系包括安全卫生与职业健康风险及风险评价、安全卫生与职业健康策划、安全卫生与职业健康的检查与纠正，以及安全卫生与职业健康实施与运行四个方面，其主要内容如图7—4所示。

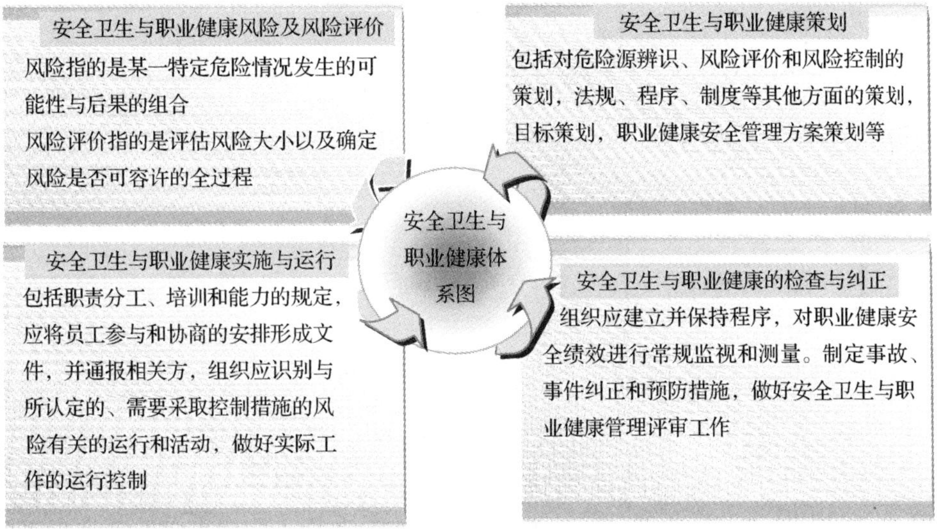

图7—4 安全卫生与职业健康体系

职业安全事故管理是安全卫生与职业健康的重要内容之一，企业进行生产经营过程中，可能导致职业安全事故发生的常见原因如图7—5所示。

环境因素	个人因素
1. 工作环境脏乱差	1. 缺乏安全常识，不知道安全方法和安全规则
2. 搬运工具不合理	2. 不懂得安全操作规程，无法按照操作规程开展工作
3. 工作场所危险	3. 不按照安全规则使用防护器具，违反安全规定，在不准吸烟的地方吸烟等
4. 工厂、车间布置不合理	4. 由于疏忽而导致事故
5. 缺乏安全防护装置或措施	5. 由于劳累过度而导致事故
6. 缺乏对设备与设施的定期保养	6. 由于反应不够灵敏，不能及时控制或逃避即将发生的危险
7. 缺乏紧急抢救的设施与设备	

图7—5 职业安全事故原因

企业可采取加强机械设备管理和维护工作，做好个人头、眼睛、面部、脚、腿等的防护工作，积极开展安全教育工作等措施防范职业安全事故的发生。

7.2.2 安全卫生与职业健康实施程序

职业安全事故处理实施程序如图 7—6 所示。

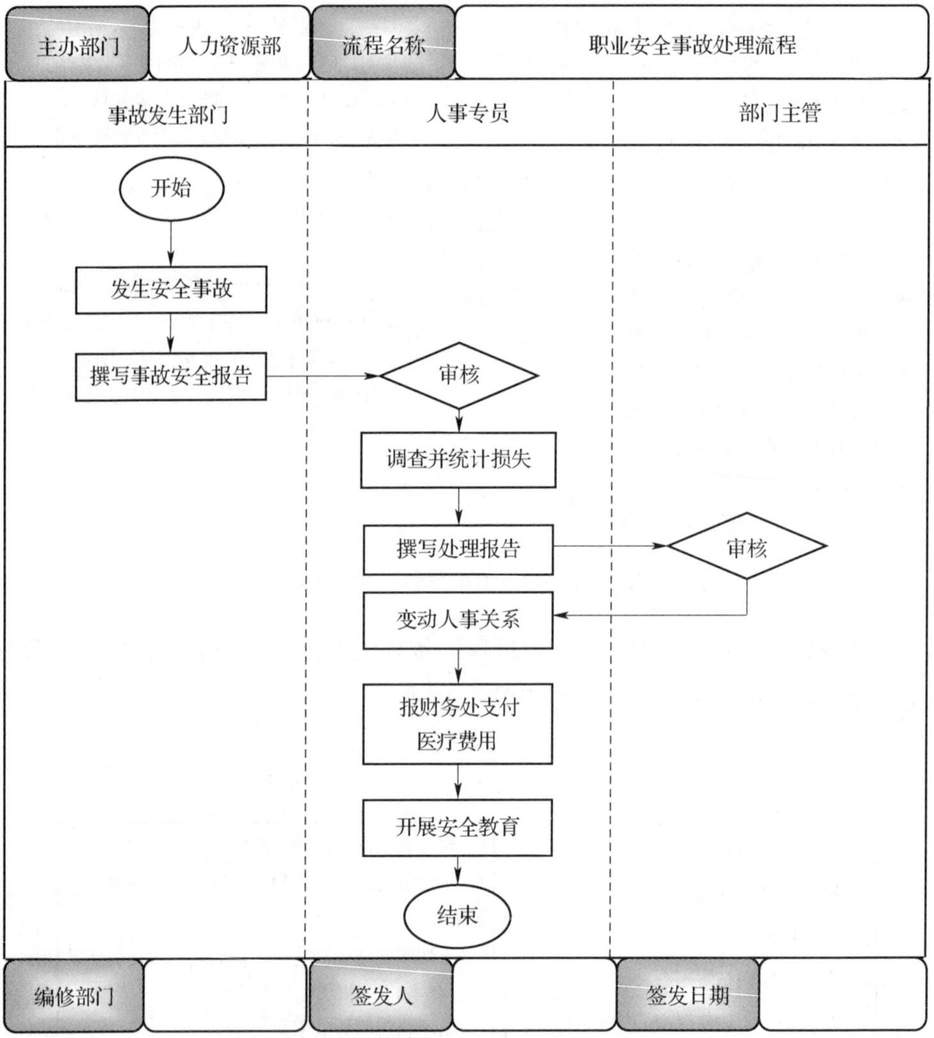

图 7—6 职业安全事故处理实施程序

7.2.3 安全卫生与职业健康执行工具

员工健康登记表是安全卫生与职业健康执行的工具表单之一，具体见表 7—3。

表7—3 员工健康登记表

姓名	所属部门	性别	年龄	入职时间	职位	职业病类别	生病时间	工作地点

7.2.4 安全卫生与职业健康风险控制

企业可以通过安全卫生与职业健康管理制度来保障员工的安全与健康，以避免风险发生、减少企业损失。

制度名称	安全卫生与职业健康管理制度			受控状态	
				编　　号	
执行部门		监督部门		编修部门	

第1章 总则

第1条 为加强安全卫生与职业健康的管理，保障员工的安全与健康，保障企业生产经营工作的顺利进行，根据相关规定并结合企业实际情况，特制定本制度。

第2条 适用范围。适用于公司全体员工。

第2章 职业健康检查

第3条 企业组织员工进行职业健康检查，并承担职业健康检查费用。员工接受职业健康检查视同正常出勤。企业应当选择由省级以上人民政府卫生行政部门批准的医疗卫生机构承担职业健康检查工作，并确保参加职业健康检查的员工身份的真实性。

第4条 职业健康检查包括上岗前、在岗期间、离岗时和应急的健康检查。具体包括以下事项。

1. 企业对未进行岗前检查的员工不得从事有害作业，对未进行离岗时体检的员工，不得解除或终止劳动合同。

2. 企业发生分立、合并、解散、破产等情形时，应对从事有毒有害作业人进行健康检查，并妥善安置职业病病人。

3. 对急性职业中毒人员，应及时进行健康检查。

4. 健康检查结果因及时通知本人，对患有职业禁忌证的员工，应及时调离原岗位。

5. 职业健康检查根据接触的职业病危害因素，按《职业健康检查项目及周期》的规定，确定检查项目和检查周期。

第3章 职业健康档案管理

第5条 职业健康档案管理应包括以下内容。

1. 员工职业史、既往史和职业病危害接触史。

2. 相应作业场所职业病危害因素监测结果。

3. 职业健康检查结果及处理情况。

4. 职业病诊疗情况等员工健康资料。

第6条　职业健康档案应妥善保存，员工有权查阅、复印其本人档案，离开时有权索取复印件。

第4章　职业病管理

第7条　建设项目的职业病防护设施所需费用应当纳入建设项目工程预算，并与主体工程同时设计，同时施工，同时投入生产和使用。

第8条　企业应当采取职业病防治管理措施，具体措施如下所示。

1. 配备专兼职的职业卫生专业人员，负责职业病防治工作。

2. 制定职业病防治计划和实施方案。

3. 建立健全职业卫生管理制度和操作规程。

4. 建立健全职业卫生档案和员工健康监护档案。

5. 建立健全工作场所职业病危害因素监测及评价制度。

6. 建立健全职业病危害事故应急救援预案。

第9条　职业病危害严重的建设项目的防护设施设计，需经卫生行政部门进行卫生审查，符合国家职业卫生标准和卫生要求的，方可施工。

第10条　在醒目位置设置公告栏，公布有关职业病防治的规章制度、操作规程、职业病危害事故应急救援措施和工作场所职业病危害因素检测结果。

第11条　对可能发生急性职业损伤的有毒、有害工作场所，企业应当设置报警装置，配置现场急救用品、冲洗设备、应急撤离通道和必要的泄险区。

第12条　对从事接触职业病危害的作业的员工，企业按照国务院卫生行政部门的规定组织上岗前、在岗期间和离岗时的职业健康检查，并将检查结果如实告知员工。

第13条　职业健康检查费用由企业承担。

第14条　职业健康检查由省级以上人民政府卫生行政部门批准的医疗卫生机构承担。

第5章　附则

第15条　本制度由公司人力资源部制定。

第16条　本制度由公司总经理批准实施。

编制日期		审核日期		批准日期	
修改标记		修改处数		修改日期	

7.3　集体协商

7.3.1　集体协商范畴界定

集体协商是企业工作或职工代表与相应的企业代表，为签订集体合同进行商谈的行为。

集体协商体系包括的内容如图 7—7 所示。

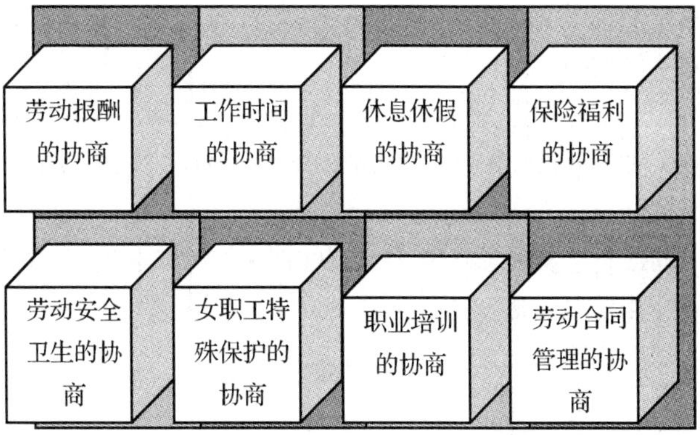

图 7—7　集体协商体系包括的内容

集体劳动合同指的是企业与本企业员工根据法律、法规、规章的规定，就劳动报酬、工作时间、休息休假、劳动安全卫生、职业培训、保险福利等事项，通过集体协商签订的书面协议。

7.3.2　集体协商实施程序

集体合同协商实施程序如图 7—8 所示。

集体协商的提出	协商前的准备	集体协商争议的协调处理
集体协商时，任何一方均可就签订集体合同或专项集体合同及相关事宜，以书面形式向对方提出集体协商的要求	1. 熟悉与集体协商内容有关的法律法规和制度 2. 了解与集体协商内容有关的情况和资料，收集企业和职工对协商意向所持的意见 3. 拟定集体协商议题，集体协商议题可由提出协商的一方起草，也可由双方指派代表共同起草 4. 确定集体协商的时间、地点等，然后共同确定一名非协商代表担任集体协商记录员。记录员应保持中立、公正，并为集体协商双方保密	1. 因签订集体合同发生争议，双方当事人不能自行协商解决的，当事人一方或双方可向劳动行政部门的劳动争议协调处理机构提出协调处理的书面申请 2. 未提出申请的，劳动行政部门必要时可视情况进行协调处理

图 7—8　集体合同协商实施程序

7.3.3　集体协商执行工具

下面是某企业工资集体协商协议书。

某企业工资集体协商协议书

根据《中华人民共和国劳动法》《工资集体协商试行办法》《集体合同规定》以及国家有关法律、法规和政策的规定，经甲、乙双方平等协商一致，签订本协议。

第 1 条　本协议从________年____月____日起至________年____月____日止。

第 2 条　根据按劳分配、同工同酬的原则，结合本企业生产经营的特点，对企业内部工资分配制度、工资标准和工资分配形式提出如下方案。

1. 在上年度企业职工平均工资____元的基础上，本年度职工平均工资增长率为____%。

2. 企业职工最低工资为每月____元，每小时____元。

3. ____________。

4. ____________。

第 3 条　加班加点工资的支付标准________。其计算方法按国家有关规定执行。

第 4 条　奖金、津贴、补贴的标准按照企业规章制度规定执行，其分配形式如下。

1. 月奖、津贴、补贴在发放本月工资时一并发放。

2. 年终奖根据企业内部的考核规定发放。

第 5 条　职工在病假等期间的工资支付办法为________。

第 6 条　员工的法定节假日、休息日等假期间工资支付标准，按国家有关规定发放。

第 7 条　企业以法定货币（人民币）形式于每月____日支付全体员工的工资，如遇节假日、休息日等可提前至最近的工作日支付。

第 8 条　员工工资扣除规定。

1. 职工工资应按月按时发放，不得随便克扣或无故拖欠职工工资。

2. 对于因职工本人原因给企业造成的经济损失，企业可按劳动合同约定，由职工赔偿经济损失，但每月扣除部分不能超过劳动者当月工资的________%。

第 9 条　双方的权利和义务。

1. 企业方的权利和义务

(1) 企业根据生产经营特点，制定与工资支付相关的规章制度。

(2) 企业依据规章制度对员工进行考核和奖惩。

(3) 根据员工的考核情况按时足额支付员工的工资。

2. 员工的权利和义务

(1) 企业工会或者员工代表有权参与企业规章制度的制定和审议，并且充分反映员工的意见和合理要求。

(2) 员工应遵守公司各项规章制度，按时保质保量完成生产或工作任务。

(3) 按时取得劳动报酬。

第 10 条　企业修改、变更或提前终止本协议，需经双方代表协商一致，并经职代会或职工代表大会讨论通过后报劳动和社会保障行政部门审查后生效。

第 11 条　凡遇到下列情况之一的，经双方协商一致，可以对协议进行修改或变更。

1. 国家法律、规定有重大变化，如最低工资标准的调整等。

2. 企业生产经营发生重大变化，工资协议中的部分条款难以履行时。

3. 本地区或同行业员工平均工资水平差距较大。

第12条　凡遇到下列情况之一的，经双方协商一致，可以提前终止协议。

1. 企业破产或濒临破产。

2. 因不可抗力致使本协议无法履行时。

第13条　违约责任。

1. 因不可抗拒因素造成不能履行协议或一方受损害的，可以不承担法律责任。

2. 任何一方违反协议时，应按国家规定承担违约责任。

第14条　双方认为需要协商与工资分配有关的其他事项。

1. ____________________。

2. ____________________。

第15条　本合同未尽事宜，依现行法律、法规执行。

第16条　本合同一式四份，其中双方首席代表各一份，报上级工会组织、劳动行政部门各一份。

企业方首席代表签字：　　　　　　　　　　职工方首席代表签字：

企业盖章　　　　　　　　　　工会盖章

________年____月____日　　　　　　　　　　________年____月____日

7.3.4　集体协商风险控制

为了更好地防范和降低集体协商过程中存在的诸多风险，减少相关损失，企业要对集体协商过程中的关节点进行规范和控制，特别是确定集体协商代表这一关键环节，见表7—4。

表7—4　　集体协商代表确定说明表

序号	协商代表确定说明
1	集体协商双方的代表人数应当对等，每方至少3人，并各自确定1名首席代表。职工一方的协商代表由本单位工会选派。未建立工会的，由本单位职工民主推荐，并经本单位半数以上职工同意
2	职工一方的首席代表由本单位工会主席担任。工会主席可以书面委托其他协商代表代理首席代表一职。工会主席空缺的，首席代表由工会主要负责人担任。未建立工会的，职工一方的首席代表应从协商代表中民主推举产生
3	企业一方的协商代表由企业法定代表人指派，首席代表由单位法定代表人担任或由其书面委托的其他管理人员担任
4	集体协商双方首席代表可以书面委托本单位以外的专业人员代理。委托人数不得超过本方代表的1/3
5	首席代表不得由非本单位人员代理
6	企业协商代表与职工协商代表不得相互兼任

7.4 劳动争议管理

7.4.1 劳动争议范畴界定

劳动争议指的是劳动关系当事人之间因劳动的权利与义务发生分歧而引起的争议。劳动争议体系包括明确劳动争议相关法律法规、制定劳动争议处理规程、明晰劳动争议处理程序、界定劳动争议范围、制定劳动争议处理方案、监控和评估劳动争议处理效果等，如图7—9所示。

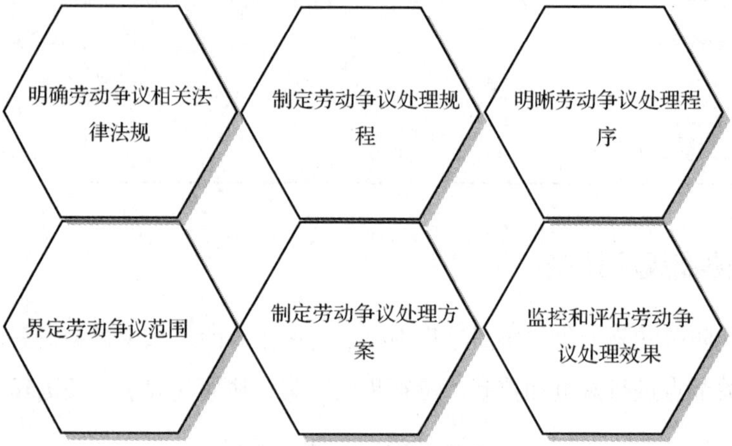

图7—9　劳动争议体系

其中，法律意义上的劳动争议的范围包括因企业开除、除名、辞退职工和职工辞职、自动离职发生的争议，因执行国家有关工资、保险、福利、培训、劳动保护的规定发生的争议，因履行劳动合同发生的争议和法律法规规定的其他劳动争议。

7.4.2 劳动争议处理程序

劳动争议发生后，当事人应当协商解决；不愿协商或协商不成的，可以向本企业劳动争议调解委员会申请调解；调解不成的，可以向劳动争议仲裁委员会申请仲裁。当事人也可以不经调解直接向劳动争议仲裁委员会申请仲裁。对仲裁结果不服的，可以向人民法院起诉。

劳动争议处理实施程序如图7—10所示。

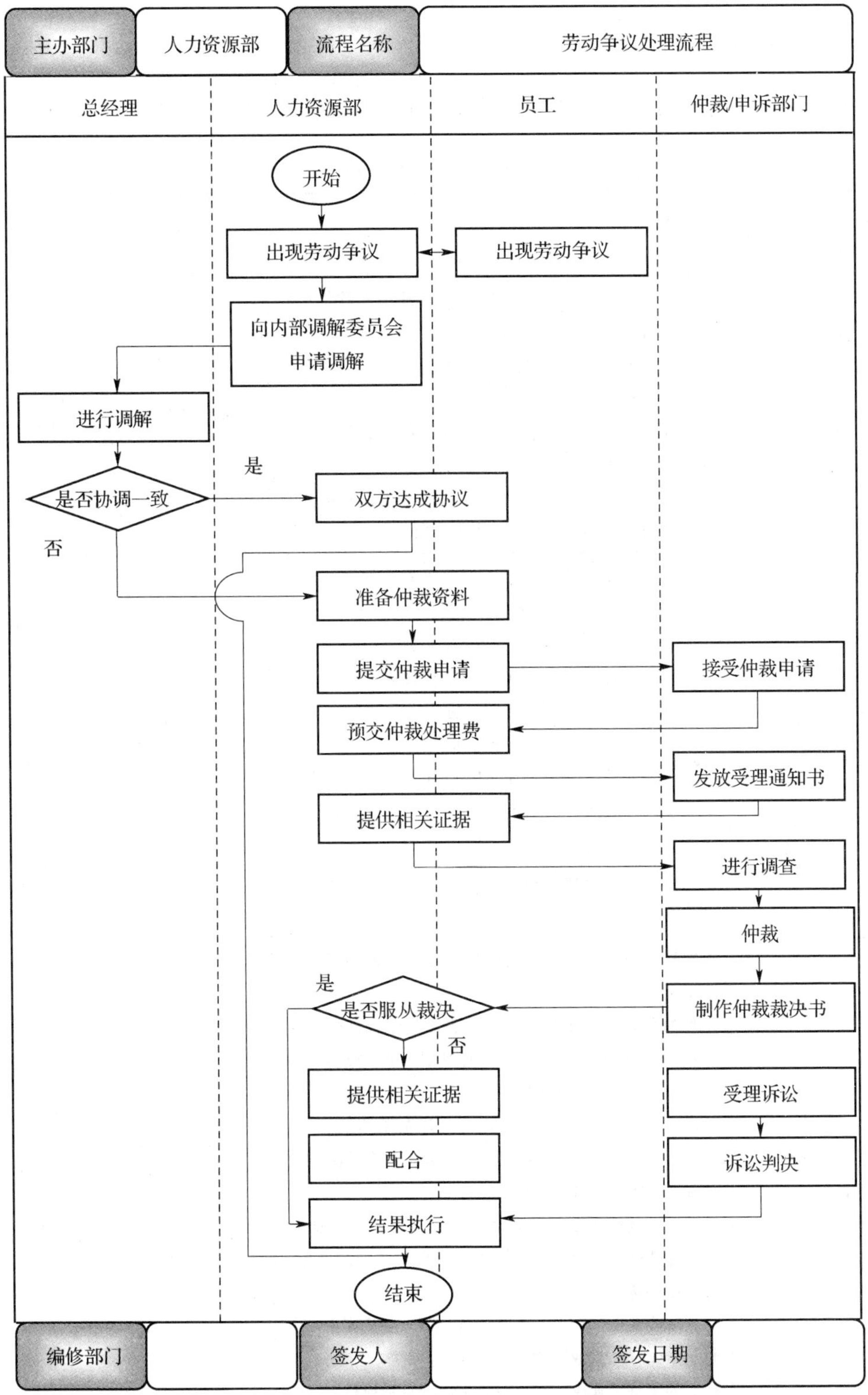

图 7—10　劳动争议处理实施程序

7.4.3 劳动争议处理方法

劳动争议处理方法包括协商和解、调解、仲裁与诉讼，具体内容见表7—5。

表7—5 劳动争议处理方法

处理方法	特点	实施步骤	参与主体	注意事项
协商和解	非必经的前置程序	1. 一方当事人提出协商要求后，另一方当事人积极做出口头或者书面回应的，应正式进入协商程序 2. 双方约定协商的期限、协商时间、协商地点等 3. 一方当事人要求所在企业工会参与或者协助其与企业进行协商，或委托其他组织或者个人作为其代表进行协商 4. 协商达成一致，签订书面和解协议。和解协议对双方当事人具有约束力，当事人应当履行	当事人双方	可请工会或第三方共同协商
调解	非必经的前置程序	1. 发生劳动争议，当事人以口头或者书面形式向调解委员会提出调解申请 2. 调解委员会对属于劳动争议受理范围且双方当事人同意调解的，应当在3个工作日内受理。对不属于劳动争议受理范围或者一方当事人不同意调解的，应当做好记录，并书面通知申请人 3. 调解员听取双方当事人的陈述，采取灵活多样的方法，开展耐心、细致的说服疏导工作，帮助当事人自愿达成调解协议 4. 经调解达成调解协议的，由调解委员会制作调解协议书	当事人双方，调解组织	调解组织包括： 1. 企业劳动争议调解委员会 2. 依法设立的基层人民调解组织 3. 乡镇、街道设立的具有劳动争议调解职能的组织
仲裁	必经的前置程序	案件受理：当事人提交请求仲裁的书面申请，仲裁委员会受理案件 仲裁委员会调查取证：调查取证工作包括撰写调查提纲，根据调查提纲进行有针对性的调查取证，核实调查结果和有关证据等 调解：在查明事实的基础上，首先做调解工作，努力促使双方当事人自愿达成协议，对达成协议的仲裁庭还需制作仲裁调解书 裁决：调解失败的，劳动争议处理便进入裁决阶段。仲裁庭的裁决要通过召开仲裁会议的形式做出，并制作调解裁决书 调解或裁决的执行：仲裁调解书自送达当事人之日起生效；仲裁裁决书在法定起诉期满后生效。生效后的调解或裁决，当事双方都应该自觉执行	当事人双方，劳动争议仲裁委员会	劳动争议由劳动合同履行地或用人单位所在地的劳动争议仲裁委员会申请管辖

续表

处理方法	特点	实施步骤	参与主体	注意事项
诉讼	最终程序	1. 起诉与受理：当事人对仲裁裁决不服，可以在接到仲裁裁决书 15 日内向人民法院起诉。人民法院对当事人的起诉经审查后，认为符合法定条件，决定立案审理 2. 准备与调查：一是送达起诉状副本和答辩状副本，二是告知当事人诉讼权利和合议庭组成人员，三是认真审核诉讼材料，调查收集必要的证据 3. 调解与审判：先行调解，如当事人不同意进行调解的，不能强迫进行调解；当事人同意进行调解的，适用普通程序进行审理的案件，应当组成合议庭进行调解。人民法院在劳动争议诉讼当事人及其他诉讼参与人的参加下，依照法定形式和程序，在法庭上对劳动争进行审理 4. 案件进行实体审理：法庭辩论终结后，即进人评议宣判阶段。当庭宣判的，应当在 10 日内将判决书发送当事人；定期宣判的，宣判后应立即将判决书发给当事人。对公开审理或不公开审理的案件，一律公开判决，并告知当事人的上诉权利、上诉期限和上诉法院	原告，被告，人民法院	劳动争议当事人不接受劳动争议仲裁机构的仲裁裁决，可依法向人民法院起诉

7.4.4　劳动争议风险控制

企业可以通过劳动争议处理制度来保障企业与员工双方合法权益，以避免风险发生，减少企业损失。

制度名称	劳动争议处理制度			受控状态	
				编　　号	
执行部门		监督部门		编修部门	

第 1 章　总则

第 1 条　目的。

为了妥善处理企业劳动争议，保障企业与员工双方的合法权益，维护正常的生产经营秩序，培养良好的劳动关系，依据《中华人民共和国企业劳动争议处理条例》及其他相关规定，并结合企业劳动关系实际情况，特制定本制度。

第 2 条　适用范围。

本制度适用于公司的劳动争议处理工作，具体内容如下。

1. 因企业开除、除名、辞退员工和员工辞职、自动离职引发的争议。

2. 因执行有关工资、保险、福利、培训、劳动保护的规定引发的争议。

3. 因履行劳动合同发生的争议。

4. 法律、法规规定的应当受理的劳动争议。

第 2 章　劳动纠纷预防

第 3 条　各部门管理人员应及时了解下属员工的情绪和劳动关系矛盾，并协同人力资源部采取有效措施，以防患于未然。

第 4 条　人力资源部应广开言路，积极深入到企业员工的生活、工作中，了解企业员工的整体思想动态。

第 5 条　对现有劳动关系形式进行分析，预见可能发生的劳动纠纷问题，及时加以了解和解决。

第 3 章　劳动争议协商

第 6 条　劳动争议或纠纷发生后，双方当事人可在合法及兼顾双方利益的前提下进行协商。

第 7 条　协商的目的是使双方自愿达成协议、解决争议、消除隔阂、加强团结，防止事态进一步恶化。

第 8 条　任何一方不能强迫对方进行协商，一方不愿协商或协商不成的，可以申请调解。调解不成的，可以向劳动争议仲裁委员会申请仲裁。当事人也可以直接向劳动争议仲裁委员会申请仲裁；对仲裁裁决不服的，可以向人民法院起诉。

第 4 章　劳动争议调解

第 9 条　在协商无效的情况下，经劳资纠纷双方进入劳动纠纷调解程序。

第 10 条　企业设立劳动争议调解委员会，负责调解本企业发生的劳动争议。

第 11 条　调解委员会调解劳动争议，应当自当事人申请调解之日起 30 日内结束；到期末结束的，视为调解不成。

第 12 条　调委会接到调解申请后对其进行审查，确定是否受理。

第 13 条　如经审查决定受理劳动争议，调委会以书面形式通知当事人，说明调节的时间地点；如不受理，应向当事人说明原因。

第 14 条　调委会向劳动纠纷的双方当事人（方）调查，听取双方当事人（方）的意见和要求，收集有关证据。

第 15 条　召开调查地调委会全体会议，对调查取证材料进行分析整理，讨论确定调解方案和调解意见。

第 16 条　企业的调解委员会在查明事实、分清责任的基础上，根据争议的轻重程度等具体情况对当事人进行当面调解，也可在调查过程中进行调解。

第 17 条　调解委员会在调解劳动争议时应当遵循当事人双方自愿的原则。经调解达成协议的，制作调解协议书，调解不成的，当事人在规定时间内可以向劳动争议仲裁委员会申请仲裁。

第 18 条　有下列情况之一者，可视为调解申请结束。

1. 申请调解的当事人（方）撤回申请。

2. 经调解双方当事人（方）达成协议，并签署调解协议书。

3. 自当事人（方）申请调解之日起 30 天内未调整结束。

第 5 章　仲裁与诉讼

第 19 条　调解不成的相当低劳动纠纷仲裁委员会申请仲裁。劳动争议申请仲裁的时效期为一年。

第20条　对仲裁裁决不服的，可以在收到仲裁裁决书之日起15日内向人民法院提起诉讼。

第6章　附则

第21条　本制度由公司人力资源部制定。

第22条　本制度由公司总经理批准实施。

编制日期		审核日期		批准日期	
修改标记		修改处数		修改日期	

7.5　员工援助计划

7.5.1　EAP范畴界定

员工援助计划（Employee Assistance Program，EAP）指的是通过专业人员对企业进行诊断、建议，并对员工及其直属亲人提供专业指导、培训和咨询，旨在帮助员工及其家庭成员解决各种心理和行为问题，以提高员工的工作绩效、改善企业气氛和管理，使企业获得收益。

员工援助计划体系如图7—11所示。

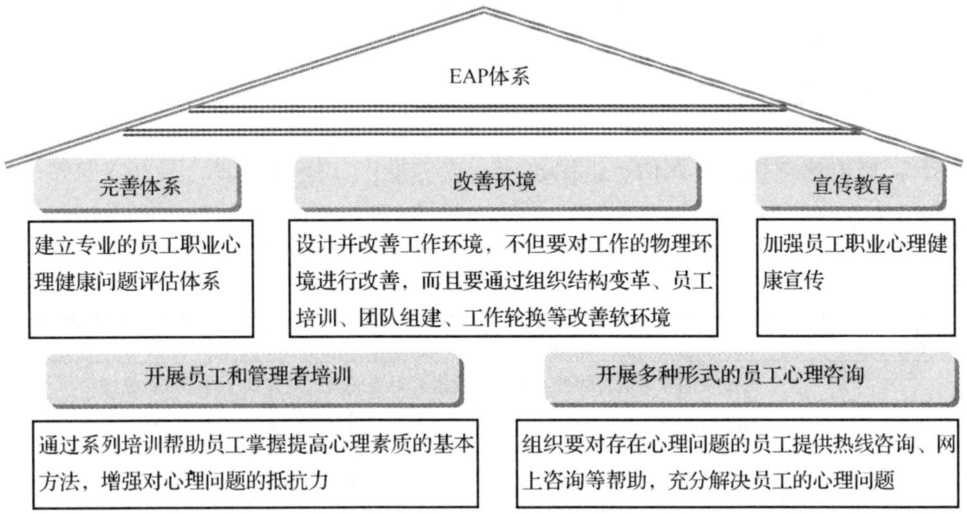

图7—11　员工援助计划体系

7.5.2 EAP实施程序

EAP的操作流程如图7—12所示。

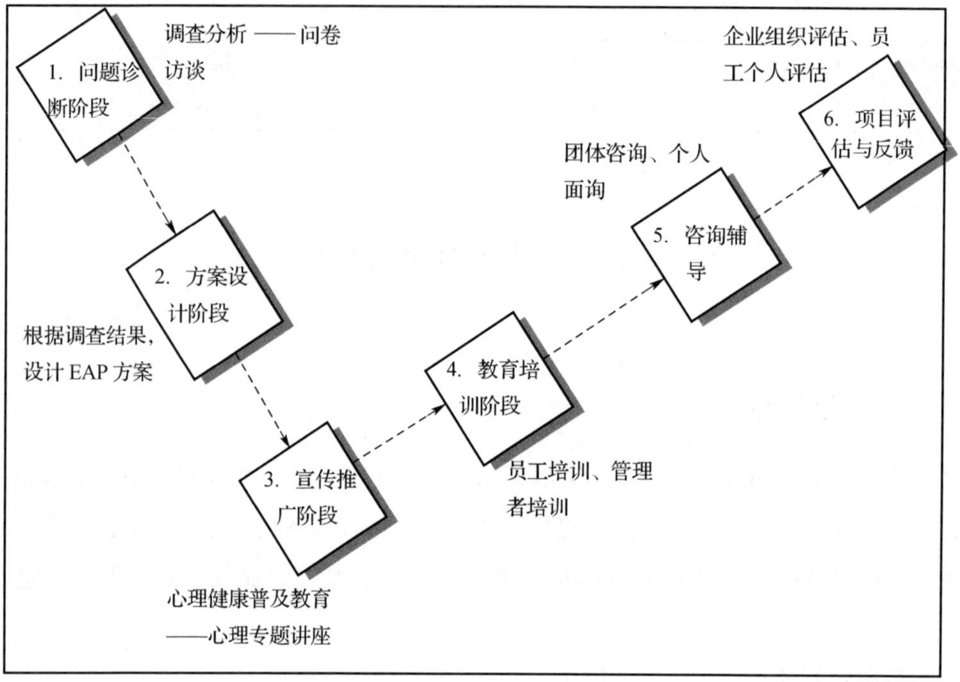

图7—12　EAP的操作流程

7.5.3 EAP实施方法

EAP实施方法包括压力评估、组织改变、宣传推广、教育培训、压力咨询等，具体概况为如下三种方式，见表7—6。

表7—6　EAP实施方法

序号	方法
1	减少或消除不适当的管理和环境因素，对造成问题的外部压力源进行处理
2	对情绪、行为及生理等方面症状进行缓解和疏导，处理压力所造成的不良反应
3	改变自身不合理的信念、行为模式和生活方式等，充分认识自身弱点

7.5.4 EAP执行工具

员工心理咨询工具中最常用的是员工心理健康调查问卷，下面是某企业员工心理健康调查问卷。

员工心理健康调查问卷

各位同仁：

企业为了加强员工的心理健康管理，为员工创造一个良好的工作环境，提高员工的心理健康水平，进而提高工作业绩水平，创造文明、积极、健康向上的企业文化，员工援助计划实施小组特设计如下问卷。感谢您的积极参与！

一、基本情况调查

1. 您的基本情况

姓名____________　所在部门____________　入职时间____________

2. 您对“心理健康”的概念清楚吗？（　　）

A. 完全了解　B. 基本了解　C. 不太了解　D. 不了解　E. 很不了解

3. 对于自身的心理健康，您的关注度如何？（　　）

A. 很关注　B. 比较关注　C. 很少关注　D. 无所谓

4. 您一般从哪里获取心理健康的知识？（　　）

A. 网上　B. 书籍　C. 课堂　D. 培训

E. 聊天　F. 其他

二、关于压力和心态

5. 您在企业是否会经常感觉压抑？（　　）

A. 总是　B. 经常　C. 有时　D. 极少　E. 几乎从不

6. 您的压力来自哪些方面？（　　）

A. 工作　B. 学习　C. 家庭　D. 社会　E. 其他

7. 您对自己的前途感到过困惑和担忧吗？（　　）

A. 总是　B. 经常　C. 有时　D. 极少　E. 几乎没有

8. 您会更多地采取何种方式应对压力？（　　）

A. 转移　B. 发泄　C. 压抑　D. 自然调整

E. 找人倾诉　F. 其他

9. 遇到压力您会最先向谁倾诉？（　　）

A. 家人　B. 朋友　C. 专业人员　D. 不找人　E. 其他

三、关于人际交往

10. 自己与同事、上级相处时会感到有压力吗？（　　）

A. 总是　B. 经常　C. 有时　D. 极少　E. 几乎从不

11. 您在企业有知心朋友吗？（　　）

A. 非常多　B. 一般　C. 很少　D. 几乎没有

12. 影响您的心态的因素有哪些？（　　）

A. 经济水平　B. 工作压力　C. 周围环境　D. 个人价值观

13. 什么样的人来实施这个项目您最能接受？什么样的人实施最不能接受？
14. 企业应该提供哪些心理健康服务项目？若您是企业领导对这部分的工作如何管理？
15. 请简述您对员工援助计划的看法和建议。

7.5.5 EAP风险控制

为了达到提高员工援助效果，企业需要避免员工援助计划中各种风险的发生，排除不利因素，EAP风险控制方式说明表见表7—7。

表7—7　　EAP风险控制方式说明表

序号	风险控制方式	风险控制方式说明
1	长期EAP	作为一个系统项目，长期实施，持续好几个月、几年甚至无终止时间
2	针对性EAP	有时企业只在某种特定状况下才实施员工帮助，如裁员期的沟通压力、心理问题和被裁员工的应激状态
3	完善内部EAP	实施建立在企业内部的EAP，配置专门机构或人员，为员工提供服务。大型和成熟的企业会建立内部EAP，并且由企业内部机构和人员实施，更贴近和了解企业及员工的情况，因此能更及时有效地发现和解决问题
4	根据需要求助外部EAP	有时企业需要由外部专业EAP服务机构提供服务。企业需要与服务机构签订合同，并安排专员负责联络及配合

如表7—7所示，EAP中需要通过长期EAP、针对性EAP、完善内部EAP、根据需要求助外部EAP等各种不同的运作方式避免风险的发生。

7.6 员工满意度调查

7.6.1 员工满意度调查范畴界定

员工满意度调查指的是一种科学的管理工具，它通常以调查问卷等形式收集员工对企业各个方面的满意程度，然后通过后续专业、科学的数据统计和分析，真实反映企业经营管理现状，为企业管理者做出正确决策提供客观的参考依据。员工满意度调查有助于培养员工对企业的认同感、归属感。

影响员工满意度调查有效性的因素如图 7—13 所示。

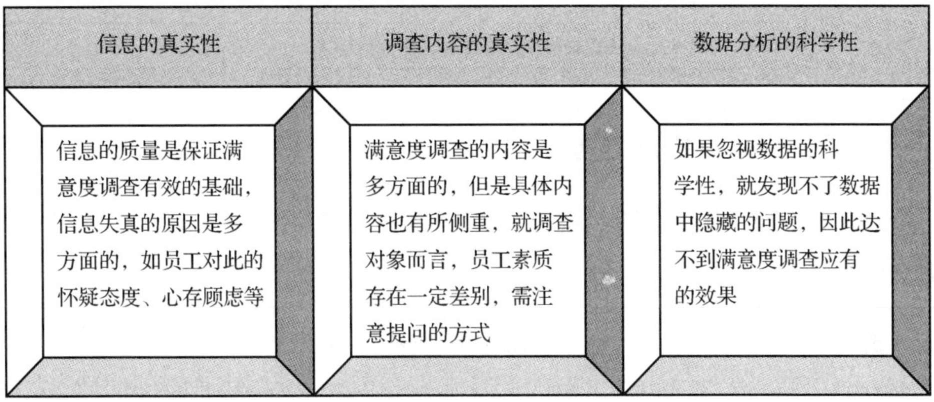

图 7—13　影响员工满意度调查有效性的因素

7.6.2　员工满意度调查实施程序

员工满意度调查实施程序如图 7—14 所示。

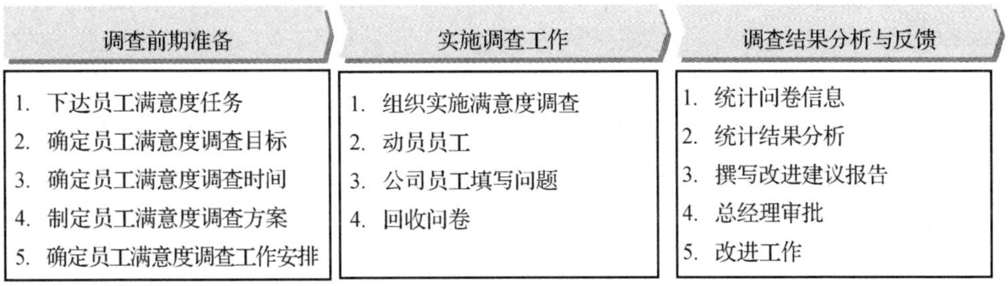

图 7—14　员工满意度调查实施程序

7.6.3　员工满意度调查方法选择

员工满意度调查具有广泛的用途，常用于薪酬福利设计、员工培训、工作环境改善等方面，常见的员工满意度调查方法见表 7—8。

表 7—8　　常见的员工满意度调查方法

类别	特点
访谈调查法	具有直接性、灵活性等特点，但事先需实施培训，耗时相对较多，标准化程度低
问卷调查法	由被调查者根据问卷提问自行作答的一种调查方式，问卷分为开放型问卷、封闭型问卷和综合型问卷三种类型
抽样调查法	包括随机抽样、等距抽样、分层抽样、整体抽样等

7.6.4　员工满意度调查执行工具

员工满意度调查问卷是进行员工满意度调查重要的执行工具之一。下面是某公司的员工满意度调查问卷。

员工满意度调查问卷

此次问卷调查的目的是了解公司目前的员工满意度现状，调查结果作为评价及改善公司管理工作的依据。公司对问卷调查的信息只做统计使用并严格保密。感谢您的积极参与！

调查问卷说明

1. 本次调查采用不记名的方式进行。

2. 本调查问卷共有 25 道题目，请认真填写。

请选择您的部门（打“√”）

□生产部　□工程部　□品质部　□设备部　□财务部　□销售部　□人事部　□采购部　□市场部

您的职务是：____________________。

您在公司的工作年限________。

1. 公司的管理制度完善、规范、合理吗？（　　）

A. 非常同意　B. 同意　C. 不确定　D. 部分不同意　E. 非常不同意

2. 公司的管理制度能否得到严格执行和落实？（　　）

A. 是　B. 基本是　C. 大部分情况是　D. 不是　E. 不知道

3. 现行考勤制度是否合理？若不合理，请说明原因。（　　）

A. 合理　B. 不合理，原因：

4. 公司内部处理日常事务是否有序？（　　）

A. 非常有序　B. 一般　C. 比较混乱　D. 极其混乱　E. 不知道

5. 您认为目前公司的工作环境如何？（　　）

A. 很好　B. 较好　C. 一般　D. 较差　E. 很差

6. 工作时间的安排是否合理？（　　）

A. 很合理　B. 较合理　C. 一般　D. 较不合理　E. 很不合理

7. 您清晰地了解您的岗位职责吗？（　　）

A. 完全了解　B. 基本了解　C. 不太了解　D. 不了解　E. 很不了解

8. 如果您对当前的岗位职责理解尚不清晰，其原因是什么？（　　）

A. 没有明确的岗位要求

B. 上级对自己的工作范围界定不明

C. 工作变动频繁，导致岗位不稳定

D. 与本岗位无关的临时性工作太多，以至无所适从

9. 您对上级决定的赞同情况如何？（　　）

A. 总是　B. 经常　C. 有时　D. 极少　E. 几乎从不

10. 公司管理层（您的上级）对您的工作非常了解吗？（　　）

A. 非常同意　B. 同意　C. 不确定　D. 部分不同意　E. 非常不同意

11. 公司管理层（您的上级）在工作上是否给予您有效帮助？（　　）

A. 非常同意　B. 同意　C. 不确定　D. 部分不同意　E. 非常不同意

12. 当您工作出色时上级是否对您表示赞赏？（　　）

A. 总是　B. 经常　C. 有时　D. 极少　E. 几乎从不

13. 哪些方式将有助于提高您的工作热情？（　　）

A. 公平、及时、恰当的激励

B. 良好的工作氛围和团队协作精神

C. 加强内部竞争，实行员工的优胜劣汰

D. 不断参加培训，获得与岗位相关的知识

14. 工作中所需的资源供给情况如何？（　　）

A. 几乎总是能够及时供应　B. 经常能够及时供应　C. 有时

D. 经常不能　E. 几乎总是不能

15. 您认为工作的挑战性如何？（　　）

A. 很有挑战性　B. 较有挑战性　C. 一般　D. 较无挑战性　E. 无挑战性

16. 您的能力是否得到了充分发挥？（　　）

A. 是　B. 不太充分　C. 很不充分　D. 说不清楚

E. 没有让您施展的机会

17. 您的工作是否得到了领导及同事的认可？（　　）

A. 非常认可　B. 较认可　C. 一般　D. 较不认可

E. 非常不认可

18. 您与同事的工作关系是否融洽？（　　）

A. 很融洽　B. 较融洽　C. 一般　D. 较不融洽　E. 很不融洽

19. 在需要相关部门合作的事务中，您认为各部门之间的责任界定划分是否明确？（　　）

A. 非常明确　B. 比较明确　C. 不明确　D. 非常不明确　E. 不太清楚

20. 您与其他部门的合作是否融洽？（　　）

A. 很融洽　　B. 较融洽　　C. 一般　　D. 较不融洽　　E. 很不融洽

21. 是否受多重领导？（　　）

A. 总是　　B. 经常　　C. 有时　　D. 偶尔　　E. 没有

22. 您认为自己的才能在目前的岗位上能否得到发挥？（　　）

A. 已经充分发挥　　B. 基本发挥　　C. 有些方面没有发挥

D. 完全没有发挥

23. 下列哪些方式能够更好地提高您的工作积极性和创造性？（　　）

A. 收入提高　　B. 职务晋升　　C. 福利改善　　D. 有挑战性的工作

E. 培训机会　　F. 领导的认可　　G. 其他

24. 您与上级的沟通情况如何？（　　）

A. 总是　　B. 经常　　C. 有时　　D. 很少

E. 几乎不沟通

25. 您对公司的其他建议有哪些？

____

____

7.6.5 员工满意度调查风险控制

为了达到提高员工满意度、提升管理水平的目的，企业还需要避免风险发生、减少企业损失，员工满意度调查风险点说明表见表 7—9。

表 7—9　　员工满意度调查风险点说明表

序号	风险点名称	风险点说明
风险点 1	急于全面普查的风险	企业急于调查所有员工的意见，全面普查就会发现许多问题，而所有问题并不是都能马上得以解决的，这可能会给企业造成困扰
风险点 2	只做调查的风险	只进行调查活动和数据统计，而没有拿出针对问题的具体解决办法、方案或改进措施，会使调查成为一种形式
风险点 3	调查过于简单的风险	试图简化调查过程或简化指标，有可能会覆盖企业想了解的情况，降低调查指标的有用性，无法反映真实问题

如表 7—9 所示，员工满意度调查中需要保证信息真实有效、调查内容的真实、数据分析的科学性等，以规避员工满意度调查风险。

7.7　跨文化人力资源管理

7.7.1　跨文化人力资源管理范畴界定

跨文化人力资源管理指的是对来自不同文化背景下的人力资源进行获取、保持、评价、发展和调整等一体化的管理，以提高劳动生产率、工作生活质量和取得经济效益为目的。跨文化因素对人力资源的影响包括全方位、全系统、全过程三个方面。

跨文化人力资源管理三个层次的内容如图 7—15 所示。

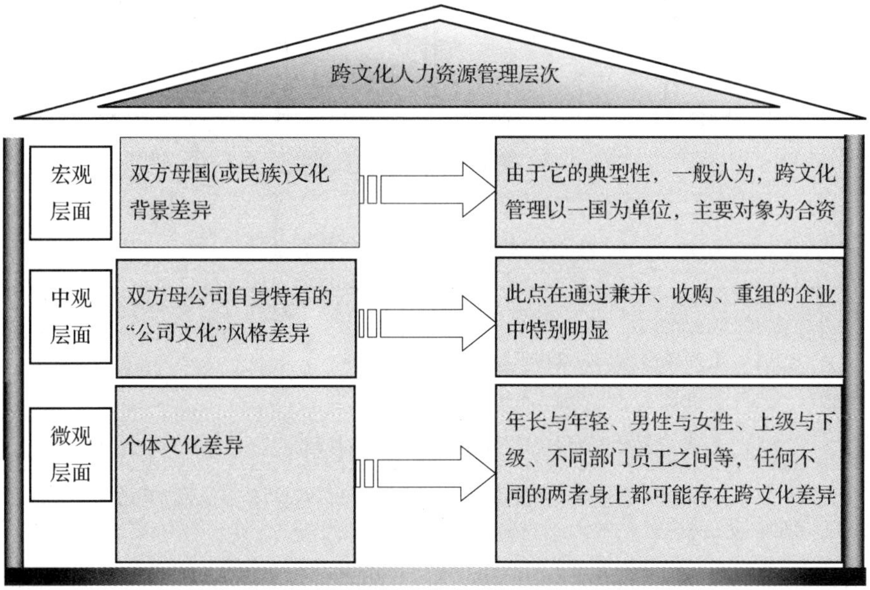

图 7—15　跨文化人力资源管理三个层次的内容

7.7.2　跨文化人力资源管理实施程序

跨文化人力资源的获取流程如图 7—16 所示。

7.7.3　跨文化人力资源管理方法选择

跨文化人力资源管理的方法在实践中不断完善和发展，三种方法的具体内容见表 7—10。

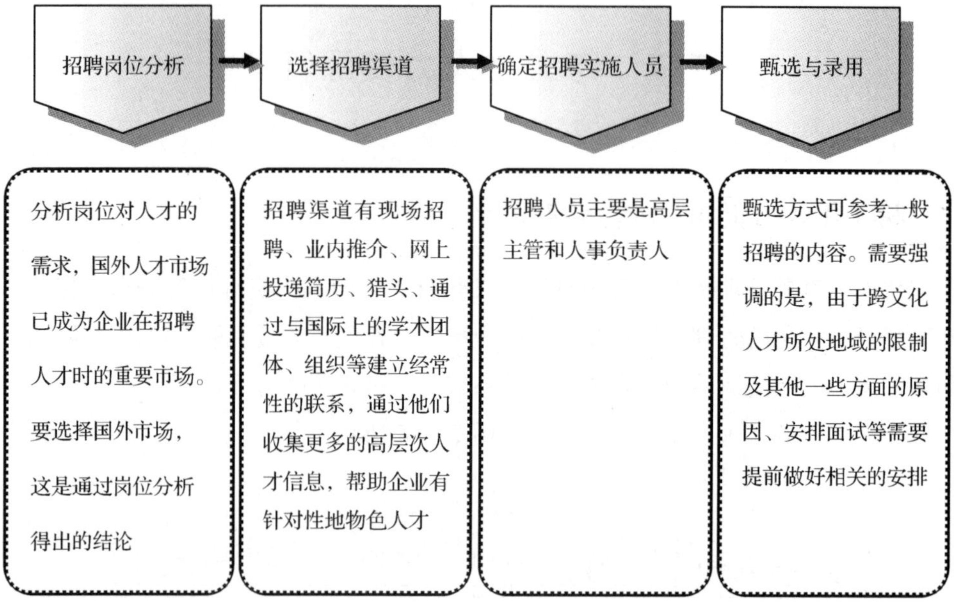

图 7—16　跨文化人力资源的获取流程

表 7—10　　跨文化人力资源管理的三种方法

类别	特　点
人员外派	1. 所有关键岗位都由母国员工担任 2. 外派人员比当地人员更容易胜任 3. 能与公司总部保持良好的沟通、协调和控制等
人才本土化	1. 人员本土化指的是跨国公司或者兼并、收购的新公司招聘所在国或所在地人员管理当地的子公司 2. 通过推行人才本土化战略，采取就地取材的战略提高招聘人才的效率，降低成本，越来越成为跨国公司人才市场争夺战略的重要形式 3. 避免驻外人员及其家庭的适应问题，减少高昂的维持费用 4. 能有效处理各种人际关系，维持与当地政府、社区和相关机构的和谐关系 5. 有利于当地员工积极性的发挥，减少人才流失
文化融合	有计划、有层次地实施文化融合，实现文化融合需要领导者主动推动文化变革，使企业吸收各种文化的优势

7.7.4　跨文化人力资源管理执行工具

外籍人员需求分析表见表 7—11。

表 7—11　　外籍人员需求分析表

部门	岗位设置情况		在岗外籍人员情况				外籍人员需求分析		
					在岗人员评价				
	岗位	编制	现有人数	在岗人员	评价结果	综合评价	需补充人数	需求到位时间	需求人员特殊要求

7.7.5 跨文化人力资源管理风险控制

为了更好地防范和降低跨文化人力资源管理过程中存在的诸多风险，减少相关损失，企业要对跨文化人力资源进行规范和控制。表 7—12 具体介绍跨文化人力资源管理存在的风险及控制说明。

表 7—12　　跨文化人力资源管理风险点说明

序号	风险点名称	风险点控制说明
风险点 1	人员外派的风险	1. 语言、文化障碍 2. 驻外人员及其家庭的适应问题 3. 高昂的维持费用
风险点 2	跨文化培训的风险	跨文化培训是人力资源发展的重心所在，通过有效培训，培养适应能力强、不同文化背景、有积极创新精神的员工
风险点 3	人员本土化的风险	1. 相比而言外派人员容易胜任 2. 不能与公司总部保持良好的沟通、协调和控制等
风险点 4	文化冲突的风险	文化冲突不可避免，这需要领导者用更加平和的心态、宽容的态度和理智的处理方式，需要相互尊重和理解，需要站在客观中立的立场去处理冲突
风险点 5	文化多元化的风险	不同的语言、文化和价值融合在一起，会形成一种协同优势，因此文化多元化是企业独特的机遇，可以使企业的管理和组织形式得到创新，生产力提高，生机和活力不断增添

如表 7—12 所示，跨文化人力资源管理过程中人员外派、跨文化培训、人员本土化、文化冲突、文化多元化都给企业的正常运行带来一定的风险，因此，这需要企业根据实际情

况，采用混合的管理方式，充分利用各跨文化人力资源的优势。

7.8 人力资源流动与控制

7.8.1 人力资源流动与控制范畴界定

人力资源流动包括内部流动与外部流动。内部流动的形式包括晋升、平级调动、降职。外部流动的形式包括员工的流入与流出，员工的流入即新员工入职，相关内容已在招聘与配置管理一章详细介绍，员工流出的具体形式包括辞退、开除、辞职、跳槽、裁员等，员工的流出管理是本节主要阐述的内容。

人力资源流动体系如图 7—17 所示。

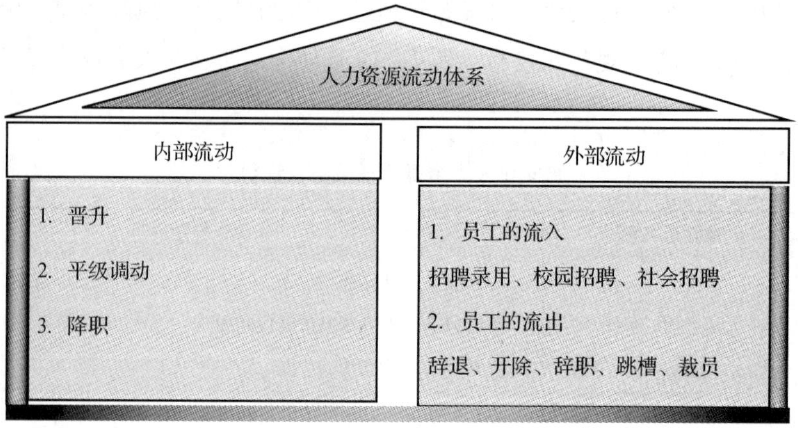

图 7—17 人力资源流动体系

7.8.2 人力资源流动与控制实施程序

员工离职管理程序如图 7—18 所示。

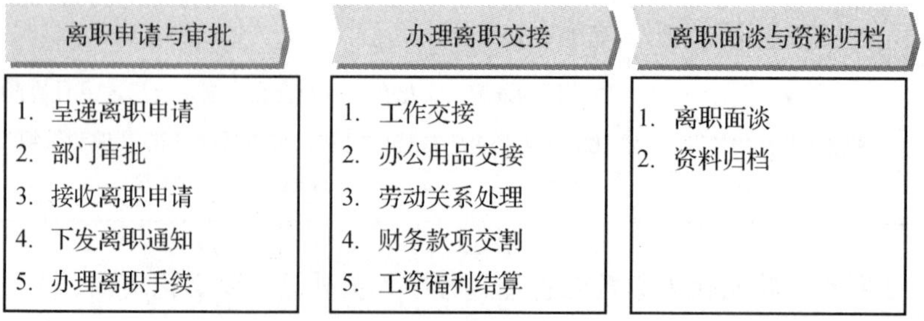

图 7—18 员工离职管理程序

7.8.3　人力资源流动与控制方法选择

降低离职率的五大方法见表7—13。

表7—13　降低离职率的五大方法

五大方法	具体内容
完善离职管理规章制度	企业要注重建立合理、规范的员工离职规章制度，并在制度中对员工离职的方法和离职工作交接进行约定，并明确责任，以便员工在辞职时企业有更多有利的依据来约束离职行为
运用劳动合同严密规范	劳动合同是劳动者与用人单位确立劳动关系、明确双方权利与义务的协议。签订规范的劳动合同，对用人单位与劳动者都具有重要意义
加强商业秘密保护	对掌握重要商业秘密的重要管理人员、专业技术人员及其他人员，企业不仅要在处理离职过程中十分注意，而且要在劳动合同中进行约定
加强人力资源信息管理	企业人力资源部门可以建立一个完善的信息库，通过其中的信息了解员工离职率变动的情况及原因
做好人才储备工作	此方法有利于更有效地防范核心人员的流失

7.8.4　人力资源流动与控制执行工具

下面具体介绍人员调动申请表和离职申请表两个人力资源流动与控制执行工具。

1. 人员调动申请表（见表7—14）

表7—14　人员调动申请表

申请部门		所需调动人数	
申请原因			
起止日期	自______年___月___日起至______年___月___日止（共计______天）		
调动人员担当工作			
人力资源部意见			

2. 离职申请表（见表 7—15）

表 7—15　　　　离职申请表

姓名		性别		年龄	
职位		所属部门		在本企业服务年限	
离职原因					
拟离职日期					
部门意见	签字： 年　月　日				
人力资源部意见	签字： 年　月　日				
公司领导意见	签字： 年　月　日				
备注					

7.8.5　人力资源流动与控制风险控制

员工离职给企业带来消极影响很大，以下是针对销售人员离职可能给企业带来的风险而提出的相关防范建议（见表 7—16）。

表 7—16　　　　销售人员离职的主要风险及应对策略

序号	风险点名称	风险点说明
风险点 1	绩效损失的风险	1. 对员工离职的方法和离职工作交接做事先约定 2. 在企业内部创建顺畅的沟通渠道，创造一种可以保持发展的内部环境
风险点 2	关键技术或商业秘密泄露的风险	1. 加强商业保密措施 2. 签订竞业限制的协定

续表

序号	风险点名称	风险点说明
风险点3	客户流失的风险	1. 建立客户信息数据库，实施客户关系管理 2. 实施品牌战略，依靠品牌的知名度和美誉度来吸引顾客
风险点4	岗位空缺的风险	1. 在内部设立后备人员的培养计划 2. 在外部设立行业关键人才的监测计划

如表7—16所示，销售人员的离职给企业可能带来绩效损失、关键技术或商业秘密泄露、客户流失以及岗位空缺等风险，企业需要通过对员工离职的方法和离职工作交接做事先约定、加强商业保密措施及在内部设立后备人员的培养计划等措施降低销售人员的离职风险。

第 8 章

人力资源事务管理

人力资源事务管理指的是人力资源相关的日常事务如人力资源手续办理、员工档案管理、人力资源信息化管理、编制人力资源管理手册和编制员工手册等内容的管理。

人力资源手续办理、员工档案管理、人力资源信息化管理、编制人力资源管理手册、编制员工手册是人力资源事务管理的基础性工作。其中人力资源信息化管理是人力资源事务管理的关键业务，其实施难度较大，人力资源管理人员需要在实践工作中给予重点关注。人力资源事务管理的关键业务如图 8—1 所示。

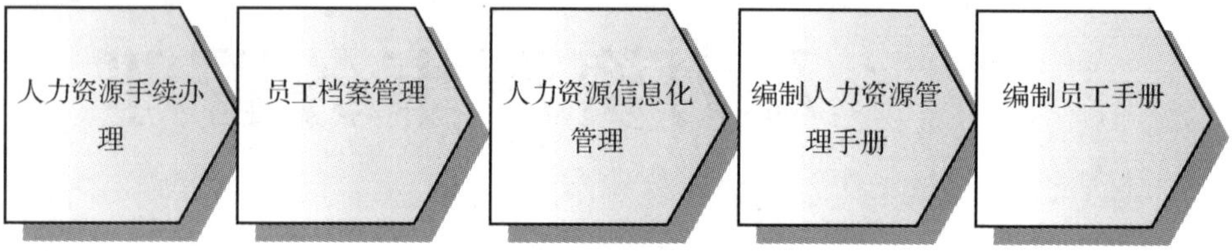

图 8—1　人力资源事务管理的关键业务

8.1　人力资源手续办理

8.1.1　人力资源手续范畴界定

人力资源手续指的是人力资源管理各项工作办理的程序、步骤，一般包括入职手续、转正手续、出差手续、请假手续及离职交接手续等。入职手续、转正手续、离职交接手续的具体内容如图 8—2 所示。

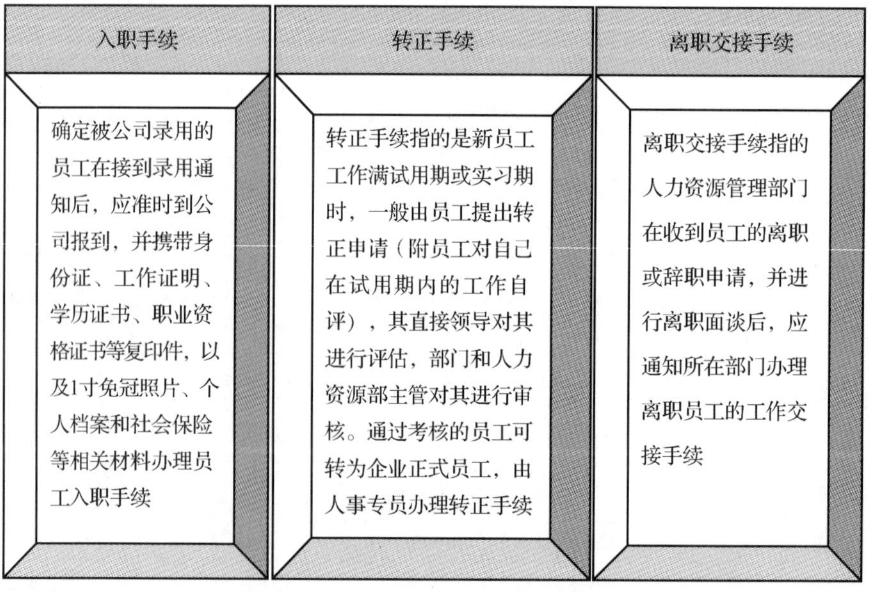

图 8—2　入职手续、转正手续、离职交接手续的具体内容

8.1.2　人力资源手续办理程序

人力资源手续的办理应该遵循一定的程序和步骤，员工入职手续办理程序如图 8—3 所示。

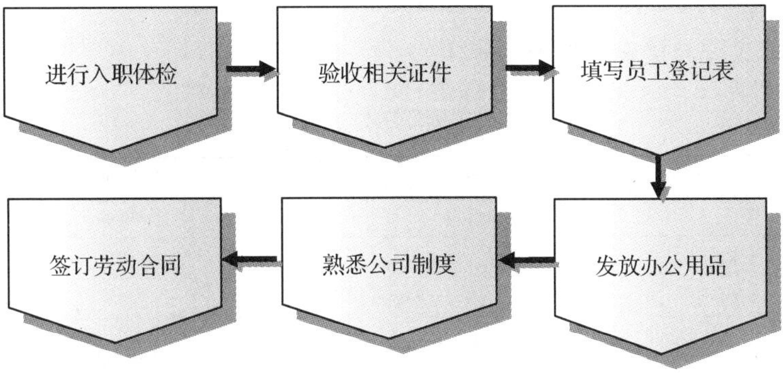

图 8—3　员工入职手续办理程序

8.1.3　人力资源手续办理方法选择

办理入职手续时，企业需要查验候选人材料，其中最担心的是候选人文凭的真假。人力资源管理人员如何辨别文凭的真假呢？具体方法见表 8—1。

表 8—1　　入职手续办理中识别假文凭的方法

类别	具体内容
观察法	1. 通过肉眼观察，通过与真文凭的对比来识别假文凭 2. 有些假文凭做工比较低劣，如纸质硬度不够、没有水印、学校公章模糊、钢印不清等都可以用肉眼来识别
提问法	通过对应聘者学识、常识和能力的提问来鉴别文凭的真假是最有效的方法。根据文凭中的专业，面试人员可以提出一些专业性问题，这些问题有的可能非常肤浅，有的甚至是错误的，通过应聘者对问题的反应就可以初步判断文凭的真伪
核实法	通过观察法和提问法都没有办法确定文凭的真伪时，可以采用核实法。面试人员可以与文凭所在学校的学籍管理部门取得联系，让他们协助调查该文凭的真伪。一般而言，学校都能积极协助。核实法虽然复杂一些，但准确率可以达到百分之百
网络查询法	大多数高等院校的学历证书及职称考试证书等均可在网络上查询，通过输入相关证件、证书的号码即可识别证件的真伪

8.1.4 人力资源手续办理执行工具

办理离职手续时，员工需将其所负责的工作事项与企业交接，对此，企业人力资源部门、员工所属部门及其他相关部门应认真处理。交接完成后，应由交接人员和负责人书面确认。下面是某公司的员工离职工作交接表和员工离职结算表。

1. 员工离职工作交接表（见表8—2）

表8—2　　员工离职工作交接表

<table>
<tr><td>姓名</td><td></td><td>部门</td><td></td><td>职位</td><td></td></tr>
<tr><td>入职日期</td><td></td><td>离职日期</td><td></td><td>离职类别</td><td></td></tr>
<tr><td colspan="2">离职原因陈述</td><td colspan="4"></td></tr>
<tr><td colspan="2">交接部门与事项</td><td colspan="2">交接人签字</td><td colspan="2">备注</td></tr>
<tr><td rowspan="3">本部门</td><td>工作职责交接</td><td colspan="2"></td><td colspan="2"></td></tr>
<tr><td>工作资料交接</td><td colspan="2"></td><td colspan="2"></td></tr>
<tr><td>其他</td><td colspan="2"></td><td colspan="2"></td></tr>
<tr><td rowspan="5">财务部</td><td>工资结算</td><td colspan="2"></td><td colspan="2"></td></tr>
<tr><td>备用金交接</td><td colspan="2"></td><td colspan="2"></td></tr>
<tr><td>扣缴金额</td><td colspan="2"></td><td colspan="2"></td></tr>
<tr><td>发票交接</td><td colspan="2"></td><td colspan="2"></td></tr>
<tr><td>其他</td><td colspan="2"></td><td colspan="2"></td></tr>
<tr><td rowspan="3">人力资源部</td><td>考勤卡</td><td colspan="2"></td><td colspan="2"></td></tr>
<tr><td>办公用品</td><td colspan="2"></td><td colspan="2"></td></tr>
<tr><td>其他</td><td colspan="2"></td><td colspan="2"></td></tr>
<tr><td>领导批示</td><td colspan="5"></td></tr>
</table>

2. 员工离职结算表（见表8—3）

表8—3　　员工离职结算表

<table>
<tr><td>姓名</td><td></td><td>职位编号</td><td></td><td>入职时间</td><td></td></tr>
<tr><td>部门</td><td></td><td>职务/工种</td><td></td><td>离职时间</td><td></td></tr>
<tr><td>离职原因</td><td colspan="5">□合同到期　□辞职　□辞退　□开除</td></tr>
<tr><td rowspan="3">行政部</td><td colspan="5">□办公物品
□企业配备的通信工具
□考勤卡、（办公室、办公桌）钥匙
□各类工具（如维修工具、移动存储器、保管工具等）</td></tr>
<tr><td colspan="5">应赔偿________元</td></tr>
<tr><td colspan="5">签名：
年　　月　　日</td></tr>
</table>

续表

<table>
<tr><td rowspan="3">电脑部</td><td>电脑及配置情况</td><td></td></tr>
<tr><td colspan="2">应赔偿________元</td></tr>
<tr><td colspan="2">签名：
年　　月　　日</td></tr>
<tr><td rowspan="3">资料管理室</td><td colspan="2">□已归还　□未归还　□损坏　□无损坏　□无领借　□遗失</td></tr>
<tr><td colspan="2">应赔偿________元</td></tr>
<tr><td colspan="2">签名：
年　　月　　日</td></tr>
<tr><td rowspan="3">人力资源部</td><td>最后月份考核工资核算情况</td><td></td></tr>
<tr><td>违约金、赔偿金情况</td><td></td></tr>
<tr><td colspan="2">签名：
年　　月　　日</td></tr>
<tr><td rowspan="5">财务部</td><td>借款情况</td><td></td></tr>
<tr><td>报账情况</td><td></td></tr>
<tr><td>应付违约金</td><td></td></tr>
<tr><td>应付赔偿金</td><td></td></tr>
<tr><td>工资结算</td><td></td></tr>
</table>

8.1.5　人力资源手续办理风险控制

1. 人力资源手续办理风险点说明

办理员工入职手续，不仅是人力资源管理日常工作的需要，而且是为了防范一定的招聘风险。具体内容见表 8—4。

如表 8—4 所示，办理员工入职手续可以防范用人单位可能要承担连带责任、用人单位可能要支付双倍工资、员工存在潜在疾病、职业病等风险。

表 8—4　　办理员工入职手续防范的风险说明表

序号	风险点名称	风险点防范说明
风险点 1	员工与原用人单位解除劳动关系的协议或离职证明的风险	员工与原用人单位发生纠纷时，现用人单位可能要承担连带责任
风险点 2	审核员工与原用人单位是否签有保密、竞业限制等协议的风险	
风险点 3	要求员工提供近期具有一定资质医院出具的体检证明的风险	员工存在潜在疾病、职业病等
风险点 4	与员工签订劳动合同的风险	构成事实劳动关系的，用人单位可能要支付双倍工资或签订无固定期限劳动合同
风险点 5	告知员工用人单位的各项规章制度的风险	未经民主程序制定并向劳动者公示的用人单位内部规章制度没有法律效力
风险点 6	签收用人单位的规章制度（员工手册、职位说明书等）	
风险点 7	为员工办理社会保险关系的转移手续	用人单位无故不缴纳社会保险费的必须承担责任，这种责任一般是行政责任

2. 人力资源手续办理风险控制工具

企业可以通过各种手续办理制度来保障企业合法权益，以避免手续办理风险发生、减少企业损失。下面是某企业的离职手续办理制度。

制度名称	离职手续办理制度			受控状态	
				编　　号	
执行部门		监督部门		编修部门	

第 1 章　总则

第 1 条　目的。为了规范员工离职手续办理工作，确保公司日常工作和生产任务的连续性，特制定本制度。

第 2 条　适用范围。本制度适用于所有员工离职手续办理工作。

第 2 章　离职申报

第 3 条　离职员工应填写员工离职申报表，报送直接上级及办公室。

第 4 条　普通员工的离职申报表应提前____天报送，基层管理人员、技术人员应提前____天报送，中高级管理人员应提前____天报送。

第 3 章　手续交接

第 5 条　人力资源管理部门在收到员工的离职或辞职申请，并进行离职面谈后，应通知所在部门做好离职员工的工作交接。接交人员需在离职移交清单上签字确认。

第 6 条　工作交接主要包括办公用品交接和工作内容交接两方面，具体如下所示：

1. 办公用品交接。

员工在用人单位工作期间，因工作职责需要由其保管或配备给其使用的办公用品和其他财物，都应当在离职前交还单位。用人单位应指定专人接收，并办理交接手续。

2. 工作内容交接。

（1）离职员工向接替其工作的员工或单位指定人员，介绍本岗位的职责、工作范围、工作方法和业务运作程序，交代清楚本岗位上的各种设备、设施情况等内容。

（2）向接替人员或单位指定的人员交代尚未完成的工作任务。

第 7 条　以上各项交接均应由移交人、接交人签字确认，并经办公室审核、备案后方可视为交接完成。

第 4 章　结算

第 8 条　结算条件。

当交接事项全部完成并经直接上级、人力资源部、总经理三级签字认可后，方可对离职员工进行相关结算。

第 9 条　结算部门。

离职员工的工资、违约金等款项的结算工作由财务部、人力资源部共同进行。

第 10 条　结算项目。

1. 违约金。培训违约金、“保密、竞业协议”违约金。

2. 赔偿金。物品损失赔偿金等。

3. 工资。

第 11 条　关系转移。

1. 转移条件。交接工作全部完成（以签字为准），违约金、赔偿金等结算完成。

2. 转移内容。档案关系和社保关系。

第 5 章　附则

第 12 条　本制度由人力资源部负责制定，其解释权与修改权归人力资源部所有。

第 13 条　本制度由总经理审批后实施。

编制日期		审核日期		批准日期	
修改标记		修改处数		修改日期	

8.2　员工档案管理

8.2.1　员工档案管理范畴界定

员工档案指的是企业劳动、人事部门在招用、调配、培训、考核、奖惩和任用等工作中形成的有关员工的个人经历、政治思想、业务技术水平、工作表现以及工作变动等情况的文件资料，是历史地、全面地考察员工的依据。

员工档案管理体系包括员工档案的入库管理、保管整理、借阅管理及销毁管理等，如图8—4所示。

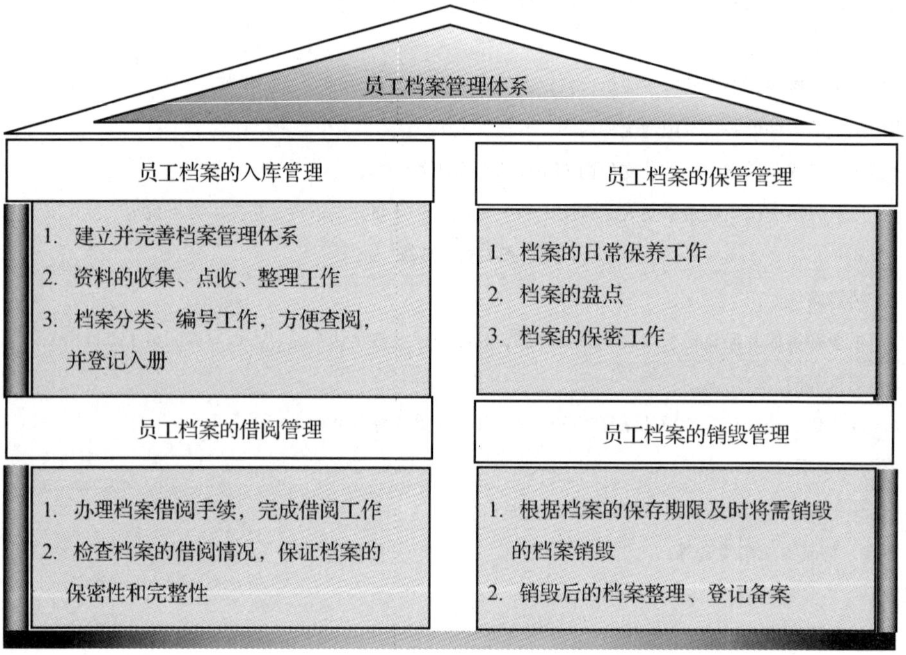

图8—4　员工档案管理体系

8.2.2　员工档案管理实施程序

员工档案管理程序如图8—5所示。

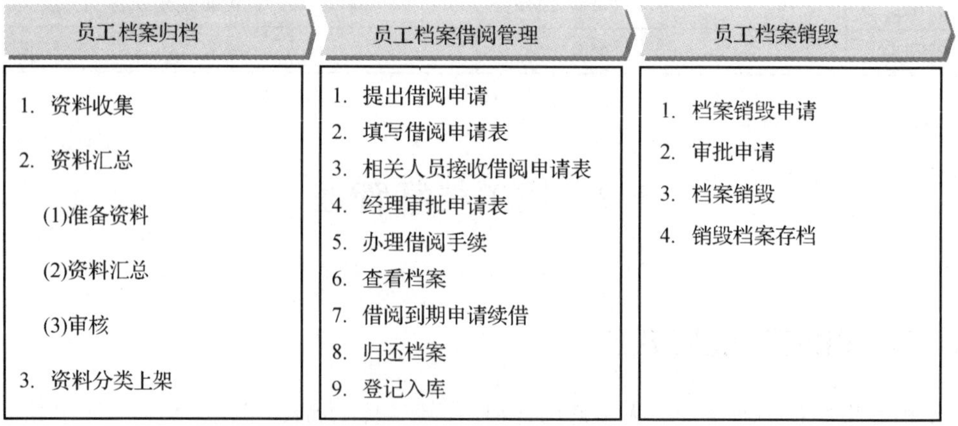

图8—5　员工档案管理程序

8.2.3　员工档案管理方法选择

表 8—5 所示为员工档案管理的建档方法。

表 8—5　　员工档案管理的建档方法

类别	主要内容		
建立员工档案系统	员工基础资料的取得形式		1. 发放员工资料表，请员工填写 2. 进行专项调查
员工分类	员工分类的主要划分标准	按员工性质分类	可按员工地域和员工类型划分
		按员工等级分类	公司根据实际情况，确定员工等级标准，将现有员工分为不同的等级

8.2.4　员工档案管理执行工具

下面具体介绍档案索引表、档案明细表、档案调阅单三个员工档案管理执行工具。

1. 档案索引表（见表 8—6）

表 8—6　　档案索引表

序号	档案号	档案名称	建档日期	储存位置	档案内容	处理

2. 档案明细表（见表 8—7）

表 8—7　　档案明细表

全宗号	目录号	案卷号	移出				归还	
			日期	单位名称	经手人姓名	管理人员签字	日期	管理人员签字

3. 档案调阅单（见表 8—8）

表 8—8　　档案调阅单

类别		调卷部门	
		调卷人	
文件内容摘要			
调阅用途			
调阅期限	自　　年　　月　　日起至　　年　　月　　日止，计　　日		
原收文编号		借出日期	
档号		归还日期	
备注		保管人签章	

8.2.5　员工档案管理风险控制

企业可以通过档案管理制度来规范公司员工档案管理工作，以避免档案管理风险发生、减少企业损失。

制度名称	档案管理制度			受控状态	
				编　　号	
执行部门		监督部门		编修部门	

第 1 章　总则

第 1 条　为了规范公司员工档案的管理工作，提高员工档案的利用效率，特制定本制度。

第 2 条　本制度适用于档案资料的收集、整理、借阅等各项事宜。

第 3 条　本制度中的员工档案包括文件与声像两种形式所形成的档案。

第 2 章　档案的收集

第 4 条　文件档案的收集工作由公司人力资源部与各部门共同执行。

第 5 条　各部门制定兼职的档案管理员负责收集本部门人员的文件资料，并保持人员稳定，人员变动时要及时通知人力资源部。

第 6 条　一项工作由几个部门共同完成的情况下，所形成的资料由主办部门负责收集。

第 7 条　由人力资源部负责文件档案的类别划分、编目并将此通知到各部门的兼职档案员。

第 8 条　各部门的文件档案员在日常中将所收集到的档案资料按照档案的目录进行存放并进行登记。

第 9 条　各执行部门的人员应将处理完毕的文件或经过批存的文件及时交兼职档案员统一保管。

第 3 章　档案的鉴定与归档

第 10 条　各部门兼职员每半年将手中收集到的档案移交给人力资源部，由人力资源部组织人员对所收集到的档案进行鉴定。

第11条　对技术资料的鉴定由行政主管、技术主管及档案管理专员共同鉴定，对没有参考价值、无意义的技术资料不进行保存，上报后及时销毁。

第12条　将档案按照文件的年限、文件的形成规律及特点、文件间的联系、文件的密级、价值大小等因素分类妥善保存。

第13条　档案归档时的要求如下。

1. 归档文件应保持完整，包括每份文件的页数不可缺失。

2. 每份文件的正附件及与之相关的请示、批复、原件、复印件等归于一处。

第14条　填写卷内文件目录要使用钢笔，字迹要工整、清晰。

第15条　立卷后的档案应由档案员重新确定目录并装订成册、妥善保存。

第4章　档案的借阅

第16条　公司员工因工作需要可向人力资源部申请借阅档案。

第17条　人力资源部根据借阅者的权限进行审批，审批后借阅者需要在借阅登记表上签字确认。

第18条　借阅到期后，借阅者可办理续借手续，否则档案将由人力资源部强行收回并禁止该员工下次借阅。

第19条　员工所借阅的公司档案只允许在公司内部参阅，不允许带出公司。

第20条　外单位来公司查阅技术资料，需持总经理的批示意见，绝密、机密技术资料不允许查阅。

第21条　公司员工查阅公司的绝密、机密档案必须经过总经理的授权并只能查阅与工作相关的内容。

第22条　查阅绝密、机密档案时只能在档案室内查阅，禁止将其带出档案室。

第23条　严禁私自复印、摘录机密技术资料，发现一次做辞退处理并追究相关的责任。

第24条　公司档案资料的借阅必须由本人亲自办理，不允许转借。

第25条　公司员工借阅的档案资料丢失，需立即上报人力资源部，由人力资源部进行处理，处理结果未下之前，禁止再次借阅公司档案。

第26条　公司员工所借阅的公司的图样、资料，不得损害、删改、涂抹、剪贴等。

第5章　附则

第27条　本制度由人力资源部负责制定，其解释权与修改权归人力资源部所有。

第28条　本制度由总经理审批后实施。

编制日期		审核日期		批准日期	
修改标记		修改处数		修改日期	

8.3　人力资源信息化管理

8.3.1　人力资源信息化管理范畴界定

信息技术的应用加速了人力资源管理的发展，以企业战略为导向，以软件系统为平台的人力资源管理信息系统通过集中式的信息库、自动处理信息、员工自助服务、外协以及服务共享，达到降低成本、提高效率、改进人力资源管理服务模式的目的，实现企业人力资源工作的信息化管理。

一般来讲，人力资源信息化管理体系由三大模块构成，具体内容如图 8—6 所示。

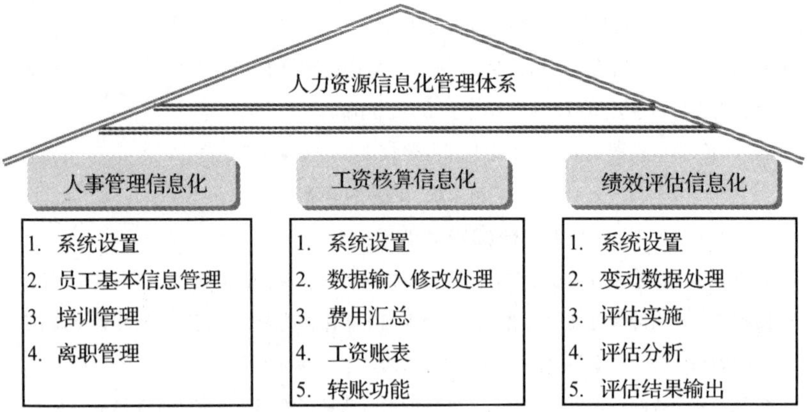

图 8—6 人力资源信息化管理体系

8.3.2 人力资源信息化管理实施程序

人力资源管理信息系统的实施程序包括信息系统开发、信息系统改进、信息系统整合。人力资源信息系统开发是人力资源信息化管理的第一步，对信息系统的改进和整合起到了决定性作用。

人力资源信息系统开发的实施程序包括程序设计、系统测试、系统转换、系统维护。这意味着开发阶段的很多工作要在需求企业中进行，需求方的参与活动会起到重要作用。

人力资源信息系统开发实施程序如图 8—7 所示。

8.3.3 人力资源信息化管理方法选择

人力资源信息系统整合是强化人力资源信息化管理的重要一步，人力资源信息系统整合的具体方法包括建立办公自动化平台、构建业务管理集成平台、建立企业门户平台、建立数据整合平台、进行信息系统应用集成等，各方法的内容见表 8—9。

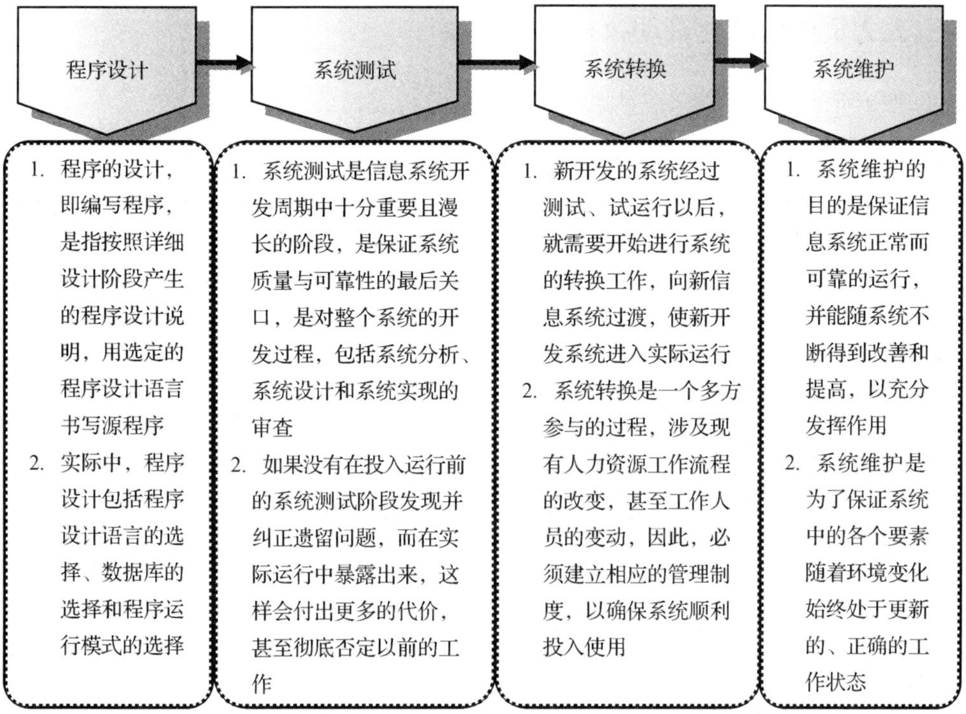

图 8—7　人力资源信息系统开发实施程序

表 8—9　　　人力资源信息系统整合的方法

类别	特点
建立办公自动化平台	此方法将各个业务系统的输出信息汇集在统一的平台上，实现内部文档的数据自动传输与交换
构建业务管理集成平台	此方法可实现对各类信息进行编辑、审核等，对各类信息进行分类汇集，并控制信息的发布与访问权限，为各级主管提供决策支持，以及供主要业务工作人员进行信息查询
建立企业门户平台	为不同的信息受众提供了统一的信息访问渠道、统一的界面和规范的操作方式
建立数据整合平台	1. 综合利用企业的数据资源，提供了灵活的数据展现方式 2. 实现全面、统一的权限管理和灵活的报表调用、分析，实现数据的深层次挖掘功能
进行信息系统应用集成	1. 企业应用集成平台提供多种可供选择的通信模式，形成同步或异步的消息传送及保证多种消息传送质量 2. 专业水平较高的整合 3. 应用集成的实现需要很多基础，其难度比较高

8.3.4　人力资源信息化管理执行工具

表8—10所示为人力资源信息系统软件价值分析表。

表8—10　　人力资源信息系统软件价值分析表

信息软件	价值维度	详细内容
软件A	战略价值	
	分析价值	
	效率价值	
	分析价值	
软件B	战略价值	
	分析价值	
	效率价值	
	分析价值	
……		

8.3.5　人力资源信息化管理风险控制

随着企业人力资源信息化建设的不断深入，信息系统风险控制将是一项长期的工作。一般应围绕以下几个基本工作要点展开，见表8—11。

表8—11　　人力资源信息化管理主要风险控制说明表

序号	风险控制方法	控制方法说明
1	规范工作流程的风险	1. 企业人力资源管理工作流程的规范化是信息系统建设的必备条件 2. 企业应预先根据战略特点，有效调整组织架构和部门、人员岗位职责，规范人力资源管理工作流程，加强职能管理的程序化，以使得人力资源管理信息系统更加规范和有序，有利于企业目标的实现
2	提高技术应用能力的风险	1. 人力资源管理者是信息系统的主要应用者，信息系统的应用效果取决于人力资源管理者对现代企业人力资源管理理念的理解和信息技术的应用能力 2. 企业应不断培训和提高人力资源管理者的IT技术，不断发现和解决问题，以保证信息系统建设的顺利进行和系统的良好运行

续表

序号	风险控制方法	控制方法说明
3	强化信息收集和反馈的风险	企业在开发信息系统时要对企业人力资源相关信息进行收集和整理，系统运行后也要不断发现和提出问题，对系统运作过程中出现的问题进行反馈，这样才能不断改进和提高人力资源管理信息系统的质量和工作效率
4	进行系统评估的风险	人力资源管理者要对人力资源管理信息系统的实施明确职责，并且对信息系统运行和使用情况及时进行阶段性总结和评估，对于运行中的问题要及时与高层管理人员、系统供应商沟通、反馈并跟进系统的二次开发，保证系统的规范化运行

如表 8—11 所示，对人力资源信息化管理中存在的风险可通过规范工作流程、提高技术应用能力、强化信息收集和反馈、系统评估等方法进行控制。

8.4　编制人力资源管理手册

8.4.1　人力资源管理手册范畴界定

人力资源管理手册指的是规范人力资源管理政策指导流程、明确人力资源管理部门和人员权责、规范人力资源管理工作行为的准则性文件。

人力资源管理手册编制的目的是完善人力资源管理体系，实现企业在人力资源管理制度和程序的统一性和一致性，保障人力资源系统的专业水平和道德标准，使人力资源管理手册在使用中培养和开发员工，使员工与企业共同成长。

人力资源管理手册包括公司概况、组织结构、人力资源管理工作及其他相关内容，如图 8—8 所示。

8.4.2　人力资源管理手册编制程序

人力资源管理手册编制程序如图 8—9 所示。

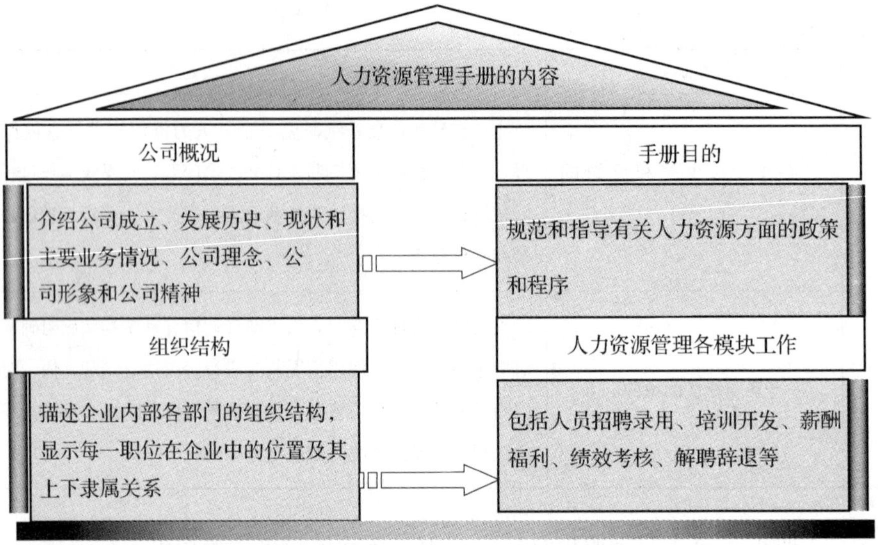

图 8—8　人力资源管理手册的内容

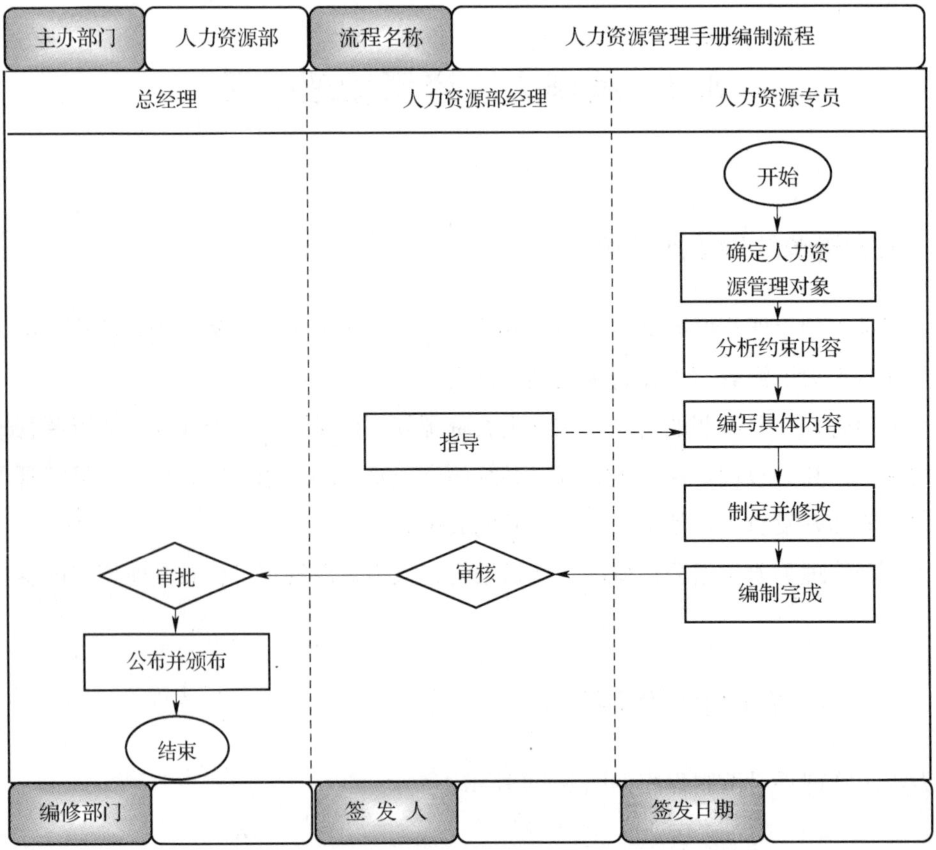

图 8—9　人力资源管理手册编制程序

8.4.3　人力资源管理手册编制方法

人力资源管理手册一般采用确定人力资源管理手册基本框架的编制方法，根据定框架法编制人力资源管理手册的框架及结构体系。表 8—12 所示为某公司人力资源管理手册的框架及结构体系。

表 8—12　　人力资源管理手册的框架及结构体系

框架	结构体系
目的	手册的目的
部门职责	人力资源部的工作职责
主要内容	招聘工作、工作流程（新员工入职工作流程、员工转正考核工作流程、员工内部调动工作流程）、员工离职、劳动合同、薪资制度、考勤管理、员工福利、绩效管理、奖励制度、违纪处分、培训与发展、职业生涯发展、人事档案管理等
附录	实用表单等

8.4.4　人力资源管理手册编制工具

根据人力资源管理手册的内容结构，现给出常用的人力资源管理手册模板，如图 8—10、图 8—11 所示。

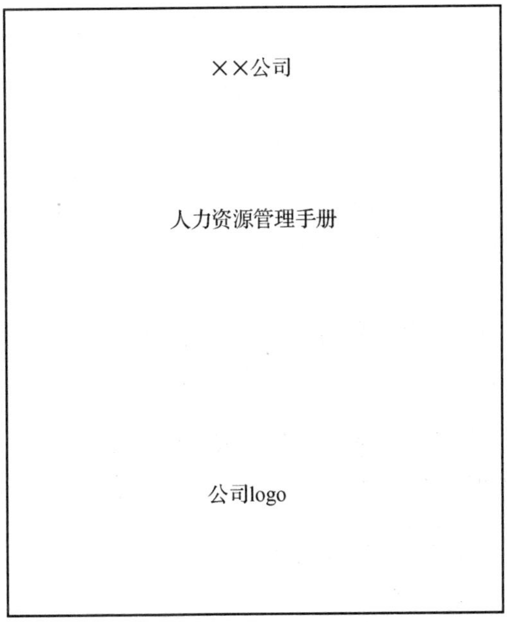

图 8—10　封面模板

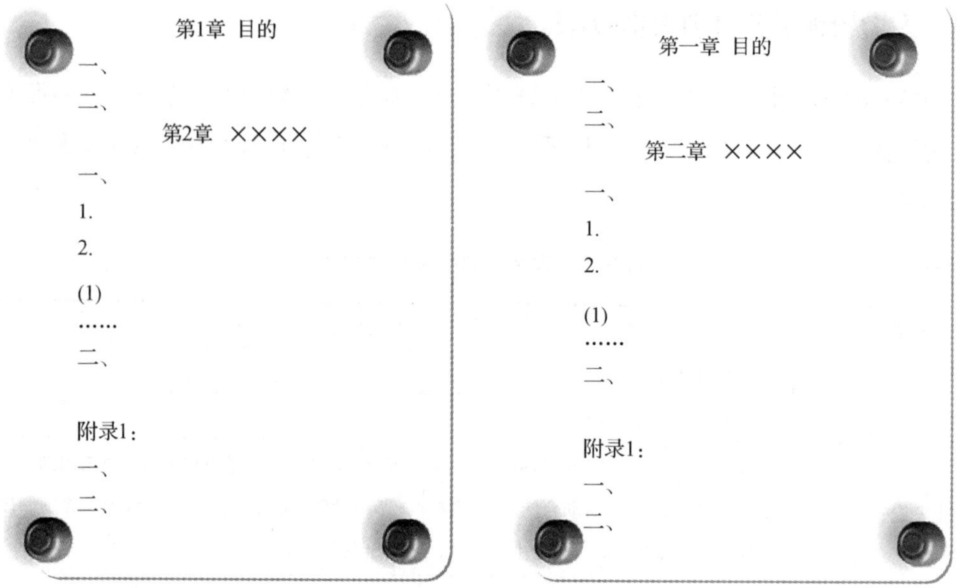

图 8—11 人力资源管理手册模板

8.4.5 人力资源管理手册编制风险控制

1. 结构设计要点

（1）正文设计

手册的主体部分主要包括对受约对象或具体事项的详细约束条目。正文分章、列条目全面、合乎逻辑，语言表述清晰，没有歧义。可按对人员的行为要求分章分条或按具体事项的流程分章分条。

（2）附录设计

手册的附录包括手册执行中需要用到的表单、附表、文件等相关资料。

2. 编制注意事项

编制一套体系完整、内容合理、行之有效的人力资源管理手册时，手册设计人员需遵循一定的编写要求，具体见表 8—13。

表 8—13　　人力资源管理手册内容编制注意事项

设计注意事项	具体说明
基本原则	1. 符合管理者最初设想的状态 2. 符合企业管理科学原理 3. 符合客观事物发展规律或规则

续表

设计注意事项	具体说明
手册制定者	1. 品行好，能做到公正、客观，有较好的文字表达能力和分析能力 2. 了解国家法律、社会公共秩序和员工风俗习惯 3. 手册所依资料全面、准确，能反映生产经营活动的真实面貌
手册的内容	1. 合法合规，内容不违反国家法律法规和公德民俗，确保手册有效 2. 形式美观，框架格式统一，简明扼要，易操作，简洁、无缺漏 3. 语言简洁，条例清晰，前后一致，符合逻辑规律 4. 手册的可操作性要强，注意与其他手册、规章制度的衔接
手册实施过程	1. 明确培训及实施过程、公示及管理、定期修订等内容 2. 营造规范的执行环境，减少手册执行中可能遇到的阻力 3. 规范全体员工的职责、工作行为及工作程序 4. 手册的制定、执行与监督应由不同人员担当

8.5　编制员工手册

8.5.1　员工手册范畴界定

员工手册指的是为帮助员工了解公司、明确员工的权利和义务、规范员工日常工作行为的准则性文件。员工手册不仅可以使新员工快速了解企业的历史、理念、规章制度和行为规范等，而且可以规范员工的日常行为，提高公司整体的运作效率。

公司制定员工手册的目的，一方面在于构建公司的制度体系，方便对员工的管理；另一方面对在职所有员工起到指导作用，可以规范员工的行为。

一般来说，员工手册包括公司概况、公司宗旨、公司文化、经营理念、组织结构、员工工作准则、员工礼仪、人事管理制度、员工教育培训、员工保密协议及其他相关内容。概括起来，员工手册的主要内容一般由六大部分组成，如图 8—12 所示。

8.5.2　员工手册编制程序

员工手册编制的程序如图 8—13 所示。

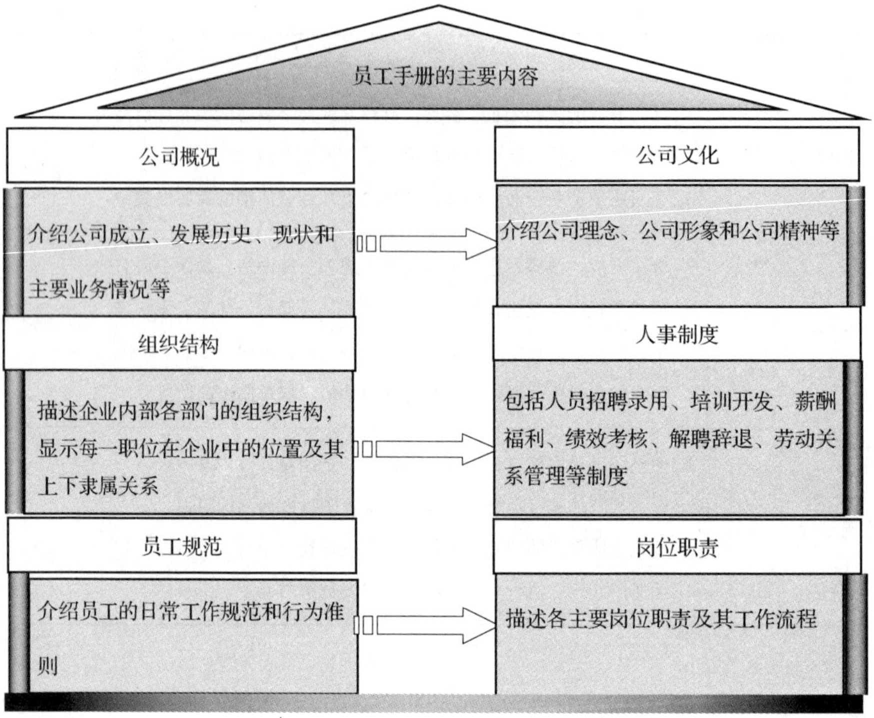

图 8—12　员工手册的主要内容

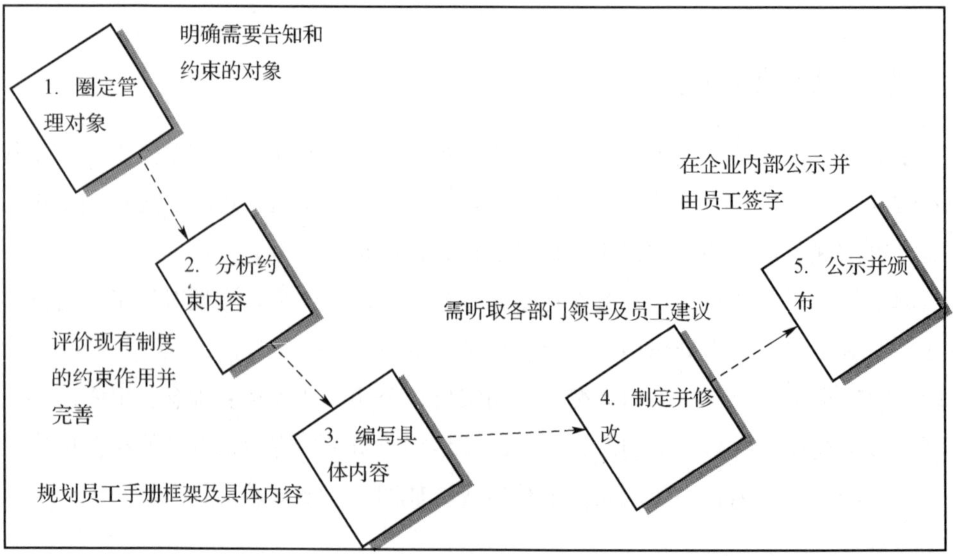

图 8—13　员工手册编制的程序

8.5.3 员工手册编制方法

员工手册的编制一般采用定框架法，即确定员工手册的基本框架。员工手册的框架及内容见表8—14。

表8—14 **员工手册的框架及内容**

框架一级结构体系	二级结构体系	三级结构体系
写在前面的话	1. 欢迎词 2. 员工手册学习收获 3. 祝语与希望 4. 签名	董事长致辞
公司概述	1. 公司价值观 2. 战略目标 3. 业务概况介绍 4. 公司组织架构 5. 企业文化 ……	（1）公司精神 （2）经营宗旨 （3）总体结构业务分配 （4）部门介绍
正文部分	行为规范特殊职业要求	（1）工作准则 （2）行为规范 （3）礼仪规范 （4）行业特殊职业要求（如食品行业）
	公司管理制度	（1）人事管理制度 （2）行政管理制度 （3）财务管理制度等
	岗位职责描述	（1）部门职责描述 （2）主要岗位描述 （3）工作流程描述
附则	1. 关于手册（使用、保管、修订） 2. 手册效力（约束效力、异议处理等） 3. 员工签收	

8.5.4 员工手册编制工具

1. 封面

员工手册封面的设计一方面要简洁大气，另一方面要考虑本企业的文化。员工手册封面模板如图 8—14 所示。

公司 logo

××食品有限公司

员

工

手

册

文件编号：　　版本编号：

编制日期：　　审核日期：

生效日期：　　保密等级：

编制部门：　　适用对象：

(盖章处)

××食品有限公司 内部资料

图 8—14　员工手册封面模板

2. 目录

员工手册目录是对员工手册内容的总体概括，员工手册目录模板如图 8—15 所示。

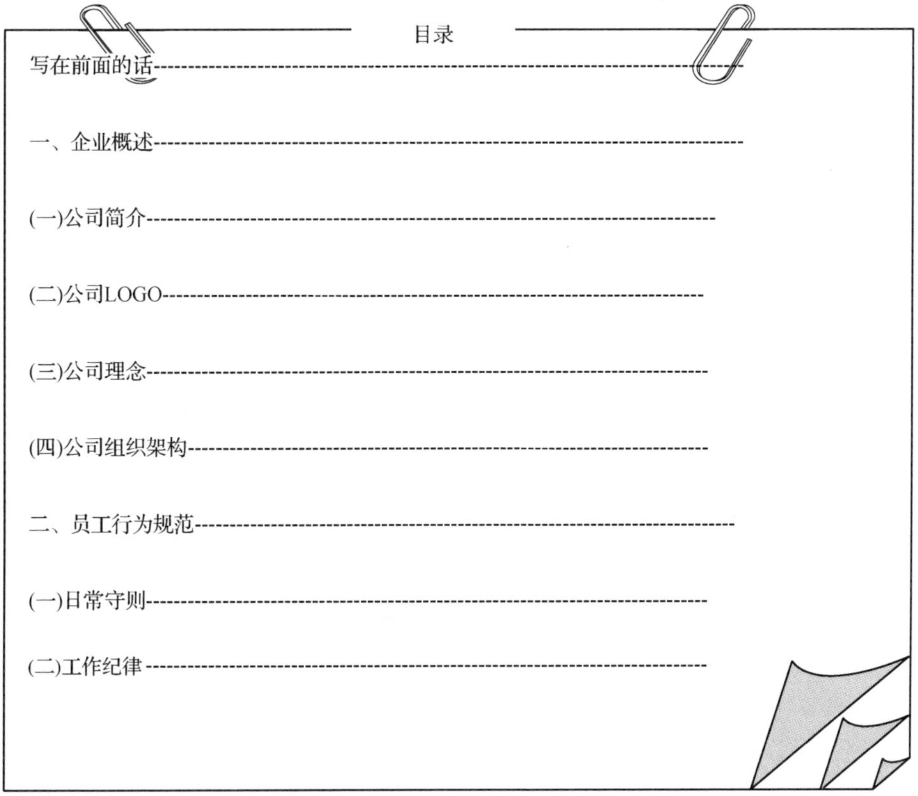

图 8—15　员工手册目录模板

8.5.5　员工手册编制风险控制

为了更好地防范和降低编制员工手册过程中存在的诸多问题，减少相关损失，编制员工手册的人员要对其中的关节点进行审核，见表 8—15。

表 8—15　　员工手册编制内容审核说明表

序号	名称	审核内容说明
1	具体内容审核	填写完成整个员工手册后，由企业人力资源部对整个手册的内容进行初步审核，有疑问或错误的地方，及时与相关部门或相关负责人沟通确认，确认没问题后再请各部门员工代表对语言、具体条款内容等传阅审核

续表

序号	名称	审核内容说明
2	编制语言的审核	员工手册语言应用最重要的是要符合企业的实际情况，以确保员工手册的实用性，防止各项条框的编制只流于形式 1. 语言风格审核 （1）“写在前面的话”部分，语言风格轻松并充满感情 （2）“企业概述”部分，语言风格激昂与客观 （3）“行为规范和特殊职业要求”“员工管理制度”及附则部分，语言风格客观、严谨 2. 用词与表述方式审核 表述简洁流畅，易懂易记，避免过多长句，去掉多余表述 3. 整体逻辑性与条理性审核 每项内容之间条理清晰，符合逻辑，手册内容过渡自然
3	内容合法性审核	1. 颁布主体合法 员工手册的制定颁布主体必须合法，必须是企业主体，而不是企业的某部门（经企业授权除外） 2. 内容合法 内容必须符合国家现行法律法规、行政法规、规章及政策规定 3. 制定程序合法 （1）员工手册内容必须经过一定的民主程序讨论通过 （2）发布程序合法 （3）员工手册内容必须向员工公示或告知员工

此外，设计人员还需注意，员工手册一般适用于与企业建立劳动关系的员工，然而在企业的用工模式中，除了建立劳动关系的员工外，还有实习生、退休返聘人员、兼职人员、劳务派遣等多种用工模式存在。因此，企业可以根据用工模式的特殊性对员工手册制定相对应的内容。